图书编委会

总策划：彭国华

总统筹：杨 轲

主　编：韩冰曦　马冰莹

编写组成员（排名不分先后）：

魏　飞　李玮琦　肖晗题　张　贝

桂　琰　李思琪　包　钰　等

中国式现代化

蕴含的独特"六观"

人民日报社人民论坛杂志社　主编

人 民 出 版 社

序

习近平总书记在学习贯彻党的二十大精神研讨班开班式上发表重要讲话强调:"中国式现代化蕴含的独特世界观、价值观、历史观、文明观、民主观、生态观等及其伟大实践,是对世界现代化理论和实践的重大创新。"这一重要论述蕴含着丰富的理论内涵,有助于我们更加深刻地理解中国式现代化的时代价值和世界意义。

中国式现代化蕴含的独特世界观,是对中华优秀传统文化中协和万邦的天下观的传承与发展,亦是对马克思主义世界历史理论的坚持与创新。中国式现代化不走殖民掠夺的老路,坚持和平发展道路,推动构建人类命运共同体;绕开国强必霸的歪路,以立己达人为指引,为实现全球善治贡献中国力量。中国式现代化道路的成功实践印证了现代化并非西方"专利",打破了"现代化＝西方化"的迷思,在世界现代化大潮中凸显出独特的理论价值与现实意义。

中国式现代化蕴含的独特价值观,彰显了"人民至上"的鲜明价值取向。"人民至上"的价值理念引领着中国式现代化建设实践,是中国共产党人初心不改、使命赓续的印证,更是指引新时代发展的根

扫码听全文

001

本价值旨归。中国式现代化扎根中华大地、传承灿烂文明，中华优秀传统文化价值观得以继承和发扬。中国式现代化立足中国、胸怀世界，倡导和平、发展、公平、正义、民主、自由的全人类共同价值，为推进世界现代化进程提供了共同价值纽带、指明了正确价值方向。

中国式现代化蕴含的独特历史观，在普遍性与特殊性的统一中体现独立自主性，在历史规律性和人的主体性的结合中彰显开拓创新性，在独立自主的现代化探索历程中凸显高度历史自信和历史主动精神。中国式现代化探索之路就是中华民族伟大复兴梦想实现之路，以其独立探索性凸显历史自信和历史主动，随着中国式现代化的推进和拓展，中华民族迎来了从站起来、富起来到强起来的历史性飞跃。中国式现代化开辟的现代化新道路，创造的人类文明新形态，是遵循世界现代化历史规律和坚持历史条件多样性的结合，改变了"东方从属于西方"的世界历史格局，展现了现代化的另一幅图景，拓展了发展中国家走向现代化的路径选择。

中国式现代化创造了人类文明新形态，更孕育形成了推动不同文明在共存、互鉴、交流中共同前行的独特文明观。一花独放不是春，百花齐放春满园。文明没有高下之分，更无优劣之别，姹紫嫣红的不同文明，共同构成了世界文明的百花园。中国式现代化倡导以文明平等取代文明优越，推动不同文明在平等交流中弥合分歧、消除偏见、增进理解；倡导以文明互鉴回应文明冲突，推动多元文明在接触、碰撞中彼此学习、相互借鉴，共同推进人类社会的发展和进步。以坚持文明平等、互鉴、对话、包容为指引，新时代的中国将不断为推动人类文明的多元共生和多样化发展贡献智慧与力量。

发展全过程人民民主是中国式现代化的本质要求，我们党关于发展全过程人民民主的重大理念及深入实践，赋予中国式现代化蕴含的独特民主观以丰富内涵。坚持以人民为中心的"民主主体观"，确保体现人民意志；坚持以全方位为特色的"民主参与观"，促进保障人民权益；坚持以全覆盖为价值的"民主治理观"，激发人民创造活力；坚持以全链条为载体的"民主制度观"，切实保障人民当家作主。展望未来，我国的全过程人民民主还将在现代化建设实践中不断完善和发展，推动成为切实维护人民根本利益的最广泛、最真实、最管用的民主。

中国式现代化蕴含的独特生态观，立足于对世界现代化历史经验的总结反思，形成于社会主义生态文明建设的实践，蕴含着建设美丽中国的愿景构想，以人与自然和谐共生的现代化图景，丰富和发展了世界现代化理论和实践。继承"天人合一"思想，倡导人与自然是生命共同体的生态世界观；践行"绿水青山就是金山银山"，强调开发与保护并重的生态价值观；谨记"人不负青山，青山定不负人"，坚持从历史的角度看待生态环境问题的生态历史观；强调"生态兴则文明兴、生态衰则文明衰"，倡导"生态"与"文明"的互证互成、彼此镜鉴的生态文明观和坚持"生态惠民、生态利民、生态为民"，保障最广大人民群众的生态民生与民主权益的生态民主观，共同构成了"中国式现代化的生态观"丰富的理论意涵。

中国式现代化蕴含的独特世界观、价值观、历史观、文明观、民主观、生态观，诉诸我国现代化建设实践并在这一伟大实践中不断形塑自身。从学理上深入阐释中国式现代化蕴含的独特"六观",对明晰现代化之问的科学回答、明确中国式现代化的世界意义具有重要价值,敬请读者垂注!

——人民论坛编纂组

目　录

世　界　观

价　值　观

历 史 观

文 明 观

民　主　观

生　态　观

世　界　观

中国式现代化蕴含的世界观，是辩证唯物主义和历史唯物主义世界观在中国式现代化实践中的具体运用和发展。中国在探索"特殊性"现代化道路的同时，也为解决人类面临的世界性问题提供"普遍性"经验智慧，促进了世界现代化的发展。中国式现代化的世界观使科学社会主义重新焕发生机，为世界社会主义发展带来了新希望。

现代化本质内涵和实践路径的科学洞察

——中国式现代化蕴含的独特世界观

彭劲松*

经过长期的历史性、创造性探索和实践，中国式现代化取得了理论和实践上的突破性进展，顺应了世界历史的发展趋势，破除了"现代化等同于西方化"的固有观念和模式，坚持和发展了马克思主义关于现代化的批判式建构。中国式现代化坚持践行和平发展的世界观，辩证认识和处理发展与安全之间的关系，系统地认识并解决当今世界面临的复杂问题，切实推动构建人类命运共同体。中国式现代化加深了对于现代化本质内涵和实践路径的客观系统把握，丰富了对于现代化理念、主体、目标、战略、道路、规律、范式等的认识和运用，理顺了共性与个性、内容与形式、方法与价值、体制与机制、主体与客体、内部与

扫码听全文

* 彭劲松，中共中央党校（国家行政学院）哲学教研部教授、博导。

外部、时间与空间等与现代化相关联的重大辩证关系，创造了人类文明新形态。

中国式现代化坚持顺应世界历史发展的科学认知和浩荡潮流

习近平总书记强调："概括提出并深入阐述中国式现代化理论，是党的二十大的一个重大理论创新，是科学社会主义的最新重大成果。"[①] 这一理论深刻体现了近代以来世界现代化发展的历史趋势，打破了西方中心主义世界观的支配地位，坚持和发展了马克思主义关于现代化和世界历史的科学理论。

世界现代化与世界历史的同步相关性。人们对所处世界的认识和把握随着实践的深入而不断深化扩大。15 世纪以后，随着文艺复兴运动深入、地理大发现不断推进、资本主义生产方式在西欧各国率先形成与发展，关于世界的看法发生了根本变化，世界版图被真正认识，世界意识更为客观全面。18 世纪工业革命的广泛开展，推动科学技术的巨大变革和运用，促进社会生产力的迅速发展，促使政治上的变革完善，传统的长期封建分割状态彻底被打破，人类社会在真正意义上成为具有广泛联系的整体，资本驱动的世界市场逐渐形成发展，生产力明显提升，世界现代化得到了前所未有的推进，历史越来越成为世界历史。19 世纪中叶以来，资本主义生产方

---

① 《习近平在学习贯彻党的二十大精神研讨班开班式上发表重要讲话强调　正确理解和大力推进中国式现代化》，《人民日报》2023 年 2 月 8 日。

式在世界上逐渐占据统治地位，带动了生产力和生产关系的迅猛深入发展，现代化的深度和广度得以拓展。与此同时，资本主义的内在缺陷和弊端逐渐显现，资本的侵略扩张本性在世界各地日益展现出来。20世纪前期，资本主义现代化的内生矛盾和周期性危机加大了资本主义世界的冲突，发生了两次世界大战。"十月革命"之后诞生了以苏联为代表的一系列社会主义国家，但由于内外部多重原因，在20世纪90年代末期东欧剧变、苏联解体，只有中国特色社会主义建设顺利推进。进入21世纪，资本主义深受经济、社会和金融危机的困扰，其发展处于长期滞胀状态，经济、政治和社会动荡不时发生，新保守主义、新民族主义、新霸权主义重新回归，世界市场出现了各种人为的封闭脱钩，世界历史进程遭受了意想不到的新阻障。

西方中心主义世界观的形成和影响。近代以来，实现现代化成为世界不少国家面临的艰巨任务。现代化本身包含以经济发达、人民富裕等为基础的综合目标，需要在生产力、科技、生活水平、基础设施、工业化、城市化、识字率等硬指标上达到一定高度。现代化的过程和结果与条件、战略、理论、实践紧密关联。在现代化观念、话语、战略的选择上，西方国家率先推进的工业化、现代化、城市化具有先发优势，一直占据主导支配地位。近代以来的理性进步主义和自然法理论在西方现代化进程中产生了强大的牵引作用，勾画了现代化的最初发展图景，从而也使西方中心主义的现代化观念被认为是理所当然、普世价值、永恒秩序。这种观念的核心是认同货币、资本、市场的自然作用所产生的资本主义私有制秩序，认为发达国家与发展中国家是"中心—依附"的关系，强调只有奉行西方私有制主导的自由主义或新自由主义道路才能实现现代化。"私有制、市场导向、渐进变革是这一模式的基本特征。"[①]"西方经典现代化理论根据西方国家的发展经验曾断定，现代化是一个经济工业化、政治民主化、社会城市化、文化世俗化、组织理性化的整体过程，是从传统社会结构类型转变为现代社会结构类型。"[②]这种观念其实是西方利益优先的现代化模式，将后发的发展中国家视为西方国家现代化的附庸，强行向全世界输出西方价值的现代化，结果必然引起世界现代化过程中的不顺畅、不平衡、不公正问题越积越深。

马克思主义在认识和解答现代化问题方面实现了伟大变革。当前，现代化处于多重压缩的历史情境之中，不同类型、不同时段、不同境况的民族国家共处于现代化历史进程之中，如何既有序有效有度推进现代化，又规避解决既往现代化带来的各种消极悖论，成为不得不双向克服的两难困境。"现代化和治理的能力，独立于政府，可能是一柄双刃剑。"[③]认识定位现代化的方向和内涵，选择实施现代化的可行路径和方略，促进现代化实践的系统协同，需要以科学的世界观为基础。资本主义现代化在不断演进中愈发显现出资源配置失衡、精神文化堕距、社会动力匮乏、边际效益递减、公平正义缺失、基本秩序错位、经济金融社会危机周期产生、战争阴霾难除等资本强制主导

---

① 罗荣渠：《现代化新论》，商务印书馆 2014 年版，第 437 页。

② 李培林：《中国式现代化和新发展社会学》，《中国社会科学》2021 年第 12 期。

③ M. Wishman and C. Butcher,"Beyond Ethnicity: Historical States and Modern Conflict", *European Journal of International Relations*, 2022, 28（4），p.777.

逻辑固有的弊端。资本催生的以物质为主的现代化带来了巨大的科技和社会历史进步，但资本眼中的资本逻辑和资本主义被自我神圣化了，资本主义现代化在不断演进中逐渐丧失了原有的革命性、先进性，资本主义主导下现代化的问题成为其自身难以打破的魔咒。"世俗基础使自己从自身中分离出去，并在云霄中固定为一个独立王国，这只能用这个世俗基础的自我分裂和自我矛盾来说明。"①马克思主义的产生和不断发展，实现了思想史和实践史的伟大变革，探索出系统克服资本主义一系列内在矛盾的立场、观点和方法，从世界历史的高度回答了现代化是什么、为什么、向哪里去、如何实现等问题，为从根本上认识、解决资本主义现代化伴生的各种难题，推进现代化实践提供了科学指南。马克思、恩格斯科学分析了资本主义开创世界历史的进程和复杂后果，认为它消灭了各个国家自然形成的闭关自守状态，"各个相互影响的活动范围在这个发展进程中越是扩大，各民族的原始封闭状态由于日益完善的生产方式、交往以及因交往而自然形成的不同民族之间的分工消灭得越是彻底，历史也就越是成为世界历史"②。

中国式现代化始终坚持世界历史前进的正确方向。马克思主义具有深刻、前瞻的世界历史意识，以缜密科学的逻辑论证了资本主义社会不可克服的内在根本矛盾，论证了无产阶级的历史使命，说明了人类社会发展的必然趋势和路径。是什么、为什么、干什么决定着一个政党的根本属性、宗旨和使命。中国共产党从来不偏狭故步，在曲折

---

① 《马克思恩格斯选集》第 1 卷，人民出版社 2012 年版，第 134 页。
② 《马克思恩格斯文集》第 1 卷，人民出版社 2009 年版，第 540—541 页。

发展的历史中一开始就明确意识到自身的初心和使命，并为之不断开阔胸襟、凝聚磅礴伟力。"中国共产党是为中国人民谋幸福、为中华民族谋复兴的党，也是为人类谋进步、为世界谋大同的党。"①在新民主主义革命时期，中国共产党坚持以中国化马克思主义指导实践，先后两次实现国共合作，建立抗日民族统一战线，在艰难困苦中取得了近代以来从未有过的伟大胜利。在社会主义革命和建设时期，中国共产党维护巩固与苏联的交流合作，提出实行和平共处五项原则，坚定为"第三世界"发声。在改革开放和社会主义现代化建设新时期，中国共产党高举改革开放伟大旗帜，创办经济特区，确立和完善社会主义市场经济，加入世界贸易组织，中国在与世界的正常交往中快速发展壮大。党的十八大以来，中国特色社会主义进入新时代，中国共产党深刻洞察到世界发展面临的新形势和各类"赤字"，继续深化改革开放，坚持明正理、行大道、护公义，贯彻新发展理念、构建新发展格局、推动高质量发展，提出和实施"一带一路"倡议，推动构建人类命运共同体等与世界共同合作发展的一系列新理念、新措施，丰富对外交流渠道和平台，积极拓展对外开放的范围、层次和效率，主动承担更多全球治理责任，让世界分享中国机遇，中国的世界影响越来越大，朋友圈越来越广，以自身的不断发展变革带动人类文明的现实进展。"我们要拓展世界眼光，深刻洞察人类发展进步潮流，积极回应各国人民普遍关切，为解决人类面临的共同问题作出贡献，以海纳

---

① 习近平：《高举中国特色社会主义伟大旗帜 为全面建设社会主义现代化国家而团结奋斗——在中国共产党第二十次全国代表大会上的报告》，人民出版社 2022 年版，第 21 页。

百川的宽阔胸襟借鉴吸收人类一切优秀文明成果，推动建设更加美好的世界。"①在一些国家短视偏狭的眼光下，贸易壁垒、站队脱钩、封闭防范似乎成为少数圈子的流行选择，给解决当今经济社会问题带来了新的障碍。中国坚定不移推进高水平对外开放，积极推动平等互利条件下的国际交往和贸易，持续为世界市场的稳定和繁荣注入强劲正能量，得到了世界上有卓越见识的政治家、企业家的认同和支持，中国式现代化成为推动世界经济社会发展和世界历史前进的关键要素。"世界经济的大海，你要还是不要，都在那儿，是回避不了的。想人为切断各国经济的资金流、技术流、产品流、产业流、人员流，让世界经济的大海退回到一个一个孤立的小湖泊、小河流，是不可能的，也是不符合历史潮流的。"②

中国式现代化提倡和践行和平发展的世界观

当今世界正处于百年未有之大变局，机遇和挑战前所未有，历史的走向极为关键。"今天，人类社会再次面临何去何从的历史当口，是敌视对立还是相互尊重？是封闭脱钩还是开放合作？是零和博弈还是互利共赢？选择就在我们手中，责任就在我们肩上。"③中国式现代

---

① 习近平：《高举中国特色社会主义伟大旗帜　为全面建设社会主义现代化国家而团结奋斗——在中国共产党第二十次全国代表大会上的报告》，人民出版社 2022 年版，第 21 页。

② 《习近平外交演讲集》第二卷，中央文献出版社 2022 年版，第 3—4 页。

③ 《习近平谈治国理政》第四卷，外文出版社 2022 年版，第 424 页。

化牢牢把握和平与发展的时代主题，致力于和平发展、推动建设一个共同繁荣的世界，为解决各种纷繁复杂的现实问题、维护完善国际基本规则和秩序、和合共生地为人类谋进步作出了新的可贵探索。

追求和实现和平是人类持久的共同愿望，也是中国式现代化的不变宗旨。人类渴求和平发展，不希望处于动荡战乱之中。历史上每一次战争，都给人类带来巨大的伤害和损失。人类和平需要全世界长期共同协作维护，需要共同的发展和进步。如果利己主义盛行，必将导致各种矛盾滋生和激化，最终走向战争和动荡。中国式现代化是走和平发展道路的现代化，在谋求自身发展的同时维护世界和平，为维系正常稳定的国际秩序而不懈努力。作为负责任的发展中大国，中国以和平为己任，无论发展到何等强盛程度，都不会搞霸权主义、对外侵略，始终为维护世界安全稳定贡献自身力量。"我们应该顺应历史大势，坚持合作、不搞对抗，坚持开放、不搞封闭，坚持互利共赢、不搞零和博弈，坚决反对一切形式的霸权主义和强权政治，坚决反对一切形式的单边主义和保护主义。"①习近平总书记在中国共产党与世界政党高层对话会上的主旨讲话中强调："中国式现代化不走殖民掠夺的老路，不走国强必霸的歪路，走的是和平发展的人间正道。"②正因如此，中国因应世界之变、时代之变、历史之变，充分认识到世界仍不太平，呼吁全球共克时艰、共建和平，支持多边主义，积极真诚解决各种争端，携手应对威胁和破坏和平的各种负面因素，明确提出

---

① 《习近平谈治国理政》第四卷，外文出版社 2022 年版，第 474—475 页。
② 《习近平新时代中国特色社会主义思想专题摘编》，党建读物出版社、中央文献出版社 2023 年版，第 513 页。

了全球安全倡议。"我们要坚持共同、综合、合作、可持续的安全观，共同维护世界和平和安全；坚持尊重各国主权、领土完整，不干涉别国内政，尊重各国人民自主选择的发展道路和社会制度；坚持遵守联合国宪章宗旨和原则，摒弃冷战思维，反对单边主义，不搞集团政治和阵营对抗；坚持重视各国合理安全关切，秉持安全不可分割原则，构建均衡、有效、可持续的安全架构，反对把本国安全建立在他国不安全的基础之上；坚持通过对话协商以和平方式解决国家间的分歧和争端，支持一切有利于和平解决危机的努力，不能搞双重标准，反对滥用单边制裁和'长臂管辖'；坚持统筹维护传统领域和非传统领域安全，共同应对地区争端和恐怖主义、气候变化、网络安全、生物安全等全球性问题。"① 中国推动建设的"一带一路"等新的全球公共产品，在促进和深化国际协作方面作出典范。

"修昔底德陷阱"论证缺乏充分论据，中国式现代化打破了"国强必霸"的传统悖论。世界历史上有一种现象引人关注，即一个后来追随大国的兴起，往往会带来对于过往国际秩序的强力冲击，最终引发新兴大国与守成大国通过战争来争夺彼此的发展空间。这就是著名的"修昔底德陷阱"。过去的一些例子能够为此提供论据，但例证并不充分完善，更不适用于当今中国和世界的实际情形，因而只是一种不正确的惯性抽象思维。随着中国长期持续稳定发展，综合实力不断攀升，新时代中国取得一系列历史性成就，中国已成为影响世界发展的重要因素，中华民族伟大复兴引起世界瞩目。中国式现代化是以人

---

① 《习近平谈治国理政》第四卷，外文出版社 2022 年版，第 451—452 页。

民为中心的社会主义现代化,绝不会走过去一些国家走过的那种以对外扩张侵略、划分势力范围为手段的老路,而是在新的历史条件下维护公平正义,坚持和平共处、互利共赢。随着国际形势的深刻复杂变化、世界和平力量的增长,世界已经发生根本性变化,战争与动荡不符合世界人民的共同利益。当今时代,中国的繁荣发展离不开世界,世界的繁荣发展也离不开中国,中国的新发展给世界提供了更多新机遇,是世界和平发展的坚定促进力量。中国从站起来到富起来再到强起来,不以别人的损失为代价,不以谋求战争和霸权为选项。在此意义上,中国的长期和平稳定发展跳出了"国强必霸"的固有思维陷阱。"中国是世界上最大的发展中国家,走的是和平发展、开放发展、合作发展、共同发展的道路。我们永远不称霸,不扩张,不谋求势力范围,无意跟任何国家打冷战热战,坚持以对话弥合分歧,以谈判化解争端。我们不追求一枝独秀,不搞你输我赢,也不会关起门来封闭运行,将逐步形成以国内大循环为主体、国内国际双循环相互促进的新发展格局,为中国经济发展开辟空间,为世界经济复苏和增长增添动力。"①

中华文明始终信守和平和睦和谐,中国式现代化从来没有侵略的基因。中国人民一直不遗余力地提倡和奉行以和为贵、以和求同、以柔安远、睦邻友好、德仁天下、守信安己、慎战修静、持中容忍等理念。中国古代经济曾一度占世界经济总量三分之一,但也从来没有对外侵略扩张。近代以来,中国被动遭受外部侵略和践踏,中国人民饱

① 《习近平外交演讲集》第二卷,中央文献出版社 2022 年版,第 262 页。

受战乱动荡之苦，为争取和平付出了巨大的牺牲，深知深信和平安宁的宝贵。以邻为壑、你输我赢、赢者通吃从来不是中国人的处世哲学，中国人不搞丛林法则，重视济世救困、天下为公、自强为先，中国人的血液里没有侵略的基因。战争和对抗只能将人类引向灭亡，全球不少有识之士相信世界的未来在于对中华文化的重新认同和弘扬。中国式现代化兼容并包，容许更多人共享发展机遇，摒弃"你死我活"的小圈子与零和博弈，主张以最大限度的包容协商合作来解决各种分歧和冲突，在国际关系中树立和践行正确的义利观、合作观，坚持对话而不对抗、拆墙而不筑墙、融合而不脱钩、包容而非排他，反对各种形式的干涉主义和霸权主义，敢于斗争、善于斗争，以团结协作维护长期和平。"无论中国发展到哪一步，中国永不称霸、永不扩张、永不谋求势力范围。历史已经并将继续证明这一点。"[1]"我们过去没有，今后也不会侵略、欺负他人，不会称王称霸。中国始终是世界和平的建设者、全球发展的贡献者、国际秩序的维护者、公共产品的提供者，将继续以中国的新发展为世界提供新机遇。"[2]

中国方案理性平和公道，中国式现代化积极倡导和践行人类命运共同体理念。世界共处于一个家园，人类共存于一个地球。人类向何处去，是兴是衰，是稳是乱，取决于人类自身的选择和作为。人类社会永远相互联系共进，应该珍惜共同的愿望和利益，寻求真诚的共处共赢之道。失去信任和信心，人类难以解决自身面临的各种问题，难以获得基本的秩序和共识，只能走向四分五裂。习近平总书记提出了

---

[1] 《习近平外交演讲集》第二卷，中央文献出版社 2022 年版，第 24 页。

[2] 《习近平谈治国理政》第四卷，外文出版社 2022 年版，第 470 页。

构建人类命运共同体理念，对其重要意义、基本内涵、实现路径作出了全方位系统性的思考解答，强调人类命运共同体就是每个民族、每个国家的前途命运都紧紧联系在一起，努力建设一个远离恐惧、普遍安全的世界，一个远离贫困、共同繁荣的世界，一个远离封闭、开放包容的世界，一个山清水秀、清洁美丽的世界，推动构建新型国际关系，践行共商共建共享的全球治理观，弘扬和平、发展、公平、正义、民主、自由的全人类共同价值，推动国际秩序朝着更加公正合理的方向不断发展。"推动构建人类命运共同体，不是以一种制度代替另一种制度，不是以一种文明代替另一种文明，而是不同社会制度、不同意识形态、不同历史文化、不同发展水平的国家在国际事务中利益共生、权利共享、责任共担，形成共建美好世界的最大公约数。"①

中国式现代化创造了人类文明新形态

人类对于现代化的认知和实践，经历过曲折复杂的历程，西方传统的以资本为中心的各种现代化理论至今仍居主导地位。中国式现代化蕴含独特的世界观，主要体现为始终坚持和发展马克思主义世界观，以马克思主义立场、观点、方法为指导，深度解答什么是社会主义现代化、如何实现社会主义现代化等基本问题，提出了一系列原创性的新理念、新论断、新战略，在新时代的背景下科学回答了中国之

---

① 《习近平谈治国理政》第四卷，外文出版社 2022 年版，第 475 页。

问、世界之问、人民之问、时代之问，达到了对于现代化本质内涵和实践路径的科学认知和成功践行，以中国式现代化创造和推进了人类文明新形态，为人类实现现代化提供了新的选择。

中国式现代化不拒斥世界各国在现代化长期实践中形成的历史经验和共性规律，但强调从中国国情出发、体现中国特色、体现社会主义价值属性和制度优势。一切从实际出发、注重结合历史环境和条件的变化、具体问题具体分析是马克思主义世界观的内在要求。中国式现代化的提出和深化，充分体现了这一要求。"中国式现代化，是中国共产党领导的社会主义现代化，既有各国现代化的共同特征，更有基于自己国情的中国特色。"①其一是人口规模巨大。这是基于中国历史形成的重要特点，由此带来的机遇和挑战都极其复杂巨大，连锁效应明显，在现代化历史上前所未有，对世界发展变化的影响深远重大。其二是致力于实现全体人民共同富裕。共同富裕是中国特色社会主义的本质要求，表明了唯物史观的主体旨归，从根本上解决了两极分化、人与社会异化等问题，体现了公平公正的价值立场和诉求。其三是物质文明和精神文明协调发展。这是对社会主义现代化内涵的全面定位，符合唯物辩证法的基本原理，强调精神文化的重要驱动和支撑作用，强调社会要素、社会关系、社会结构的协调互促。其四是人与自然和谐共生。这是在中国式现代化进程中对于人与自然关系的尊重和维护，力求促进资源环境的合理保护利用，保证生态循环，实现

---

① 习近平：《高举中国特色社会主义伟大旗帜　为全面建设社会主义现代化国家而团结奋斗——在中国共产党第二十次全国代表大会上的报告》，人民出版社 2022 年版，第 22 页。

代际可持续发展。其五是走和平发展道路。这体现了中国式现代化的责任担当，我们真心实意倡导和维护世界和平，促进更大范围内发展的共建共享共治，能够避免一些国家踏入"国强必霸"的惯性思维陷阱，避免其选择通过战争、殖民、掠夺等方式实现现代化的"老路"，而给整个世界带来苦难后果。

党的二十大报告明确提出了中国式现代化的本质要求。"坚持中国共产党领导，坚持中国特色社会主义，实现高质量发展，发展全过程人民民主，丰富人民精神世界，实现全体人民共同富裕，促进人与自然和谐共生，推动构建人类命运共同体，创造人类文明新形态。"[①]上述内容从领导力量、道路选择、发展方式、民主政治、精神追求、公平正义、生态环境、世界愿景、文明形态九个方面揭示了中国式现代化在不同领域的内涵和要求，共同构成了中国式现代化力求完成的整体目标任务。其中每一个方面都既体现了社会主义现代化的内在要求，又体现了其与传统现代化相比的创新性要求。偏离这些本质要求，中国式现代化难以实现，甚至可能走样或被颠覆。从这些方面综合着力，才能全面把握中国式现代化的核心内涵，跳出对于现代化的各种简单化、孤立化、割裂化的理解。

党的二十大报告在部署全面建设社会主义现代化国家的战略安排和目标任务之后，提出了前进道路上必须牢牢把握的五条重大原则。一是坚持和加强党的全面领导。这是总的根本原则，明确了党总揽全

---

① 习近平：《高举中国特色社会主义伟大旗帜　为全面建设社会主义现代化国家而团结奋斗——在中国共产党第二十次全国代表大会上的报告》，人民出版社 2022 年版，第 23—24 页。

局的重要作用，着力加强党对社会主义现代化建设的全面领导。二是坚持中国特色社会主义道路。这是在走什么样的道路、以什么样的方式、以什么力量为主导达到既定战略目标等方面的根本原则。三是坚持以人民为中心的发展思想。这是发展理念、价值立场上的根本原则，确保中国式现代化的所有规划推进是有意义、有定力、有支撑的，充分发挥主体积极性。四是坚持深化改革开放。这是不断激发释放发展动力的根本原则，强调改革开放的长期进行时，防止僵化停滞，要在加强战略针对、确定战略支点、优化战略集成、提升战略效果等方面不断取得实际进展并深化巩固。五是坚持发扬斗争精神。这是在全力战胜前进道路上各种困难和挑战时应当体现的精神面貌上的根本原则，树立风险意识和忧患意识，敢于斗争，善于斗争，依靠顽强斗争实现既定战略目标和部署。

以上三个层面，在坚持和发展马克思主义基础上，从不同角度揭示了中国式现代化的本质内涵和实践路径，形成了中国式现代化理论体系的基本框架。习近平总书记强调："要守好中国式现代化的本和源、根和魂，毫不动摇坚持中国式现代化的中国特色、本质要求、重大原则，确保中国式现代化的正确方向。"[①] 由此可见，中国式现代化不是凭空想象，不是抽象的概念演绎组合，而是基于严密科学理论论证、长期历史经验借鉴和最新实践验证的创造性洞见，是对现代化经验和规律的总结提升，吸收了思想史和实践史上的优秀元素，在一定程度上突破了陈规旧轨，使得对于现代化内涵的认识从简单走向全

---

① 《习近平在学习贯彻党的二十大精神研讨班开班式上发表重要讲话强调　正确理解和大力推进中国式现代化》，《人民日报》2023 年 2 月 8 日。

面、从机械走向辩证，对于现代化路径的认识超越了资本本位，丰富完善了现代化范式的选择，实现了现代化理论和实践的系统综合创新，因而具有深远的中国意义和世界意义。

结　语

"中国式现代化，深深植根于中华优秀传统文化，体现科学社会主义的先进本质，借鉴吸收一切人类优秀文明成果，代表人类文明进步的发展方向，展现了不同于西方现代化模式的新图景，是一种全新的人类文明形态。中国式现代化，打破了'现代化＝西方化'的迷思，展现了现代化的另一幅图景，拓展了发展中国家走向现代化的路径选择，为人类对更好社会制度的探索提供了中国方案。"[①] 党的十八大以来，习近平总书记提出了一系列重大倡议和主张，包括构建人类命运共同体、共建"一带一路"、全人类共同价值、全球发展倡议、全球安全倡议、全球文明倡议等，回答了"世界怎么了、我们怎么办"的世纪之问，其核心就是世界各国相互依存，人类命运与共，国际社会要团结合作。在现代化历史进程开启数百年之后的今天，关于现代化的迷思依然存在，世界上不少国家和地区仍处于有待加快迈向现代化的困境之中，同时现代化进程中遇到的问题愈发凸显，和平赤字、安全赤字、发展赤字、治理赤字有待化解，建设持久和平、普遍安全、共

---

① 《习近平在学习贯彻党的二十大精神研讨班开班式上发表重要讲话强调　正确理解和大力推进中国式现代化》，《人民日报》2023 年 2 月 8 日。

同繁荣、开放包容、清洁美丽的世界任务突出。西化论、自由至上论、自然禀赋论、文明冲突论、资源耗竭论、依附论、融合论、开放社会论、后现代主义等错误的现代化论调影响较大，中国式现代化的成功为认识解决现代化的深层次难题、"更加坚决地防范照搬照抄西方现代化模式的思维方式"[①] 提供了重要参照。中国提出的落实新发展理念、构建新发展格局、促进高质量发展等，不是关起门来搞封闭循环，而是尽力发挥自身特点和优势，使中国式现代化获得更强劲、更可持续的不可逆转动力，为世界现代化、人类文明进步作出中国贡献。

西方一些国家依然在西方中心主义、文明冲突论等论调的支配下，以自己的认知和立场框定现代化的世界版图，试图将世界现代化始终限定于自身利益范围之内，造成了当今世界不少地区混乱不堪的局面，也使得世界性经济社会发展问题凸显，严重影响人类文明的发展进步。中国式现代化则在尊重文明自主性、多样性的基础上强调自信自立，通过自身努力探索文明交流协作的新共识，在传承与创新相融合的基础上为人类文明进步提供了中国智慧、中国方案、中国样本。中国式现代化所代表的文明道路，从来不强制输出现代化模式，但以新成效、新理念为世界上那些需要发展而又难以或不愿走西方发展道路的国家提供了新参照。

■ 参考文献

习近平：《高举中国特色社会主义伟大旗帜　为全面建设社会主义现代化国家而团结奋斗——在中国共产党第二十次全国代表大会上的报告》，人民出版社 2022 年版。

[①] 习近平：《在二十届中央政治局第一次集体学习时的讲话》，《求是》2023 年第 2 期。

《习近平谈治国理政》第四卷，外文出版社 2022 年版。

《习近平外交演讲集》第二卷，中央文献出版社 2022 年版。

《习近平新时代中国特色社会主义思想专题摘编》，党建读物出版社、中央文献出版社 2023 年版。

习近平：《在二十届中央政治局第一次集体学习时的讲话》，《求是》2023 年第 2 期。

《习近平在学习贯彻党的二十大精神研讨班开班式上发表重要讲话强调　正确理解和大力推进中国式现代化》，《人民日报》2023 年 2 月 8 日。

《马克思恩格斯选集》第 1 卷，人民出版社 2012 年版。

《马克思恩格斯文集》第 1 卷，人民出版社 2009 年版。

罗荣渠：《现代化新论》，商务印书馆 2014 年版。

李培林：《中国式现代化和新发展社会学》，《中国社会科学》2021 年第 12 期。

M. Wishman and C. Butcher,"Beyond Ethnicity: Historical States and Modern Conflict", *European Journal of International Relations*, 2022，28（4），p.777.

比较视野下中国式现代化的世界意义

张占斌[*]

马克思、恩格斯在《共产党宣言》中指出："资产阶级，由于开拓了世界市场，使一切国家的生产和消费都成为世界性的了。"[①]世界市场的开拓和发展，使世界上每一个国家的命运都紧密相连。中国共产党身处世界市场和现代化不断发展的时代潮流之中，坚持胸怀天下，带领中国人民不断拓展中国式现代化，为中国人民谋幸福、为中华民族谋复兴，也为人类谋进步、为世界谋大同。党的二十大报告系统论述了中国式现代化的理论与实践，揭示了中国式现代化的世界意义。中国式现代化既发展自身又造福世界，为人类社会发展作出了卓越贡献。

扫码听全文

---

* 张占斌，第十三届全国政协委员，中共中央党校（国家行政学院）中国式现代化研究中心主任、马克思主义学院教授、博导。中共中央党校（国家行政学院）博士研究生刘馨泽、王佳宁、孟祥真参加研讨，对本文亦有贡献。

① 《马克思恩格斯文集》第 2 卷，人民出版社 2009 年版，第 35 页。

中国式现代化为世界现代化发展引领新方向

中国式现代化道路的成功开辟，创造了实现现代化的全新模式，充分证明了现代化发展路径的多样性。中国现代化进程中积累的成功经验，不仅为广大发展中国家实现现代化提供重要借鉴，更为解决人类共同的发展难题提供中国方案。中国式现代化以人的自由全面发展为现代化的价值取向，充分彰显了人类历史的光明前景，开拓了世界现代化的新境界。

第一，破解西方现代化的唯一性，扩展了世界现代化的发展格局。现代化是世界历史演进的必然趋势，也是各国奋力追求的发展目标。西方资本主义国家通过工业革命等实践率先迈向现代化，主导了世界现代化话语体系，将西方模式视作实现现代化的唯一途径，并在世界范围内推行其资本主义现代化发展道路。部分发展中国家以此为样本，全盘接受西方的制度经验，却在实践过程中不同程度地陷入了现代化发展陷阱。事实证明，"现代化道路并没有固定模式，适合自己的才是最好的，不能削足适履"①。中国旧式现代化进程是在西方资本主义裹挟下开启的，存在明显的被动性和局限性，中国式现代化是在中国共产党的领导下开展的，立足于本国国情，在马克思主义理论的科学指导下，经过一系列艰苦卓绝的实践，探索发展出一条显著区别于西方模式的中国式现代化新道路。

---

① 习近平：《加强政党合作　共谋人民幸福——在中国共产党与世界政党领导人峰会上的主旨讲话》，人民出版社 2021 年版，第 8 页。

中国式现代化道路，既遵循了人类现代化发展的一般规律，又由于自身独特的发展历程凝结出丰富的中国经验。在长期探索实践现代化的过程中，我们党领导人民创造了世所罕见的经济快速发展和社会长期稳定两大奇迹，中华民族迎来了从站起来、富起来到强起来的伟大飞跃。中国式现代化使得众多现代化发展中的复杂难题得以成功破解，为广大追赶现代化发展潮流的后发国家提供了全新参考与有益借鉴。中国式现代化道路以其辉煌的发展成就向世界彰显了自身的显著优势和光明前景，突破了西方传统现代化理论的"单线式"发展观和"一元论"谬误，为世界现代化增添新样态，深刻改变了世界现代化的发展格局。

第二，突破西方现代化的局限性，提升了世界现代化的发展水平。回顾世界历史发展进程，肇始于西方的资本主义现代化给人类社会带来了巨大变革，塑造了一系列现代化的普遍原则。然而，由于其自身所固有的局限性和矛盾性，不可避免地产生了贫富分化、生态环境危机、强权政治等现代化难题。在全球化不断纵深发展的今天，资本主义危机已然全球转移与传播，亟须世界各国通力协作、找寻出路。中国式现代化坚持全面性和协调性的辩证统一，努力破解资本主义现代化发展失衡的困局，并为世界难题的解决贡献中国智慧与中国力量。在应对经济发展难题方面，中国式现代化坚持解放和发展生产力，以实现共同富裕为前进方向，通过逐步消除贫困和缩小贫富差距以实现全体人民的共同富裕，提升社会现代化发展水平。在促进本国经济健康发展的同时，中国还积极帮助后发国家应对贫困挑战，提供对外经济技术援助，推动世界贫困治理和现代化发展。在生态治理方面，中国在深刻总结国内外经验教训的基础上，形成了中国特色的生态文明理论，强调人与自然和谐共生，为其他国家生态危机的解决、世界生态治理的现代化提供了中国方案。在国际交往方面，世界正处于百年未有之大变局，面对日益增多的全球风险挑战，中国式现代化坚持走和平发展道路，秉承共商共建共享的全球治理观，捍卫国际公平正义，积极推动构建新型国际关系，为世界和平、全球发展作出了积极贡献，为建设新型国际关系提供了重要借鉴。

第三，超越西方现代化的片面性，指明了世界现代化的理想方向。在世界现代化的征途中，各国都致力于实现经济、政治、文化等方面的现代化，但由于实践主体的价值取向不同，最终的理想目标也不同。西方现代文明肇始于"人"的思想解放和主体性回归，但资本逻辑主导下的西方模式导致了人的异化，以"物"为中心消解了人的价值，因此无法实现人的全面发展。马克思、恩格斯对资本逻辑进行批判，最终目的就是要真正实现人的解放和自由全面发展。中国式现代化延续了马克思主义关于人类社会发展的理想目标，坚持以人民为中心，体现了"为中国人民谋幸福"、"为中华民族谋复兴"和"为世界人民谋大同"的内在价值。首先，在中国式现代化发展进程中，中国共产党始终立足广大人民的实际需要，坚持人民至上的根本宗旨，明确了以人民为中心的发展思想和以人的现代化为核心的现代化本质；坚持发展为了人民、发展依靠人民、发展成果由人民共享，构建繁荣发展、和谐稳定的现代社会，推进人的现代化，促进人的全面发展。"我们坚持和发展中国特色社会主义，推动物质文明、政治文明、精神文明、社会文明、生态文明协调发展，创造了中国式现代化新道路，创造了人类文明新形态。"①其次，在人的现代化发展过程中，中国式现代化超越了以资本为中心的价值逻辑，遵循人的发展逻辑，在充分发挥资本积极作用的同时，克服资本的无序扩张，使人逐步摆脱被"物"束缚、被资本奴役的状态，最终实现人的本质的全面复归。最后，中国式现代化在聚焦本国发展的同时，还蕴含着深厚的世界情怀、人类情怀。面对"人类社会向何处去"的重大时代之问，中国共产党创造性地提出构建人类命运共同体，寻求世界各国人民的普遍利益和共同价值追求，这符合全球视野下人的发展的内在要求，更为世界现代化的价值目标提供重要指引。

中国式现代化为世界社会主义发展带来新希望

中国式现代化打破了传统社会主义模式的桎梏，开辟了社会主义现代化道路的新选择，使科学社会主义在中国重新焕发蓬勃生机，为世界社会主义发展开拓了光明前景。

第一，中国式现代化是注重人和社会全面发展、坚持科学社会主义基本原则的现代化。中国式现代化，本质上是社会主义现代化，是坚持科学社会主义基本原则的现代化。习近平总书记指出："科学社

---

① 习近平：《在庆祝中国共产党成立 100 周年大会上的讲话》，人民出版社 2021 年版，第 13—14 页。

会主义基本原则不能丢，丢了就不是社会主义。"① 如何理解科学社会主义基本原则？基于不同方法、不同角度，不同学者对科学社会主义基本原则的认识有所不同，但有一点在学界已经达成共识，即科学社会主义是推进人的发展、寻求人的解放的学说。

中国式现代化坚持科学社会主义基本原则的根本体现，在于中国共产党把促进人的全面发展贯穿于探索中国式现代化百年历程的始终。2020 年 10 月 29 日，习近平总书记在党的十九届五中全会第二次全体会议上的重要讲话中明确提出："我们所推进的现代化，既有各国现代化的共同特征，更有基于国情的中国特色。"② 在这篇重要讲话中，习近平总书记首次概括了我国建设社会主义现代化的五个重要特征并作出深刻阐释。中国式现代化的五个重要特征均体现了中国共产党自觉促进人的全面发展。"人口规模巨大的现代化"体现了中国式现代化的问题意识，即要把解决规模巨大的人口的切身利益问题作为中国式现代化的出发点。"全体人民共同富裕的现代化"体现了中国式现代化的价值诉求，意味着全体人民作为共同富裕的实现主体，在现代化进程中一个也不能掉队。"物质文明和精神文明相协调的现代化"和"人与自然和谐共生的现代化"强调了中国式现代化是人的全面发展的现代化，注重人的物质、精神、生态等多方面需求的满足。"走和平发展道路的现代化"彰显了中国式现代化不仅为了中国人民，更有着浓厚的世界情怀，是为世界人民谋大同的现代化。

---

① 习近平：《在纪念马克思诞辰 200 周年大会上的讲话》，人民出版社 2018 年版，第 26 页。
② 习近平：《新发展阶段贯彻新发展理念必然要求构建新发展格局》，《求是》2022 年第 17 期。

第二，中国式现代化的成功推进和拓展实现了社会主义现代化理论和实践的创新突破。"马克思主义深刻改变了中国，中国也极大丰富了马克思主义。"[①] 中国共产党探索现代化进程所取得的显著成就，是坚持以马克思主义为指导的必然结果；同时，中国式现代化的百年成就，也极大丰富了马克思主义现代化理论。

首先，中国共产党创新了无产阶级革命形式，为中国式现代化奠定了政治前提。马克思主义现代化理论立足批判资本逻辑主导的现代化图景，主张要实现崭新的人的逻辑主导的现代化，必须通过暴力革命的方式。实践中，无论是马克思恩格斯生前参与的巴黎公社等革命运动，还是列宁领导的俄国十月革命，都坚持"城市中心论"的革命路线。在半殖民地半封建社会的旧中国，以毛泽东同志为主要代表的中国共产党人，深刻认识到不通过革命彻底推翻帝国主义、封建主义、官僚资本主义三座大山，中国式现代化就无法真正推进。以毛泽东同志为主要代表的中国共产党人把马克思列宁主义的基本原理同中国革命的具体实践结合起来，通过不懈探索，创新无产阶级革命形式，走出了一条不同于前人的"农村包围城市、武装夺取政权"的革命道路，取得了新民主主义革命的胜利，为中国式现代化奠定了政治前提。

其次，中国共产党人不断解放和发展生产力，着力探索实现现代化的"重大问题"。习近平总书记指出："解放和发展社会生产力是社会主义的本质要求，是中国共产党人接力探索、着力解决的重大

[①] 《习近平谈治国理政》第四卷，外文出版社 2022 年版，第 509 页。

问题。"① 为了打破资本主义现代化条件下生产关系对生产力发展的束缚，马克思恩格斯看到了革命的重要作用。但与马克思恩格斯的设想不同，中国是在经济文化相对落后的条件下建设现代化，而如何在经济文化相对落后的条件下发展生产力，一代又一代中国共产党人持续探索，发挥社会主义集中力量办大事的制度优势，推动生产力实现跨越式发展。党的十八大以来，中国经济由高速度增长阶段向高质量发展阶段转变，面对转型升级的严峻挑战，以习近平同志为核心的党中央坚持全面深化改革，通过进一步调整与生产力发展要求不相适应的生产关系和上层建筑，凝聚全社会力量，调动最广泛积极性，共同为生产力发展扫清障碍、创造条件，中国社会的生产力得以持续、健康发展。

最后，中国式现代化在坚持党的领导、走和平发展道路等方面丰富发展了马克思主义现代化观。马克思恩格斯关于无产阶级政党的领导的系列论述阐明，无产阶级必须建立完全属于自己的、代表自身利益的独立政党组织，才能真正在与资产阶级的斗争中处于主动地位，按照自己的原则和主张建设一个新社会，同时揭示了无产阶级政党领导的目的是实现整个无产阶级的利益，最终实现"每个人的自由全面发展"。经过长期实践探索、经验总结和理论创新，我们党对社会主义现代化的认识不断深入，实践不断丰富。特别是党的十八大以来，以习近平同志为主要代表的中国共产党人，坚持把马克思主义基本原理同中国具体实际相结合、同中华优秀传统文化相结合，创立了

① 习近平：《在纪念马克思诞辰 200 周年大会上的讲话》，人民出版社 2018 年版，第 18 页。

习近平新时代中国特色社会主义思想，并以其世界观和方法论认识中国社会主义现代化的发展进程和客观规律，明确提出中国式现代化是中国共产党领导的社会主义现代化，只有中国共产党能够克服一切艰难实现中国人的现代化梦想。在中国共产党的坚强领导下，从第一个五年计划到第十四个五年规划，一以贯之的主题就是把我国建设成为社会主义现代化国家。

此外，在探索中国式现代化过程中，中国没有走一些西方国家的老路，而是坚持走和平发展道路，始终做世界和平的建设者、全球发展的贡献者、国际秩序的维护者。正如习近平总书记所强调的："我国现代化是走和平发展道路的现代化。"① 中国式现代化强调同世界各国互利共赢，倡导推动构建人类命运共同体，努力为人类和平与发展作出贡献。坚持和平发展道路的现代化，一方面，使中国融入世界、扩大开放，中国现代化深入推进；另一方面，使中国拥抱世界、加强合作，不断为世界和平与发展注入强大正能量。中国式现代化以其理论和实践证明，世界上既不存在定于一尊的现代化模式，也不存在放之四海而皆准的现代化标准，不能用西方现代化的已有模式去框定后发国家现代化的道路，各国的现代化道路应该由本国人民自己选择。中国式现代化理论对马克思主义现代化理论作出原创性贡献，丰富了马克思主义的思想宝库。

第三，中国式现代化促进世界范围内社会主义和资本主义两种意识形态、两种社会制度的历史演进及其较量发生有利于社会主义的重

---

① 习近平：《新发展阶段贯彻新发展理念必然要求构建新发展格局》，《求是》2022 年第 17 期。

大转变。马克思恩格斯在《共产党宣言》中指出,"蒸汽和机器引起了工业生产的革命"①。蒸汽和机器的产生,是人类社会生产方式的重大变革,是人类社会进入现代化的重要标志。在现代化的初始阶段,资本家由于经济上的优势地位,具备了购置机器设备的实力,也拥有了雇佣工人进行劳动的权力,率先具备了推动现代化发展的实力。人类社会的现代化在其早期阶段,一直只有资本主义现代化一种模式。

列宁领导俄国人民取得十月革命的胜利,创立了世界上第一个社会主义国家,这为人类社会的现代化进程开辟新方向、走向新道路、实现新未来带来了曙光和希望。如果说在此之前,社会主义作为资本主义的对立物、替代物还只是理论上的存在,那么在此之后,社会主义和资本主义的竞争、较量成为现实中的存在。随着东欧剧变和苏联解体,在社会主义和资本主义的对比中,社会主义处于弱势,世界社会主义运动陷入低潮。

中国共产党在重要的历史关头,团结带领中国人民,高举中国特色社会主义伟大旗帜,推动我国社会主义现代化建设取得举世瞩目的成就。中国成为21世纪科学社会主义发展的旗帜,成为振兴世界社会主义的中流砥柱。中国式现代化,是坚持以马克思主义为指导的现代化道路。中国式现代化的成功,说到底,是马克思主义的成功。中国共产党的领导和社会主义本质属性决定,中国式现代化与马克思主义中国化必然紧密联系,而"马克思主义中国化时代化不断取得成功,使马克思主义以崭新形象展现在世界上,使世界范围内社会主义和资

---

① 《马克思恩格斯文集》第2卷,人民出版社2009年版,第32页。

本主义两种意识形态、两种社会制度的历史演进及其较量发生了有利于社会主义的重大转变"①。

中国式现代化为人类文明发展作出新贡献

中国共产党在现代化过程中，传承并弘扬了中华优秀传统文化，提高了中华文明的世界影响力；吸收并借鉴了人类优秀文明成果，促进了人类文明的繁荣发展；坚守并弘扬了全人类共同价值，维护了世界的和平发展。中国式现代化不走文明冲突、文化霸权之路，而是通过自身的发展不断书写人类历史新的精彩篇章。

第一，中国式现代化为人类未来发展提供了新的形态，以中华优秀传统文化为沃土，激发中华文化生命力和当代价值。恩格斯曾指出："我们自己创造着我们的历史，但是第一，我们是在十分确定的前提和条件下创造的。其中经济的前提和条件归根到底是决定性的。但是政治等等的前提和条件，甚至那些萦回于人们头脑中的传统，也起着一定的作用，虽然不是决定性的作用。"②文化的发展是一个民族最深厚的积淀，文明的传承是一个民族最根本和最持久的力量。中华文明是一个内容丰富、历史悠久的思想体系。中华民族虽几经战乱聚合，但从没有割断过共同的文化传承，反而民族意识和对中华文明的

---

① 《中国共产党第十九届中央委员会第六次全体会议文件汇编》，人民出版社 2021 年版，第 93 页。

② 《马克思恩格斯文集》第 10 卷，人民出版社 2009 年版，第 592 页。

认同感在历史变迁中不断增强。

在国家蒙辱、人民蒙难、文明蒙尘的中华民族危难之际，中国共产党团结带领人民，浴血奋战、百折不挠，取得了新民主主义革命的胜利，建立了人民当家作主的中华人民共和国；在社会主义革命和建设时期以及改革开放和社会主义现代化建设时期，特别是党的十八大以来，中国共产党团结带领中国人民成功推进和拓展了中国式现代化，使中华民族迎来了从站起来、富起来到强起来的伟大飞跃，使实现中华民族伟大复兴进入了不可逆转的历史进程。在此期间，无数中华儿女继承漫长历史过程中形成和积淀的中华文化精髓，大力弘扬中华优秀传统文化，在中国式现代化进程中不断推进文化自信自强，形成建党精神、抗战精神、抗美援朝精神、改革开放精神、脱贫攻坚精神等一系列伟大精神。

中华文明的继承性，使其近代以后虽历经血与火的磨难，但植根于中华民族血脉深处的文化基因都始终未改；也正是传承了中华文化基因的中国共产党人将马克思列宁主义与中国国情、时代特点相结合，形成马克思主义中国化时代化理论成果，最终指引中国找到不同于西方资本主义国家的实现现代化的正确道路。随着中国式现代化的成功，其影响力和吸引力不断增强。可以说，中国式现代化是在传统与现代化的相互作用中探索形成的。这一历史经验表明，后发现代化国家在现代化发展过程中，不能忽视本国的历史文化，要基于本民族的文化传统，探索适合于本民族文化基因的现代化建设道路，这样在现代化建设过程中才能少走弯路。

第二，中国式现代化道路充分吸收人类优秀文明成果，促进人类文明共同繁荣、永续发展。在人类文明演进的历史中可以发现：某一个民族国家会在一定历史时期率先创造出一种新的文明形态并向世界扩展。例如，西方资本主义文明，因曾经促进社会生产力获得巨大发展，故而一直自认为是具有普世价值的文明模式和放之四海而皆准的发展模式，并企图将自身推行到全世界，妄图统治全世界。中国共产党始终保持清醒头脑，经过不断摸索，吸收借鉴了包括西方资本主义文明在内的人类文明优秀成果，并将社会主义文明成果——马克思主义同中华文明相结合。中国共产党领导的中国式现代化，正是基于对三种文明资源的批判继承和融合创新，以兼收并蓄的古老中国智慧回应了西方现代化过程中出现的各种新问题，推动了中国在现代化进程中与世界各文明开展对话交流。

在中国式现代化的探索形成过程中，中华文明不仅没有在近代资本主义殖民扩张的反复冲击下消亡，反而与马克思主义基本原理相结合，一次又一次实现马克思主义中国化时代化新的飞跃。正是基于对人类文明优秀成果的吸收和发展，在文明交流互鉴中取长补短，中国特色社会主义形成和发展了中国式现代化的发展道路，创造了人类文明发展的新形态。不同于西方现代化文明和苏联模式下的社会主义文明，这一人类文明新形态致力于各种文明之间、人与自然之间的和谐平衡，致力于物质文明、政治文明、精神文明、社会文明、生态文明的协调发展。这一人类文明新形态为人类提供了正确的精神指引和强大的精神动力。

第三，中国式现代化倡导全人类共同价值，为世界和平发展贡献中国力量。中国特色社会主义虽创造了人类文明新形态，但不可置否的是，今天我们依然处在一个由西方主导的世界秩序中。长期以来，西方资本主义文明一直秉持二元对立思维，正如美国前国务卿基辛格曾用国际象棋规则形容西方文明："目标是全胜，目的是把对手将死，即把对方的王或后逼入绝境，令其走投无路。"①所以，在西方现代化发展过程中，常常采用恃强凌弱、冷战思维、单边主义、强国争霸等发展模式。与之相反，中华文明自古就有"兼爱非攻""协和万邦""和衷共济""天下大同"等思想理念，这使得中华民族历来爱好和平。在现代化道路的探索过程中，中国切实履行了"世界和平的建设者、全球发展的贡献者、国际秩序的维护者"的责任担当。中国不仅致力于实现自身发展，而且将中华文明中包容互鉴、合作共赢的理念贡献给世界，坚守并弘扬和平、发展、公平、正义、民主、自由的全人类共同价值。在全人类共同价值的引领下，中国注重并不断加强与世界各国合作共赢，欢迎各国人民搭乘中国发展的"快车""便车"；主张共商共建共享的全球治理理念，在实现自身利益的同时考虑和照顾其他国家利益，体现了负责任大国的担当，为世界的和平发展贡献中国力量，为人类文明发展进步提供可靠保障。

■ 参考文献

习近平：《加强政党合作　共谋人民幸福——在中国共产党与世界政党领导人峰会上的主旨讲话》，人民出版社 2021 年版。

习近平：《在庆祝中国共产党成立 100 周年大会上的讲话》，人民出版社 2021 年版。

习近平：《在纪念马克思诞辰 200 周年大会上的讲话》，人民出版社 2018 年版。

---

① [美] 亨利·基辛格：《论中国》，胡利平等译，中信出版社 2015 年版，第 489 页。

《习近平谈治国理政》第四卷，外文出版社 2022 年版。

习近平：《新发展阶段贯彻新发展理念必然要求构建新发展格局》，《求是》2022 年第 17 期。

《中国共产党第十九届中央委员会第六次全体会议文件汇编》，人民出版社 2021 年版。

《马克思恩格斯文集》第 2 卷，人民出版社 2009 年版。

《马克思恩格斯文集》第 10 卷，人民出版社 2009 年版。

[美] 亨利·基辛格：《论中国》，胡利平等译，中信出版社 2015 年版。

价 值 观

中国式现代化蕴含的价值观彰显了"人民至上"的价值立场、"以人民利益为准绳"的价值标准和全体人民共同富裕的价值追求。中国式现代化的价值观是马克思主义价值观、共产党人价值观、科学社会主义价值观、中华优秀传统文化价值观在全面建设社会主义现代化国家实践中的整体呈现，为全人类共同价值的构建奠定了理论基础。

中国式现代化蕴含的价值观

阎树群 *

习近平总书记在学习贯彻党的二十大精神研讨班开班式上的重要讲话，充分阐述了中国式现代化的鲜明特征和重大意义，强调中国式现代化蕴含着独特的价值观，这就从意识形态的高度科学揭示了中国式现代化的本质特征，为我们正确理解和大力推进中国式现代化指明了方向。中国式现代化蕴含的价值观，是马克思主义科学社会主义价值观同中国现代化建设具体实际相结合、同中华优秀传统文化相结合的产物。习近平总书记指出："中国式现代化，深深植根于中华优秀传统文化，体现科学社会主义的先进本质，借鉴吸收一切人类优秀文明成果，代表人类文明进步的发展方向，展现了不同于西方现代化模式的新

扫码听全文

* 阎树群，山东师范大学马克思主义学院特聘教授，陕西师范大学马克思主义学院二级教授、博导，陕西省重点中国特色社会主义理论体系研究中心首席专家。

图景，是一种全新的人类文明形态。"①这一人类文明新形态，从价值观的角度看，是对科学社会主义价值观的守正创新，是对中华优秀传统文化的创造性转化与创新性发展，也是对西方价值观的根本超越。

中国式现代化蕴含着马克思主义价值观

习近平总书记在党的二十大报告中关于"中国式现代化是中国共产党领导的现代化"的重要论断，集中概括了中国式现代化的总体特征，科学阐明了中国式现代化蕴含的价值观就是马克思主义、科学社会主义价值观，就是中国共产党人的价值观。习近平总书记指出："中国共产党为什么能，中国特色社会主义为什么好，归根到底是马克思主义行，是中国化时代化的马克思主义行。"②马克思主义、中国共产党、中国特色社会主义三者有机统一于中国式现代化的理论与实践中。从价值观的角度看，中国式现代化道路之所以走得通、行得稳，就是因为中国共产党、中国特色社会主义的价值观正确，而归根到底是因为马克思主义价值观行、中国化时代化的马克思主义价值观行。

马克思主义的创立是人类思想史上的伟大革命，这一全新思想创造性地揭示了人类社会发展规律。马克思主义是人民的理论，第一次

---

① 《习近平在学习贯彻党的二十大精神研讨班开班式上发表重要讲话强调　正确理解和大力推进中国式现代化》，《人民日报》2023年2月8日。

② 习近平：《高举中国特色社会主义伟大旗帜　为全面建设社会主义现代化国家而团结奋斗——在中国共产党第二十次全国代表大会上的报告》，人民出版社2022年版，第16页。

创立了人民实现自身解放的思想体系。马克思主义是实践的理论，指引着人民改造世界的行动。马克思主义是不断发展的开放的理论，始终站在时代前沿。[1] 正如马克思在谈到其思想体系与之前思想家的根本区别时指出："哲学家们只是用不同的方式解释世界，问题在于改变世界。"[2] 因此，马克思主义价值观可以概括为实践价值观，为人民变革社会的实践提供了科学指南。

从现代化建设的角度审视马克思主义价值观，马克思主义实现了变革社会与推进工业化的高度统一。在世界现代化思想史上，马克思的现代化思想被公认为现代化理论的源头。马克思在其著作中多处使用过"现代"一词，该词具有历史划分和发展程度双重含义：作为历史划分的概念，是指继中世纪之后的现代，即马克思所说的"我们的时代，资产阶级时代"[3]；如果从发展程度看，则指的是"现代工业"。学术理论界之所以把现代化与工业化并列使用就是源于马克思的这一思想。按照马克思在《资本论》中的阐述，他提出"现代"概念的"最终目的是揭示现代社会的经济运动规律"[4]。马克思通过深刻剖析资本主义社会生产力和生产关系的矛盾运动，科学预见资本主义必然灭亡、共产主义必然胜利的历史趋势，同时指出资本主义所创造的现代生产力昭示着经济落后、工业不发达的国家必将以工业较发达的国家作为自己未来发展的景象，从而提出经济落后国家在发展进程中可以

---

[1]　参见习近平：《在纪念马克思诞辰 200 周年大会上的讲话》，人民出版社 2018 年版，第 7—9 页。

[2]　《马克思恩格斯选集》第 1 卷，人民出版社 2012 年版，第 136 页。

[3]　《马克思恩格斯选集》第 1 卷，人民出版社 2012 年版，第 401 页。

[4]　《马克思恩格斯全集》第 42 卷，人民出版社 2016 年版，第 7 页。

通过社会革命建立社会主义制度以超越资本主义制度，但在新的社会制度下必须经历一个"现代化"的过程以追赶较为发达的国家。

在马克思主义实践价值观及其现代化思想的指引下，中国共产党领导人民推翻了帝国主义、封建主义、官僚资本主义三座大山，建立了新中国，实现了民族独立和人民解放；新中国成立后，我们党提出了以"一化三改"为主要内容的党在过渡时期的总路线，即通过"逐步实现社会主义工业化"践行马克思所说的追赶较为发达国家的思想；通过对农业、手工业和资本主义工商业的改造确立了社会主义基本制度，为中国的现代化奠定了根本政治前提。从 1954 年第一届全国人民代表大会正式提出"四个现代化"的奋斗目标，到 1956 年党的八大将"四个现代化"写进党章，再到 1964 年第三届全国人民代表大会对实现四个现代化作出具体部署，反映了党领导人民为把我国建设成为社会主义现代化国家而作出的不懈努力。"由于后来发生了'文化大革命'，当时提出的四个现代化建设没有完全展开。"① 改革开放以来，社会主义现代化建设成为全党工作的重点，邓小平同志先后提出"中国式现代化""社会主义现代化"等概念，从发展程度和社会性质两个方面对我国现代化作出科学规定，他指出："我们搞的现代化，是中国式的现代化。我们建设的社会主义，是有中国特色的社会主义。"② 在邓小平同志提出的现代化理论的指导下，党的十三大正式确定了社会主义现代化建设"三步走"的发展战略，党的十六大提出全面建设小康社会的奋斗目标，党的十八大提出到 2020 年全面建成

---

① 《习近平谈治国理政》第四卷，外文出版社 2022 年版，第 152 页。
② 《邓小平文选》第 3 卷，人民出版社 1993 年版，第 29 页。

小康社会的奋斗目标，党的十九大提出分两个阶段实现全面建成社会主义现代化强国的战略安排。党的二十大报告提出，从现在起，中国共产党的中心任务就是团结带领全国各族人民全面建成社会主义现代化强国、实现第二个百年奋斗目标，以中国式现代化全面推进中华民族伟大复兴。同时，党的二十大报告对中国式现代化理论作出全新阐释，从中国式现代化是人口规模巨大的现代化、全体人民共同富裕的现代化、物质文明和精神文明相协调的现代化、人与自然和谐共生的现代化、走和平发展道路的现代化等五个方面，深刻揭示了中国式现代化的科学内涵，并指出："中国式现代化，是中国共产党领导的社会主义现代化，既有各国现代化的共同特征，更有基于自己国情的中国特色。"[1]这一历史进程充分体现了中国共产党人一以贯之地坚持结合中国实际运用和发展马克思主义实践观和现代化思想。

中国式现代化蕴含着共产党人价值观

现代化和政党作为大工业时代的产物具有内在关联性，不同的政党具有不同的性质和纲领，因而对现代化建设的价值引领也不相同。由于工业革命的推动，西方现代化国家都是资本主义国家，其现代化建设是在资产阶级政党价值观的主导下进行的，尽管他们也标榜现代

---

① 习近平：《高举中国特色社会主义伟大旗帜 为全面建设社会主义现代化国家而团结奋斗——在中国共产党第二十次全国代表大会上的报告》，人民出版社 2022 年版，第 22 页。

化的超阶级性,但其本质上代表的是少数剥削者的利益,坚持以资本为中心的价值观;而中国式现代化作为中国共产党领导的社会主义现代化,其蕴含和体现的必然是共产党人的价值观,代表的是无产阶级和广大劳动人民的根本利益,坚持的是以人民为中心的价值观。党的性质宗旨、初心使命深深内蕴于中国式现代化建设之中,成为水乳交融、密不可分的有机整体。习近平总书记指出:"党的领导直接关系中国式现代化的根本方向、前途命运、最终成败。"①党的领导决定着中国式现代化的根本性质,能够确保中国式现代化锚定奋斗目标行稳致远,并激发中国式现代化建设的强劲动力,凝聚中国式现代化建设的磅礴力量,因而中国式现代化必须在党的全面领导下加以推进,离开党的领导,既走不出中国式现代化道路,也不可能全面建成社会主义现代化国家。

马克思恩格斯在《共产党宣言》中指出:共产党人没有自身的特殊利益,"在无产阶级和资产阶级的斗争所经历的各个发展阶段上,共产党人始终代表整个运动的利益"②。作为无产阶级和劳动人民利益的忠实代表,共产党的理论主张和实践目标是要解放全人类,实现人类社会从必然王国到自由王国的飞跃,促进人的自由全面发展。中国共产党是马克思主义和中国工人运动相结合的产物,其先进性从性质来看体现为中国共产党是中国工人阶级的先锋队,同时是中国人民和中华民族的先锋队;其初心使命是要为中国人民谋幸福、为中华民族

---

① 《习近平在学习贯彻党的二十大精神研讨班开班式上发表重要讲话强调　正确理解和大力推进中国式现代化》,《人民日报》2023年2月8日。
② 《马克思恩格斯选集》第1卷,人民出版社2012年版,第413页。

谋复兴。正如习近平总书记在庆祝中国共产党成立 100 周年大会上的讲话中所指出的："中国共产党根基在人民、血脉在人民、力量在人民。中国共产党始终代表最广大人民根本利益，与人民休戚与共、生死相依，没有任何自己特殊的利益，从来不代表任何利益集团、任何权势团体、任何特权阶层的利益。"①中国共产党人的价值观集中体现了党的性质宗旨、初心使命，概括地说就是人民至上。坚持人民至上，这是党百年奋斗的成功经验，而要坚持人民至上，就必须践行党的初心使命，探索中国式现代化道路以实现人民幸福和民族复兴的目标。贯穿其中的中心思想就是实现人的解放和自由全面发展。党的十七大科学总结改革开放以来马克思主义中国化时代化的理论创新和实践成果，首次提出中国特色社会主义理论体系的概念并对中国特色社会主义道路的含义作了概括；党的十八大在完善中国特色社会主义道路的科学内涵时，增加了"促进人的全面发展，逐步实现全体人民共同富裕"等重要内容；②党的十九届六中全会通过的《中共中央关于党的百年奋斗重大成就和历史经验的决议》把"坚持人民至上"概括为中国共产党百年奋斗的历史经验之一；党的二十大报告在此基础上将"坚持人民至上"进一步提升为习近平新时代中国特色社会主义思想的世界观和方法论。

坚持人民至上的价值观，是中国共产党百年来全部理论和实践的核心。早在延安时期，毛泽东同志首次明确提出"从群众中来、到群众中去"的群众路线工作方法，党的七大把"全心全意为人民服务"

---

① 《习近平谈治国理政》第四卷，外文出版社 2022 年版，第 9 页。
② 《十八大以来重要文献选编》（上），中央文献出版社 2014 年版，第 10 页。

作为党的根本宗旨正式写进党章；改革开放以来，邓小平同志提出一切以"人民拥护不拥护""人民赞成不赞成""人民高兴不高兴""人民答应不答应"为标准；"三个代表"重要思想强调"我们党要始终代表中国最广大人民的根本利益"；科学发展观坚持"以人为本"的核心理念；中国特色社会主义进入新时代，习近平总书记强调坚持"以人民为中心"的发展思想，在党的十六大提出把握"社会主义现代化建设的本质"的基础上①，习近平总书记明确作出"现代化的本质是人的现代化"的科学论断②，把人民对美好生活的向往作为奋斗目标。这一历程体现着我们党无比深厚的人民情怀。人民性是马克思主义的本质特征，是中国共产党性质宗旨、初心使命的集中体现，坚持人民性是中国共产党人从胜利走向胜利的制胜法宝。

人民幸福与民族复兴紧密相连，没有国家富强和民族振兴，人民幸福就丧失了根本前提。因此，为了使人民过上幸福美好生活，中国共产党一经成立即肩负起实现中华民族伟大复兴的历史重任。在党领导人民取得了革命、建设、改革的历史性成就，向着中华民族伟大复兴的宏伟目标稳步迈进的基础上，党的十九大报告提出，中国特色社会主义新时代是"全体中华儿女勠力同心、奋力实现中华民族伟大复兴中国梦的时代"③。在中国共产党成立一百周年，我们实现了全面建成小康社会的宏伟目标的基础上，党的二十大报告庄严宣告："从现

---

① 《十六大以来重要文献选编》（上），中央文献出版社 2005 年版，第 11 页。
② 《十八大以来重要文献选编》（上），中央文献出版社 2014 年版，第 594 页。
③ 习近平：《决胜全面建成小康社会　夺取新时代中国特色社会主义伟大胜利——在中国共产党第十九次全国代表大会上的报告》，人民出版社 2017 年版，第 11 页。

在起，中国共产党的中心任务就是团结带领全国各族人民全面建成社会主义现代化强国、实现第二个百年奋斗目标，以中国式现代化全面推进中华民族伟大复兴。"①当前，党领导全国各族人民正在按照党的二十大的战略部署全力推进中国式现代化，中华民族伟大复兴呈现出无比光明的前景。这既是全体中华儿女的共同心愿，也是中国共产党人价值观的深刻体现。

中国式现代化蕴含着科学社会主义价值观

中国共产党人坚持、信仰和运用马克思主义，其奋斗目标和价值理想就是顺应生产力与生产关系、经济基础与上层建筑矛盾运动的客观规律，带领人民推翻剥削制度，实现社会主义和共产主义。因此，马克思主义价值观、共产党人的价值观集中体现为科学社会主义的价值观。

唯物史观是马克思主义思想体系的核心，马克思主义的真理力量和实践伟力集中体现在它深刻改变了人类社会的历史。正如习近平总书记指出："在人类思想史上，没有一种思想理论像马克思主义那样对人类产生了如此广泛而深刻的影响。"②这种广泛而深刻的影响力体

---

① 习近平：《高举中国特色社会主义伟大旗帜　为全面建设社会主义现代化国家而团结奋斗——在中国共产党第二十次全国代表大会上的报告》，人民出版社 2022 年版，第 21 页。

② 习近平：《在纪念马克思诞辰 200 周年大会上的讲话》，人民出版社 2018 年版，第 10 页。

现为在其指引下多国人民推翻了腐朽的社会制度，建立起崭新的社会主义制度。马克思恩格斯在《共产党宣言》中指出："现代的资产阶级私有制是建立在阶级对立上面、建立在一些人对另一些人的剥削上面的产品生产和占有的最后而又最完备的表现。""从这个意义上说，共产党人可以把自己的理论概括为一句话：消灭私有制。"① 马克思还以唯物史观为根据论证了资本主义根本制度的不合理性，得出了资本主义必然灭亡、共产主义必然胜利的科学结论。中国新民主主义革命的胜利，中国特色社会主义的光明前景，都是马克思主义、社会主义没有辜负中国，中国也没有辜负马克思主义和社会主义的生动例证。中国共产党把中国特色社会主义看作是百年来党领导人民奋斗、创造和积累的根本成就，从革命和建设时期的奠基，到改革开放时期的开创，再到新时代的更加完善定型，其中无不体现着科学社会主义价值观在中国的成功实践。"社会主义的本质，是解放生产力，发展生产力，消灭剥削，消除两极分化，最终达到共同富裕"②，这一论断的提出和发展，成为科学社会主义基本原则价值理念化的集中体现。

中国式现代化是物质文明和精神文明相协调的现代化，蕴含着解放和发展生产力的社会主义价值观。马克思早已指明，社会主义必须建立在生产力比较发达的基础上。但在现实中社会主义都是在经济文化比较落后的国家实现的，因而社会主义制度建立后，就必须把推进工业化和物质现代化作为首要任务。毛泽东同志曾经指出，革命的目的是为了解放生产力；随着社会主义改造的完成，"我们的根本任务

---

① 《马克思恩格斯选集》第 1 卷，人民出版社 2012 年版，第 414 页。
② 《邓小平文选》第 3 卷，人民出版社 1993 年版，第 373 页。

已经由解放生产力变为在新的生产关系下面保护和发展生产力"①。我们党团结带领全国各族人民，夺取新民主主义革命伟大胜利，建立中华人民共和国，完成社会主义革命，确立社会主义基本制度，推进社会主义建设，实现了中华民族从"东亚病夫"到站起来的伟大飞跃。改革开放以来，我们党把工作重心转移到以经济建设为中心的社会主义现代化建设上来，明确解放和发展生产力是社会主义的根本任务，进一步夯实了中国特色社会主义的物质基础。正如《中共中央关于党的百年奋斗重大成就和历史经验的决议》所指出的，这一时期"我国实现了从生产力相对落后的状况到经济总量跃居世界第二的历史性突破，实现了人民生活从温饱不足到总体小康、奔向全面小康的历史性跨越，推进了中华民族从站起来到富起来的伟大飞跃"②。中国特色社会主义进入新时代，我们党把决胜全面建成小康社会，进而全面建设社会主义现代化强国作为前后接续、始终如一的奋斗目标加以推进，经济建设取得前所未有的伟大成就。"党的十八大以来，我国经济发展平衡性、协调性、可持续性明显增强，国内生产总值突破百万亿元大关，人均国内生产总值超过一万美元，国家经济实力、科技实力、综合国力跃上新台阶，我国经济迈上更高质量、更有效率、更加公平、更可持续、更为安全的发展之路。"③ 中华民族迎来了从站起来、富起来到强起来的伟大飞跃。

---

① 《毛泽东文集》第 7 卷，人民出版社 1999 年版，第 218 页。

② 《中共中央关于党的百年奋斗重大成就和历史经验的决议》，人民出版社 2021 年版，第 22 页。

③ 《中共中央关于党的百年奋斗重大成就和历史经验的决议》，人民出版社 2021 年版，第 36 页。

当然，在中国这样一个人口众多的国家实现现代化并不是一件轻而易举的事情。中国式现代化是人口规模巨大的现代化，这是从人口这一基本国情出发、从人口和现代化关系的角度阐述中国式现代化的特征。以人均国内生产总值作为指标衡量物质现代化的实现程度是国际社会的通行做法。党的二十大在规划全面建成社会主义现代化强国"两步走"战略安排时指出，"从二〇二〇年到二〇三五年基本实现社会主义现代化"，"到二〇三五年，我国发展的总体目标是：经济实力、科技实力、综合国力大幅跃升，人均国内生产总值迈上新的大台阶，达到中等发达国家水平"①。这表明，我国要基本实现现代化，赶上中等发达国家水平，"人均国内生产总值迈上新的大台阶"是必须达到的硬性指标。我国是拥有 14 亿多人口的大国，实现现代化的难度大，同时，中国式现代化的深入推进也将为世界文明发展作出巨大贡献。一方面，人口规模巨大是我国的基本国情，社会不同群体的利益诉求复杂多样，充分调动不同社会群体的积极性，凝心聚力以中国式现代化推进中华民族伟大复兴的难度较大，要达到"人均国内生产总值迈上新的大台阶"的目标也意味着我们推进现代化要创造更多物质财富并付出更为艰巨的努力。另一方面，中国式现代化将彻底改写现代化的世界版图，中国 14 亿多人口实现现代化，将使世界上迈入现代化的人口扩大一倍多，中国广阔的市场需求，也将为其他国家走向现代化提供更多机遇并注入强劲动力。

---

① 习近平：《高举中国特色社会主义伟大旗帜 为全面建设社会主义现代化国家而团结奋斗——在中国共产党第二十次全国代表大会上的报告》，人民出版社 2022 年版，第 24 页。

中国式现代化是全体人民共同富裕的现代化，蕴含着消除两极分化、最终实现共同富裕的社会主义价值观。人的现代化是社会现代化的根本目的和尺度，但处于不同社会制度下的人在享受现代化建设成果方面存在很大区别。尽管西方现代化国家整体而言实现了现代化，但由于实行资本主义私有制，因而社会巨额财富被少数人所占有，这就必然导致两极分化。我国是社会主义国家，共同富裕是社会主义的本质要求，也是中国式现代化的重要特征。社会主义公有制的性质和中国式现代化的特色，都决定了我们必须走共同富裕的道路。因此，改革开放特别是中国特色社会主义进入新时代以来，我们在坚持以按劳分配为主体、多种分配方式并存的社会主义基本经济制度的前提下，增加低收入者收入，扩大中等收入群体，保护合法收入，调节过高收入，取缔非法收入，其目的就是要推动逐步实现全体人民共同富裕。经过多年努力，我国中等收入群体已超过 4 亿人。2022 年 11 月，习近平主席在亚太经合组织工商领导人峰会上发表书面演讲，深入阐释了中国式现代化的基本特征和本质要求，强调："中国已经打赢脱贫攻坚战、全面建成小康社会，现在要继续推进全体人民共同富裕。"[1] 他指出："我们将坚持以人民为中心，继续提高人民生活水平，使中等收入群体在未来 15 年超过 8 亿，推动超大规模市场不断发展。"[2] 这将为全面建设社会主义现代化国家创造更好的条件。

---

[1] 《习近平在亚太经合组织第二十九次领导人非正式会议上的讲话》，人民出版社 2022 年版，第 6 页。

[2] 《习近平在亚太经合组织第二十九次领导人非正式会议上的讲话》，人民出版社 2022 年版，第 6 页。

中国式现代化蕴含着全体人民共同富裕的价值观，是主张物质富足和精神富有的价值观。党的二十大报告强调："物质富足、精神富有是社会主义现代化的根本要求。"① 和西方现代化不同，中国式现代化是物质文明和精神文明相协调的现代化。西方现代化曾创造出巨大的物质财富，在现代化建设进程中也很重视发展教育、科技以推动物质文明的发展。但由于资本主义私有制的根本弊端，其在思想道德建设方面始终难以形成共同的社会理想和价值标准。与之相反，中国式现代化在大力发展生产力以夯实现代化的物质根基的同时，始终坚持物质文明建设和精神文明建设协调发展，提出"两个文明都搞好，才是有中国特色社会主义"②；强调坚持马克思主义在意识形态领域指导地位的根本制度和以社会主义核心价值观引领文化建设等制度，不断巩固和发展全党、全国各族人民团结奋斗的共同思想基础。社会主义核心价值观中的富强、民主、文明、和谐，体现了社会主义现代化建设在国家层面的价值目标；自由、平等、公正、法治，体现了社会层面的价值导向和价值理念；爱国、敬业、诚信、友善则体现了公民个人层面的道德准则和价值追求。三者都体现了社会主义的本质要求，是中国式现代化不可缺少的价值理念、价值追求和价值目标。

---

① 习近平：《高举中国特色社会主义伟大旗帜　为全面建设社会主义现代化国家而团结奋斗——在中国共产党第二十次全国代表大会上的报告》，人民出版社 2022 年版，第 22 页。

② 《改革开放三十年重要文献选编》（下），中央文献出版社 2008 年版，第 951 页。

中国式现代化蕴含着中华优秀传统文化价值观

党的十八大以来，习近平总书记高度重视中华优秀传统文化的创造性转化和创新性发展，原创性地提出推进马克思主义中国化时代化"两个结合"的重要论断。他指出："中国共产党人深刻认识到，只有把马克思主义基本原理同中国具体实际相结合、同中华优秀传统文化相结合，坚持运用辩证唯物主义和历史唯物主义，才能正确回答时代和实践提出的重大问题，才能始终保持马克思主义的蓬勃生机和旺盛活力。"[①]中国式现代化理论作为马克思主义中国化时代化的最新成果和对科学社会主义的重大创新，是马克思主义基本原理同新时代中国现代化建设具体实际相结合、同中华优秀传统文化相结合的产物。中华优秀传统文化所包含的思想理念、价值观念和人文精神，在经过创造性转化和创新性发展之后被充分吸纳，成为习近平新时代中国特色社会主义思想的重要内容，成为中国式现代化理论的有机组成部分。党的二十大报告对中华优秀传统文化中蕴含的内容作出具体阐述，指出："中华优秀传统文化源远流长、博大精深，是中华文明的智慧结晶，其中蕴含的天下为公、民为邦本、为政以德、革故鼎新、任人唯贤、天人合一、自强不息、厚德载物、讲信修睦、亲仁善邻等，是中国人民在长期生产生活中积累的宇宙观、天下观、社会观、道德观的

---

① 习近平：《高举中国特色社会主义伟大旗帜　为全面建设社会主义现代化国家而团结奋斗——在中国共产党第二十次全国代表大会上的报告》，人民出版社2022年版，第17页。

重要体现，同科学社会主义价值观主张具有高度契合性。"①中国式现代化蕴含的价值观对中华优秀传统文化的继承和弘扬主要体现在以下几个方面。

一是天人合一的自然观念。天人合一是中华优秀传统文化的核心理念，是中国古代哲学建立在人类与天地万物同源、同宗的直觉意识基础之上而对人与自然关系的朴素概括，是中华民族在生产生活中追求人与自然和谐相处的生存之道，它与道法自然在思维方式和价值理念上是相通的。习近平主席指出："中华文明历来崇尚天人合一、道法自然，追求人与自然和谐共生。"②习近平生态文明思想中的绿色发展理念和生命共同体思想，既以马克思主义关于人与自然关系的思想为基础，又吸收借鉴了中华优秀传统文化中天人合一、道法自然的思想智慧。这些思想也内蕴于中国式现代化的价值观中，强调中国式现代化是人与自然和谐共生的现代化，这是对世界现代化理论的重大创新。人类社会要生存发展，任何国家要实现现代化，都离不开从自然界获取社会发展所需要的物质资源，都绕不开处理人与自然的关系。西方国家在实现现代化的过程中走了一条"先污染、后治理"的发展之路，付出了惨痛代价。中国式现代化作为后发国家的现代化，立足基本国情，着眼长远发展，总结自身发展实践经验，超越西方发展模式，探索出一条人与自然和谐共生之路。我们既没有走西方国家的现

---

① 习近平：《高举中国特色社会主义伟大旗帜　为全面建设社会主义现代化国家而团结奋斗——在中国共产党第二十次全国代表大会上的报告》，人民出版社 2022 年版，第 18 页。

② 习近平：《共同构建人与自然生命共同体——在"领导人气候峰会"上的讲话》，《人民日报》2021 年 4 月 23 日。

代化老路，又总结了一个时期以来自身发展的经验教训，同时还有效应对了人口众多、资源短缺的基本国情给发展带来的压力。中国特色社会主义进入新时代，践行"绿水青山就是金山银山"的绿色发展理念，坚持节约资源和保护环境的基本国策，努力实现建设美丽中国的现代化目标，日益成为推进和拓展中国式现代化的思想共识和重要行动。习近平总书记指出："我们建设现代化国家，走美欧老路是走不通的，再有几个地球也不够中国人消耗。"①这充分彰显了新时代中国共产党人在尊重自然、顺应自然、保护自然和促进人与自然和谐共生中推进中国式现代化的历史必然、历史自觉和历史主动。

二是天下为公的社会理想。《礼记》言："大道之行也，天下为公，选贤与能，讲信修睦。故人不独亲其亲，不独子其子，使老有所终，壮有所用，幼有所长，矜、寡、孤、独、废疾者皆有所养，男有分，女有归。货恶其弃于地也，不必藏于己；力恶其不出于身也，不必为己。是故谋闭而不兴，盗窃乱贼而不作，故外户而不闭。是谓大同。"②秦汉之际的一些思想家不满于不平等不公正的社会现实，向往建立一个没有剥削压迫、人人平等自由的"大同"理想社会。尽管这一理想难免带有某些空想色彩，但它作为一种精神追求和"夙夜在公"，"国而忘家，公而忘私"的至善境界，无疑属于中华优秀传统文化的范畴，在中国历史上尤其是近代以来的历史上产生过重大影响。这一从古至今、一直延续的"大同"社会理想追求，自马克思主义传入中国和中国共产党诞生之后，已经为社会主义和共产主义社会理想

---

① 《习近平关于社会主义生态文明建设论述摘编》，中央文献出版社2017年版，第3页。
② 《礼记·礼运》。

所替代；人人平等的社会目标在中国式现代化建设过程中转化为推进全体人民共同富裕的发展目标；"天下为公"的价值理念也发展为中国共产党人大公无私的高尚品质以及习近平总书记多次提及的"我将无我"的思想境界和博大胸怀。这正是中华优秀传统文化精髓以新的更高形态在中国式现代化价值观中的再现，是全面建设社会主义现代化国家须臾不可缺少的价值理念和崇高精神。

三是民为邦本的治国理念。"民贵君轻，以人为本"是中华优秀传统文化的重要内容。自从孟子提出"民为贵，社稷次之，君为轻"①以来，"民贵君轻"的价值理念和民本思想对后世影响巨大。毛泽东同志曾将其视为中国古代有关人民性思想的重要范例。②《管子》一书中更是明确提出"以人为本"的命题。③ 虽然，在封建君主专制统治的社会条件下难以真正做到以人为本，但进步思想家、政治家提出并主张以人为本的思想并使之成为中国重要的思想文化传统之一，无疑是历史的进步。中国共产党弘扬"以人为本"的优良传统并赋予其唯物史观的科学含义，在社会主义制度下真正实现了人民当家作主。中国共产党带领人民进行革命、建设、改革和推进中华民族伟大复兴的过程，就是不断实现好维护好发展好最广大人民利益的过程，就是不断推进政治现代化的过程。习近平总书记在党的二十大报告中强调"发展全过程人民民主"，他指出："人民民主是社会主义的生命，是

---

① 《孟子·尽心下》。
② 《建国以来毛泽东文稿》第 7 册，中央文献出版社 1992 年版，第 340 页。
③ 《管子·霸言》。

全面建设社会主义现代化国家的应有之义。"①这充分阐明了全过程人民民主在全面建设社会主义现代化国家进程中的独特价值。人民依法实行民主选举、民主协商、民主决策、民主管理、民主监督，统筹推进政党协商、人大协商、政府协商、政协协商、人民团体协商、基层协商以及社会组织协商，确保了中国特色社会主义民主政治是最广泛、最真实和最管用的民主。习近平总书记还指出："江山就是人民，人民就是江山。中国共产党领导人民打江山、守江山，守的是人民的心。"②平实的语言揭示了坚持和发展全过程人民民主在中国共产党治国理政中的决定性作用。

四是自强不息的民族精神。中华民族拥有五千多年的悠久历史，中华文明虽历经沧桑、饱受磨难，却绵延不绝、历久弥新，其中重要的原因在于中华民族刚健有为、自强不息的民族精神的维系和推动。特别是近代以来面对帝国主义列强的入侵，自强不息的民族精神在中国人民中间得到了进一步弘扬，成为中国人民反抗侵略、谋求发展的强大精神力量。以毛泽东同志为主要代表的中国共产党人，把马克思列宁主义的基本原理同中国革命的具体实践结合起来，把自强不息的民族精神发展为系统的独立自主、自力更生的理论，取得了新民主主义革命的胜利并进行了社会主义改造，完成了从新民主主义到社会主

---

① 习近平：《高举中国特色社会主义伟大旗帜　为全面建设社会主义现代化国家而团结奋斗——在中国共产党第二十次全国代表大会上的报告》，人民出版社 2022 年版，第 37 页。

② 习近平：《高举中国特色社会主义伟大旗帜　为全面建设社会主义现代化国家而团结奋斗——在中国共产党第二十次全国代表大会上的报告》，人民出版社 2022 年版，第 46 页。

义的过渡，确立了社会主义基本制度，发展了社会主义的经济、政治和文化。以邓小平同志为主要代表的中国共产党人，弘扬自强不息的民族精神，坚持独立自主、自力更生，开辟了社会主义事业发展的新时期，逐步形成了建设中国特色社会主义的路线、方针、政策，引导着我国社会主义现代化事业不断前进。以习近平同志为主要代表的中国共产党人，弘扬自强不息的民族精神，坚持独立自主、自力更生，推动中国特色社会主义进入新时代，实现了第一个百年奋斗目标，开启了实现第二个百年奋斗目标新征程。习近平总书记指出："中国式现代化，是我们为如何唤醒'睡狮'、实现民族复兴这个重大历史课题所给出的答案。"①党的二十大报告中关于中国式现代化是中国共产党领导的现代化及其五个方面特征的阐述，是在党和人民长期实践探索的基础上形成的，是区别于西方现代化的最显著特征。党的二十大报告还将"必须坚持自信自立"概括为习近平新时代中国特色社会主义思想的世界观和方法论，指出："党的百年奋斗成功道路是党领导人民独立自主探索开辟出来的，马克思主义的中国篇章是中国共产党人依靠自身力量实践出来的，贯穿其中的一个基本点就是中国的问题必须从中国基本国情出发，由中国人自己来解答。"②这就为我们立足中国实际、独立自主推进中国式现代化指明了正确方向。

---

① 《开启中国式现代化的新长征——学习贯彻党的二十大精神研讨班侧记》，《人民日报》2023 年 2 月 12 日。

② 习近平：《高举中国特色社会主义伟大旗帜　为全面建设社会主义现代化国家而团结奋斗——在中国共产党第二十次全国代表大会上的报告》，人民出版社 2022 年版，第 19 页。

中国式现代化蕴含着全人类共同价值

中国式现代化是世界现代化共同特征和中国特色的有机统一，中国共产党是既为中国人民谋幸福、为中华民族谋复兴，又为世界谋大同、为人类谋进步的马克思主义政党，因而中国式现代化既具有建立在本国历史文化传统和社会制度基础上的独特价值理念，又包含着全人类共同价值，并以人类文明新形态而对人类文明价值观作出重要贡献。习近平总书记指出，中国式现代化"既基于自身国情、又借鉴各国经验，既传承历史文化、又融合现代文明，既造福中国人民、又促进世界共同发展，是我们强国建设、民族复兴的康庄大道，也是中国谋求人类进步、世界大同的必由之路"[1]。他还强调："我们要共同倡导弘扬全人类共同价值，和平、发展、公平、正义、民主、自由是各国人民的共同追求，要以宽广胸怀理解不同文明对价值内涵的认识，不将自己的价值观和模式强加于人，不搞意识形态对抗。"[2]可见，坚持文明平等、互鉴、对话、包容，正确理解中国式现代化蕴含的人类文明价值观，对于弘扬中国式现代化的普遍意义，具有十分重要的作用。

一是彰显人类文明的价值取向。马克思认为，伴随着资本主义对

---

[1] 习近平：《携手同行现代化之路——在中国共产党与世界政党高层对话会上的主旨讲话》，人民出版社 2023 年版，第 5 页。

[2] 习近平：《携手同行现代化之路——在中国共产党与世界政党高层对话会上的主旨讲话》，人民出版社 2023 年版，第 8 页。

世界市场的开拓，历史越来越成为世界历史，这就决定了现代化是在人类交往的全球化中实现的。在推进现代化进程中以怎样的态度和方式处理国家之间的关系，体现着中国式现代化和西方现代化在价值观上的本质区别。西方国家的现代化大多是靠对外侵略扩张、殖民统治、压迫剥削甚至掠夺别国财富实现的，把自己的"幸福"建立在别人的痛苦之上，反映了帝国主义的侵略本性和资本主义贪婪自私的社会本质，也是同人类文明发展趋势相违背的。习近平总书记指出："我国不走一些国家通过战争、殖民、掠夺等方式实现现代化的老路，那种损人利己、充满血腥罪恶的老路给广大发展中国家人民带来深重苦难。"① 中国式现代化是"走和平发展道路"的现代化，是同中华优秀传统文化结合在一起的现代化，继承和弘扬爱好和平的中华民族优良传统，倡导和平、发展、公平、正义、民主、自由的全人类共同价值，推动构建人类命运共同体。在以中国式现代化推进中华民族伟大复兴的进程中，实现不同国家之间的合作共赢，既给中国人民带来福祉，又使世界人民普遍受益，同时引领世界文明朝着平衡、积极、向善的正确方向发展。正如习近平总书记所指出的："和平与发展是我们的共同事业，公平正义是我们的共同理想，民主自由是我们的共同追求。"② 从中华优秀传统文化中的"天人合一"和"协和万邦"到"生命共同体"和"人类命运共同体"的提出；从中华民族爱好和平的优

---

① 习近平：《高举中国特色社会主义伟大旗帜 为全面建设社会主义现代化国家而团结奋斗——在中国共产党第二十次全国代表大会上的报告》，人民出版社 2022 年版，第 23 页。

② 《习近平谈治国理政》第四卷，外文出版社 2022 年版，第 475 页。

良传统到中国共产党人作出和平与发展是当今世界的两大主题的判断，再到习近平总书记对全人类共同价值作出的凝练概括，充分彰显了中华文明从古至今的一脉相承和交相辉映，体现了人类文明的价值取向和发展趋势，反映了中国式现代化蕴含的独特价值观，勾画出超越国家之间差异分歧的"价值同心圆"，凸显出世界人民企盼美好生活的"最大公约数"，为推动构建人类命运共同体提供了价值支撑。

二是主张文明多样统一的价值理念。马克思站在世界历史和超越东西方文明二元对立框架的视野高度，运用对立统一的思维方法对世界文明样态进行了科学分析。他认为正如物质世界是多样性的统一一样，世界文明也在多样性中呈现出统一性。不同国家由于历史环境、社会制度和民族文化不同，其文明形态具有差异性和多样性，但既然可以称之为文明，就必然对人类进步作出了独到贡献，因而也内含着全人类共同价值，存在统一性。世界文明因其多样性而丰富多彩，因其统一性而可以也必须进行交流互鉴，从而共同推动世界文明发展。但是一个时期以来，"文明冲突论""西方中心论""历史终结论"等论调纷纷出现，这背离了世界文明多样统一的客观规律，成为世界文明共同发展的障碍。现代化作为世界文明的重要成果，也是多样性的统一，各国现代化既要遵循现代化的一般规律，也必然呈现出各自不同的特点，不存在定于一尊的现代化模式。在世界现代化历史上，西方少数国家率先实现了现代化，对现代化模式的探索作出了应有贡献，但不能因此就把现代化等同于西化和资本主义化，不能由此断言西方现代化模式是通向现代化的唯一途径。由于新中国是在半殖民地半封建社会基础上建立的，经济比较落后，这就决定了中国式现代化不能像西方现代化那样按照工业化、城镇化、农业现代化、信息化的先后顺序"串联式"发展，而是要采取"并联式"发展的方式。我们用几十年时间走完西方发达国家几百年走过的工业化历程，走出了一条不同于西方现代化的中国式现代化之路，中华民族在实现站起来、富起来两大飞跃的基础上，迎来了强起来的伟大飞跃，中华民族伟大复兴进入不可逆转的历史进程。"当代中国的伟大社会变革，不是简单延续我国历史文化的母版，不是简单套用马克思主义经典作家设想的模板，不是其他国家社会主义实践的再版，也不是国外现代化发展的翻版，不可能找到现成的教科书。"[1]中国式现代化道路是党领导人民在实践中探索出来的、已被实践证明了的正确道路，我们必须毫不动摇地始终坚持并不断发展。同时，这条道路不仅引领中国的现代化方向、推动中华民族的伟大复兴，而且打破了"现代化＝西方化"的迷思，展现了世界现代化的多彩图景。"中国特色社会主义道路、理论、制度、文化不断发展，拓展了发展中国家走向现代化的途径，给世界上那些既希望加快发展又希望保持自身独立性的国家和民族提供了全新选择"[2]，"中国式现代化为广大发展中国家独立自主迈向现代化树立了典范"[3]。广大发展中国家学习借鉴中国式现代化的有益经验和成功做法，吸收利用人类文明的积极成果并同本国实际相结合，是加速本国现代化进程的有效途径。

---

[1] 《习近平谈治国理政》第二卷，外文出版社 2017 年版，第 344 页。

[2] 《习近平谈治国理政》第三卷，外文出版社 2020 年版，第 8—9 页。

[3] 《习近平在学习贯彻党的二十大精神研讨班开班式上发表重要讲话强调　正确理解和大力推进中国式现代化》，《人民日报》2023 年 2 月 8 日。

　　三是坚持文明全面发展的价值追求。中国式现代化不仅要处理好人与自然的关系，协调好人与人、人与社会的关系，而且要统筹好社会各个领域的关系，推动社会全面发展。党在社会主义初级阶段的基本纲领由经济、政治、文化"三位一体"发展到经济、政治、文化、社会、生态文明"五位一体"，社会主义现代化建设的目标由富强、民主、文明发展到富强、民主、文明、和谐、美丽，文明的形态由物质文明、精神文明发展到物质文明、政治文明、精神文明、社会文明、生态文明，反映出我们党在探索中国式现代化的进程中始终坚持全面发展的价值追求。习近平总书记指出："我们坚持和发展中国特色社会主义，推动物质文明、政治文明、精神文明、社会文明、生态文明协调发展，创造了中国式现代化新道路，创造了人类文明新形态。"[1] 党的二十大报告把"创造人类文明新形态"作为中国式现代化的本质要求之一。中国特色社会主义是百年来党领导人民奋斗、创造和积累的根本成就，在这面旗帜的引领下，我们不仅走出了中国式现代化道路，而且创造了人类文明新形态。中国式现代化道路和人类文明新形态是内在相通、本质同一的，但在阐述的角度和意义的指向上有所区别：中国式现代化是相对于西方现代化模式而言的，人类文明新形态旨在彰显中国式现代化对人类文明作出的新贡献。在马克思主义视域中，文明作为人类在认识和改造世界的过程中不断摆脱蒙昧野蛮而走向进步开化的状态，承载着人类从必然王国向自由王国的历史跃迁进程。以私有制为基础的人类文明形态是对原始文明形态的超

————————

[1]　习近平：《在庆祝中国共产党成立100周年大会上的讲话》，人民出版社2021年版，第13—14页。

越，特别是资本主义文明的出现把人类文明推向了一个前所未有的高度，但阶级对立和阶级剥削的存在又使劳动者受到自己创造的社会关系的奴役和束缚；资本主义社会创造出巨大的物质文明和发达的教育科技事业，但私有制却使整个社会难以形成统一的价值观念和道德标准，严重阻碍着社会进步和人的全面发展。只有社会主义和共产主义社会的文明形态，才能实现人的自由和社会全面发展。中国式现代化是同中国特色社会主义紧密结合在一起的，从社会形态的属性而言是中国特色社会主义旗帜下的现代化，从文明的角度看是人类文明发展的新形态。这一文明新形态，从中国特色社会主义的构成看，是道路、理论、制度、文化四个方面的统一；从中国特色社会主义的总体布局、文明的具体形态、现代化的发展目标看，是物质文明、政治文明、精神文明、社会文明、生态文明的统一，是富强中国、民主中国、文明中国、和谐中国、美丽中国的统一。贯穿其中的中心线索就是社会的全面协调发展，为人的自由全面发展提供坚实基础和有力支撑。这就是中国式现代化对人类文明的巨大贡献，是社会主义文明在当代中国的生动体现，是对资本主义文明的显著超越。

■ **参考文献**

习近平：《携手同行现代化之路——在中国共产党与世界政党高层对话会上的主旨讲话》，人民出版社 2023 年版。

习近平：《高举中国特色社会主义伟大旗帜　为全面建设社会主义现代化国家而团结奋斗——在中国共产党第二十次全国代表大会上的报告》，人民出版社 2022 年版。

《习近平在亚太经合组织第二十九次领导人非正式会议上的讲话》，人民出版社

2022 年版。

习近平：《在庆祝中国共产党成立 100 周年大会上的讲话》，人民出版社 2021 年版。

习近平：《在纪念马克思诞辰 200 周年大会上的讲话》，人民出版社 2018 年版。

《习近平谈治国理政》第二卷，外文出版社 2017 年版。

《习近平谈治国理政》第三卷，外文出版社 2020 年版。

《习近平谈治国理政》第四卷，外文出版社 2022 年版。

习近平：《决胜全面建成小康社会　夺取新时代中国特色社会主义伟大胜利——在中国共产党第十九次全国代表大会上的报告》，人民出版社 2017 年版。

《习近平在学习贯彻党的二十大精神研讨班开班式上发表重要讲话强调　正确理解和大力推进中国式现代化》，《人民日报》2023 年 2 月 8 日。

习近平：《共同构建人与自然生命共同体——在"领导人气候峰会"上的讲话》，《人民日报》2021 年 4 月 23 日。

《习近平关于社会主义生态文明建设论述摘编》，中央文献出版社 2017 年版。

《毛泽东文集》第 7 卷，人民出版社 1999 年版。

《建国以来毛泽东文稿》第 7 册，中央文献出版社 1992 年版。

《邓小平文选》第 3 卷，人民出版社 1993 年版。

《马克思恩格斯选集》第 1 卷，人民出版社 2012 年版。

《马克思恩格斯全集》第 42 卷，人民出版社 2016 年版。

《十八大以来重要文献选编》（上），中央文献出版社 2014 年版。

《十六大以来重要文献选编》（上），中央文献出版社 2005 年版。

《中共中央关于党的百年奋斗重大成就和历史经验的决议》，人民出版社 2021 年版。

《改革开放三十年重要文献选编》（下），中央文献出版社 2008 年版。

《开启中国式现代化的新长征——学习贯彻党的二十大精神研讨班侧记》，《人民日报》2023 年 2 月 12 日。

《礼记·礼运》。

《孟子·尽心下》。

《管子·霸言》。

论中国式现代化蕴含的独特价值观

陈锡喜*

习近平总书记在庆祝中国共产党成立 100 周年大会上的讲话中，第一次提出了"中国式现代化新道路"概念，党的十九届六中全会审议通过的《中共中央关于党的百年奋斗重大成就和历史经验的决议》将这一概念提炼为"中国式现代化道路"。党的二十大报告则将之进一步提升为"中国式现代化"，并且概括了其中国特色、本质要求和重大原则，从而将中国式现代化从"道路"初步构建为理论体系，这是党的二十大报告中的一个重大理论创新。与西方的现代化理论相比，中国式现代化理论体系蕴含了独特的世界观、价值观、历史观、文明观、民主观、生态观。阐释蕴含在其中的价值观，有助于我们更清晰地认识中国式现代化何以"既有各国现代化的共同特征，更有基于自

扫码听全文

---

* 陈锡喜，上海交通大学讲席教授，中央马克思主义理论研究和建设工程首席专家，国家社会科学基金评审委员会委员。

己国情的鲜明特色"①。

中国式现代化价值观的内涵和外延

在党的二十大报告中，有 177 处使用了"人民"。其中既包括对我们所创造的中国式现代化的群众基础的阐述，又有对党的十八大以来党的实践创新和理论创新的科学性与价值性的论述，还包括对准备应对前进道路上惊涛骇浪考验的重大原则的把握，其核心是强调坚持以人民为中心的发展思想。这就是中国式现代化蕴含的价值观。

以人民为中心的发展思想作为中国式现代化价值观的思想内涵，充分体现在习近平总书记所阐述的构成中国式现代化理论内涵的五大特征和本质要求中。

习近平总书记对中国式现代化所揭示的五大特征的科学判断，都蕴含着"为了人民"的价值判断："人口规模巨大"不仅是量的概念，而且是质的概念，即它要推动 14 亿多人口整体迈进现代化社会，而且要克服已进入现代化的资本主义国家所没有经历过的在人口规模以及城乡、区域等差别之下的艰巨和复杂的困难；"全体人民共同富裕"，坚决防止资本主义现代化进程中所出现的两极分化现象，是中国特色社会主义本质要求的直接体现，是社会主义以"社会"为本超越资本主义以"资本"为本的道义性之所在；"物质文明和精神文明

① 《习近平在学习贯彻党的二十大精神研讨班开班式上发表重要讲话强调　正确理解和大力推进中国式现代化》，《人民日报》2023 年 2 月 8 日。

相协调",要解决资本主义现代化所没有解决的精神匮乏的重大课题,促进物的全面丰富和人的全面发展,以推进人的解放进程;"人与自然和谐共生",要解决资本主义在现代化过程中出现的遭遇自然界"报复"的问题,走生产发展、生活富裕、生态良好的文明发展道路,以实现民族和世界的永续发展;"走和平发展道路",是要跳出资本主义在现代化过程中"逢强必霸"的"陷阱",在维护人类和平与发展中谋求自身的现代化,又以自身的现代化来促进人类的和平与发展。

习近平总书记在党的二十大报告中指出,中国式现代化的本质要求是坚持中国共产党领导,坚持中国特色社会主义,实现高质量发展,发展全过程人民民主,丰富人民精神世界,实现全体人民共同富裕,促进人与自然和谐共生,推动构建人类命运共同体,创造人类文明新形态。这一本质要求全面体现了对人民的关切和"以人民为中心"的发展思想。

具体地说,以人民为中心的发展思想,包含着价值立场和价值标准两方面的内涵。一是思想上"人民至上"的价值立场,即"站稳人民立场、把握人民愿望、尊重人民创造、集中人民智慧";二是实践中"以人民利益为准绳"的价值标准,即"维护人民根本利益,增进民生福祉,不断实现发展为了人民、发展依靠人民、发展成果由人民共享,让现代化建设成果更多更公平惠及全体人民"。[①]

中国式现代化价值观的这两方面内涵,具体展开为"民主""民

---

① 习近平:《高举中国特色社会主义伟大旗帜　为全面建设社会主义现代化国家而团结奋斗——在中国共产党第二十次全国代表大会上的报告》,人民出版社 2022 年版,第 27 页。

创"和"民享""民富"的丰富外延。所谓"民主"，就是把握人民愿望，发展全过程人民民主，努力维护和促进社会公平正义，这是中国式现代化价值观的保障。所谓"民创"，就是依靠人民，尊重人民创造，集中人民智慧，这是中国式现代化价值观的基础，也是党的群众路线和思想路线的具体体现。所谓"民享"，就是所有发展都是为了人民，让发展成果惠及全体人民，不仅惠及当代，而且惠及中华民族的子孙后代；不仅惠及中华民族，而且惠及整个人类文明。所谓"民富"，就是既做到人民物质富足，又促进人民精神富有，而且无论在物质还是精神方面都实现共同富裕。"民享"和"民富"也是中国式现代化蕴含的价值观的目标追求。

中国式现代化价值观形成的理论基础和历史逻辑

中国式现代化蕴含的"以人民为中心"的价值观的理论基础，是马克思主义的唯物史观中蕴含的人民主体思想，正如习近平总书记所说："人民性是马克思主义的本质属性，党的理论是来自人民、为了人民、造福人民的理论，人民的创造性实践是理论创新的不竭源泉。"[1]

习近平总书记在纪念马克思诞辰 200 周年大会上的讲话中，将

---

[1] 习近平：《高举中国特色社会主义伟大旗帜　为全面建设社会主义现代化国家而团结奋斗——在中国共产党第二十次全国代表大会上的报告》，人民出版社 2022 年版，第 19 页。

马克思主义的基本属性概括为科学性、人民性、实践性和开放性。他指出："马克思主义是人民的理论，第一次创立了人民实现自身解放的思想体系。马克思主义博大精深，归根到底就是一句话，为人类求解放。"① 然而，马克思没有如空想社会主义者那样只是从抽象的理性出发来空谈人类解放，而是强调"我们所称为共产主义的是那种消灭现存状况的现实的运动"②。也就是说，必须经过无产阶级解放，才能实现人类解放；而无产阶级只有解放全人类，才能最后解放自己。

因此，在马克思主义看来，推进人类解放的进程，需要实现两个结合：其一，是无产阶级解放同最广大人民群众利益的结合，正如马克思所说："'思想'一旦离开'利益'，就一定会使自己出丑。"因而，"历史活动是群众的活动，随着历史活动的深入，必将是群众队伍的扩大"。③ 其二，是理论同实践的结合，也正如马克思所说："物质力量只能用物质力量来摧毁；但是理论一经掌握群众，也会变成物质力量。理论只要说服人，就能掌握群众；而理论只要彻底，就能说服人。"④"哲学家们只是用不同的方式解释世界，问题在于改变世界。"⑤ 因而，马克思、恩格斯的思想同欧洲思想史上所有"形而上学"和空想社会主义的根本区别，在于并非通过构建解释整个宇宙的知识体系而从中推演出"社会主义"的理想，并迫使现实"应当"与

① 习近平：《在纪念马克思诞辰 200 周年大会上的讲话》，人民出版社 2018 年版，第 8 页。
② 《马克思恩格斯文集》第 1 卷，人民出版社 2009 年版，第 539 页。
③ 《马克思恩格斯文集》第 1 卷，人民出版社 2009 年版，第 286—287 页。
④ 《马克思恩格斯文集》第 1 卷，人民出版社 2009 年版，第 11 页。
⑤ 《马克思恩格斯文集》第 1 卷，人民出版社 2009 年版，第 502 页。

之相适应，而是通过批判旧世界发现新世界，即批判资本主义的现实矛盾并从中揭示出消灭现存状况的条件，以此指导工人阶级解放运动。总之，马克思主义是在人民求解放的实践中形成的，因而能够给人民提供认识世界、改造世界的强大精神力量。

这两个结合决定了马克思主义是人民性与科学性的统一，或道义性与真理性的统一，因为马克思创建的唯物史观和剩余价值学说，揭示了人类社会发展的一般规律和资本主义运行的特殊规律，从而为人民指明了实现自由和解放的道路。正因为如此，"无论时代如何变迁、科学如何进步，马克思主义依然显示出科学思想的伟力，依然占据着真理和道义的制高点"①。这成为中国式现代化价值观形成的理论基础。

中国式现代化蕴含的"以人民为中心"的价值观形成的历史逻辑，是中国共产党从建党之初就确立起的初心使命和所形成的伟大建党精神，以及党在领导百年社会革命中所滋养起的自我革命精神。

中国共产党从诞生那天起，就把为中国人民谋幸福、为中华民族谋复兴确立为自己的初心使命。为了实现这一初心使命，中国共产党经历了百年的苦难辉煌。在新民主主义革命时期，从建党到抗日战争全面爆发前，中国共产党经历了两次胜利和两次失败，才认识了中国革命的规律。正如习近平总书记所说："世界上没有哪个党像我们这样，遭遇过如此多的艰难险阻，经历过如此多的生死考验，付出过如此多的惨烈牺牲。"②

---

① 习近平：《在哲学社会科学工作座谈会上的讲话》，人民出版社 2016 年版，第 10 页。
② 《习近平谈治国理政》第四卷，外文出版社 2022 年版，第 514 页。

　　与 28 年新民主主义革命中的巨大牺牲形成对照的是，中国共产党的组织规模日益扩大，到新中国诞生前夕，党员人数达到 450 万，是建党时的 9 万倍。党经历百年苦难辉煌而能发展成为世界上最大规模的政党和大国的执政党，靠的就是紧紧依靠并融入人民群众。大革命失败后，30 多万牺牲的革命者大部分是跟随中国共产党闹革命的人民群众；土地革命战争时期，人民群众组成党和红军的铜墙铁壁；抗日战争时期，日本侵略者陷入了人民战争的汪洋大海；解放战争的胜利是靠老百姓用小车推出来和用小船划出来的；社会主义革命和建设以及改革开放的历史伟业，都是人民群众在实践探索中干出来的。在百年奋斗历史中，"人民"二字深深融入党的血脉，成为中国共产党人薪火相传、永不磨灭的精神基因。

　　党能在百年苦难辉煌中获得人民群众的信任，关键在于它勇于进行自我革命。党从诞生那天起，不仅同包括陈独秀为代表的右倾思想、王明"左"倾教条主义和张国焘分裂主义等错误路线作斗争，还同党内的宗派主义、主观主义、教条主义、官僚主义、形式主义等形形色色的非无产阶级思想作斗争，敢于正视并且勇于纠正自身所犯的错误，义无反顾地同腐败和一切削弱党的领导的现象作斗争。正是在自我革命中，党形成和发展了"一切为了群众、一切依靠群众，从群众中来、到群众中去"的群众路线，形成和弘扬了"坚持真理、坚守理想，践行初心、担当使命，不怕牺牲、英勇斗争，对党忠诚、不负人民"的伟大建党精神。正如习近平总书记所说："勇于自我革命，是我们党最鲜明的品格，也是我们党最大的优势。中国共产党的伟大不在于不犯错误，而在于从不讳疾忌医，敢于直面问题，勇于自我革命，具有极强的自我修复能力。"①

正是在百年奋斗历程中，中国共产党对其实践中形成的价值观进行了理论提炼，形成了毛泽东思想中为人民服务的党的宗旨和党的群众路线，邓小平理论中"最终实现共同富裕"的社会主义本质和包括"是否有利于提高人民的生活水平"的"三个有利于"的判断标准，"三个代表"重要思想中的"代表中国最广大人民的根本利益"，以及科学发展观中"以人为本"的核心立场，特别是习近平新时代中国特色社会主义思想中"以人民为中心"的发展思想。这些在不同时期围绕党的主要任务而升华的鲜明的价值立场和价值标准，成为滋养中国式现代化价值观的宝贵思想。

总之，以马克思主义为指导思想的中国共产党，把马克思主义的"人民性"这一本质属性与中国革命、建设和改革的实际相结合，在党的百年奋斗史中形成并弘扬了包括"不负人民"在内的伟大建党精神，而这成为了中国式现代化价值观形成的理论基础和历史逻辑。

中国式现代化价值观形成的现实依据和实践彰显

中国式现代化蕴含的"以人民为中心"的价值观形成的现实依据，是社会主要矛盾的转化。正如习近平总书记在党的二十大报告中提到"以中国式现代化推进中华民族伟大复兴"的历史性成就时所指出的：

---

① 《习近平关于"不忘初心、牢记使命"论述摘编》，党建读物出版社、中央文献出版社 2019 年版，第 160 页。

"明确我国社会主要矛盾是人民日益增长的美好生活需要和不平衡不充分的发展之间的矛盾，并紧紧围绕这个社会主要矛盾推进各项工作，不断丰富和发展人类文明新形态。"①

社会主要矛盾转化的事实判断之所以能为中国式现代化价值观提供翔实依据，是因为形成社会主要矛盾转化的事实判断中就蕴含了价值判断的调整。因为对社会生活特别是对社会关系作出重大的科学判断，都不会是纯客观的中立判断，而是主客观的统一，即其中渗透着处在一定社会关系中的判断者自身的价值立场。因此，要揭示社会主要矛盾的转化，除了要以大量事实为基础以外，还需要增加主体所追求的价值目标作为参照系，对各种社会矛盾及其相互变化的关系加以审视。

中国共产党把为中国人民谋幸福、为中华民族谋复兴作为初心使命，才能在对新民主主义革命时期各种错综复杂的社会矛盾的分析中，抓住帝国主义、封建主义、官僚资本主义同人民大众的这一主要矛盾；改革开放和社会主义现代化建设新时期，邓小平基于"贫穷不是社会主义"的价值理念，把人民日益增长的物质文化需要同落后的社会生产之间的矛盾判断为主要矛盾；中国特色社会主义新时代，党把"人民日益增长的美好生活需要"作为社会主要矛盾的一个方面，则是体现了习近平总书记在党的十八大刚刚闭幕时就宣告的"人民对美好生活的向往，就是我们的奋斗目标"的价值理念。这是对满足人

---

① 习近平：《高举中国特色社会主义伟大旗帜　为全面建设社会主义现代化国家而团结奋斗——在中国共产党第二十次全国代表大会上的报告》，人民出版社 2022 年版，第 7 页。

民对物质文化需要的价值理念在新时代的升华，即将其从社会主义的必要条件升华到社会主义的充分条件。它不仅在物质生产生活上要赶上资本主义，而且在社会全面进步和人的全面发展上也要超越资本主义，这些都体现了以人民为中心的价值理念。正如习近平总书记所说："强调新时代我国社会主要矛盾是人民日益增长的美好生活需要和不平衡不充分的发展之间的矛盾，必须坚持以人民为中心的发展思想，贯彻新发展理念，构建新发展格局，推动高质量发展，推动人的全面发展、全体人民共同富裕取得更为明显的实质性进展。"[1] 他把坚持以人民为中心的发展思想作为中国式现代化必须牢牢把握的重大原则之一，集中体现了蕴含在社会主要矛盾转化之中的价值判断。

中国式现代化蕴含的"以人民为中心"的价值观，在实践中得到了充分彰显。党的十八大以来，我们"在幼有所育、学有所教、劳有所得、病有所医、老有所养、住有所居、弱有所扶上持续用力，人民生活全方位改善。……人民群众获得感、幸福感、安全感更加充实、更有保障、更可持续，共同富裕取得新成效"[2]。人均预期寿命达到78.2 岁，人均可支配收入则从 1.65 万元增加到 3.51 万元，翻了一番多。如果将这两个看上去抽象的数字置于 2020 年新冠疫情防控总体战和脱贫攻坚战的背景中来考察，自然能彰显出中国式现代化价值观的重大意义。

---

① 习近平：《更好把握和运用党的百年奋斗历史经验》，《求是》2022 年第 13 期。

② 习近平：《高举中国特色社会主义伟大旗帜　为全面建设社会主义现代化国家而团结奋斗——在中国共产党第二十次全国代表大会上的报告》，人民出版社 2022 年版，第 10—11 页。

2020年1月25日，正逢正月初一，习近平总书记主持召开中央政治局常务委员会会议，对刚暴发的新冠疫情防控工作进行再研究、再部署、再动员，由此，一场疫情防控总体战、阻击战在全国范围内正式打响。而2020年又恰是脱贫攻坚的决战决胜之年，原定年初召开的尚未摘帽贫困县负责人座谈会，因受到新冠疫情的冲击而不得不延期。春节一过，习近平总书记决定按原计划召开"决战决胜脱贫攻坚座谈会"，并且把会议规模扩大到所有省区市主要负责同志以及中西部向中央签了脱贫攻坚责任书的县级领导。

疫情防控总体战和脱贫攻坚战同时打响，对我国国家治理体系和治理能力是一次极大的考验。它们之所以能取得胜利，既取决于党的全面、集中领导和集中力量办大事的独特优势，也得益于中国国家治理体系和治理能力的科学性，其中包含敢于和善于揭示问题的实事求是精神，因时制宜和因地制宜决策施策的探索精神，以及坚决反对形式主义和官僚主义、迅速公开自觉纠错的务实精神。而制度优势和治理科学性相结合所形成的党的领导、政府负责、社会协同和公众参与的良好互动关系，归根到底都蕴含着"人民至上"的价值导向。

总之，中国共产党对新时代社会主要矛盾转化的把握，其蕴含的价值判断就是"以人民为中心"，而这成为了中国式现代化价值观形成的现实依据，也正因为对这一价值观一以贯之地坚持，我们取得了脱贫攻坚战的巨大胜利，并且在面对突如其来的新冠疫情时最大限度地保护了人民生命安全和身体健康，统筹疫情防控和经济社会发展取得重大积极成果。正因为如此，习近平总书记以最大的底气宣告：

"当今世界，要说哪个政党、哪个国家、哪个民族能够自信的话，那中国共产党、中华人民共和国、中华民族是最有理由自信的！"①

中国式现代化价值观对全人类共同价值的贡献

普遍性存在于特殊性之中，而特殊性中包含了普遍性。习近平总书记倡导的全人类和平、发展、公平、正义、民主、自由的共同价值，是在理解不同文明的价值内涵以及尊重不同国家人民的现实价值追求的基础上进行提炼的结果，它具有普遍性。

和平发展，既是当今世界的主题，也事关每个人的生存权、发展权，是实现全人类共同价值的基础；公平正义，既是国际关系的重要准则，也事关每个人的尊严，是调节所有社会关系和人际关系的保障；民主自由，既是人类政治文明的重要内容，也事关每个人的福祉，是人的全面发展的内在需求。正因为如此，"和平与发展是我们的共同事业，公平正义是我们的共同理想，民主自由是我们的共同追求"②。全人类共同价值体现了人类进步乃至解放的要求，而中国式现代化蕴含的"以人民为中心"的价值观，为凝练全人类共同价值提供了理论、思想和实践的基础。

首先，中国式现代化蕴含的"以人民为中心"的价值观体现了马克思主义的人权和民主思想，超越了资产阶级的所谓"普世价值

---

① 习近平：《在党史学习教育动员大会上的讲话》，人民出版社2021年版，第9页。

② 《习近平谈治国理政》第四卷，外文出版社2022年版，第475页。

观",为全人类共同价值的构建奠定了理论基础。长期以来,西方某些政客和理论家把在资产阶级上升时期形成并为资本主义生产关系的发展鸣锣开道的自由、民主等价值观,鼓吹成人类与生俱来、绝对普遍适用且永恒存在的价值;而在现实中,则以霸权主义和强权政治推行其经济、政治和文化制度,并且以所谓"民主与威权之争"等话术进行包装,暴露出其典型的虚伪性和狭隘性。马克思主义揭示了构成资本主义社会基础的本质是"以资本为本位",否定了资产阶级人道主义的虚伪性。尽管劳动人民在资本主义发展过程中,权利也在扩大,但这并非资产阶级施恩的结果,而是生产力发展特别是工人阶级斗争的产物,况且,当人民群众的根本利益与资本的利益发生冲突时,资本主义归根到底遵循的是"丛林法则"。因为资产阶级执政党的价值观,从根本上说,是以"赢得执政权"和"保护资本"互为目标和手段的。

其次,中国式现代化蕴含的"以人民为中心"的价值观彰显了社会主义核心价值观,为提升国际话语权提供了思想基础。改革开放以来,邓小平始终强调物质文明和精神文明"两手抓",在抓社会主义精神文明建设的过程中,我们逐步聚焦价值观建设,并且从社会主义核心价值体系凝练到社会主义核心价值观。改革开放和社会主义现代化建设实践,是"24个字"的社会主义核心价值观形成之"源",而中华优秀传统文化和人类文明成果则是其形成之"流"。正如习近平总书记所说:"我们提出的社会主义核心价值观,把涉及国家、社会、公民的价值要求融为一体,既体现了社会主义本质要求,继承了中华优秀传统文化,也吸收了世界文明有益成果,体现了时代精神。"①也正因为如此，社会主义核心价值观才有可能通过中国式现代化价值观凝练到全人类共同价值之中，从而体现出其世界意义。社会主义核心价值观同全人类共同价值是相容相通的："富强""和谐"在全人类共同价值中的话语表达为"和平""发展"，"平等""公正"在全人类共同价值中的概念转换为"公平""正义"，而"民主""自由"则直接体现在全人类共同价值中。在思想上把握好社会主义核心价值观、中国式现代化价值观同全人类共同价值的融通关系，可以更清晰地理解中国式现代化对全人类共同价值的贡献。

总之，中国式现代化蕴含的"以人民为中心"的价值观，超越了资本主义所谓自由、民主的"普世价值观"，为构建并弘扬和平、发展、公平、正义、民主、自由的全人类共同价值作出了贡献。

■ **参考文献**

习近平：《高举中国特色社会主义伟大旗帜　为全面建设社会主义现代化国家而团结奋斗——在中国共产党第二十次全国代表大会上的报告》，人民出版社 2022 年版。

习近平：《在党史学习教育动员大会上的讲话》，人民出版社 2021 年版。

习近平：《在纪念马克思诞辰 200 周年大会上的讲话》，人民出版社 2018 年版。

《马克思恩格斯文集》第 1 卷，人民出版社 2009 年版。

习近平：《在哲学社会科学工作座谈会上的讲话》，人民出版社 2016 年版。

《习近平谈治国理政》第一卷，外文出版社 2018 年版。

《习近平谈治国理政》第四卷，外文出版社 2022 年版。

《习近平关于"不忘初心、牢记使命"论述摘编》，党建读物出版社、中央文献出版社 2019 年版。

---

① 《习近平谈治国理政》第一卷，外文出版社 2018 年版，第 169 页。

习近平:《更好把握和运用党的百年奋斗历史经验》,《求是》2022 年第 13 期。

《习近平在学习贯彻党的二十大精神研讨班开班式上发表重要讲话强调　正确理解和大力推进中国式现代化》,《人民日报》2023 年 2 月 8 日。

历 史 观 ◀

　　中国式现代化蕴含着独特的四维历史观：尊重历史，秉承马克思主义的扬弃观；顺应历史，拥有把握历史主动的大势观；驱动历史，拥有推动社会发展的动力观；互鉴历史，具有包容发展的开放观。在建设中国特色社会主义伟大实践中，中国共产党秉持遵循世界现代化历史规律、结合自身实际和文化传统的历史观，开创了强国建设、民族复兴的中国式现代化道路。

中国共产党领导的社会主义现代化

——中国式现代化蕴含的独特历史观

夏春涛[*]

党的二十大报告指出："中国式现代化，是中国共产党领导的社会主义现代化，既有各国现代化的共同特征，更有基于自己国情的中国特色。"这深刻揭示了中国式现代化的本质特征，鲜明回答了中国式现代化由谁领导、走什么道路的重大原则问题。

扫码听全文

中国式现代化是中国共产党领导的现代化

实现中华民族伟大复兴是近代以来中华民族最伟大的梦想，要实

---

* 夏春涛，中国社会科学院近代史研究所所长，中国社会科学院大学教授、博导。

现民族复兴，就必须奋起直追，改变落后面貌，实现现代化。而在当时中国这样一个经济文化比较落后的东方大国实现现代化是一个全新课题，其难度之大超乎想象。在中国共产党诞生之前，中国先进分子所有的努力与尝试均宣告失败。中国扫清现代化建设的障碍、阔步迈向现代化并取得辉煌成就，都是在党的领导下才得以成为现实。没有党的坚强领导，就没有中国式现代化，这是不可置疑的历史结论。

中华民族曾在古代创造了辉煌历史和璀璨文明，对推动人类文明发展作出巨大贡献。随着西方兴起工业革命并大肆进行海外殖民扩张，以农业文明为主要形态的中华文明渐落下风。清代虽有康乾盛世，但已是落日余晖。以 1840 年鸦片战争为开端，中国逐步沦为半殖民地半封建社会，国家积贫积弱，民族危机加剧，人民苦难深重。在 1860 年至 1900 年的短短 40 年间，北京就曾两度遭受外国殖民者的铁蹄践踏。民族危机之下，广大民众和无数仁人志士纷纷投袂而起，一次次抵御外侮、血战到底，一次次苦苦求索、奔走呐喊；统治阶级阵营内部也开始寻求自救之道。向西方学习、努力实现富国强兵成为进步思想潮流。譬如，主持太平天国后期朝政的洪仁玕于 1859 年提出《资政新篇》，坦然承认中国落后的现实状况，主张效法西方修铁路、用汽轮、开矿山等，倡言"与番人并雄"，呼吁"乘此有为之日，奋为中地倡"。[①] 接着，洋务派官僚以"自强""求富"相标榜发起洋务运动，陆续兴办一批军事工业和民用企业，并创办新式学堂、向海外派遣留学生等，使落后封闭的中国社会出现一些新因素新

---

① 夏春涛编：《近代中国思想家文库：洪秀全洪仁玕卷》，中国人民大学出版社 2015 年版，第 251—264 页。

气象。再后来，光绪帝与维新派人士尝试变法，试图在文化制度等层面推行新政。作为中国民主革命先行者，孙中山先生于 1894 年创立兴中会，是明确提出"振兴中华"口号的近代第一人。孙中山先生撰写《建国方略》，勾勒出一幅宏伟的发展蓝图，设想建设三大世界级港口、修建十万多公里铁路等。直至弥留之际，他仍念念不忘"和平，奋斗，救中国"。

然而，以上种种探索与努力无一不以失败告终。太平天国败亡、义和团运动失败，说明农民阶级无力超越自身局限；洋务运动破产，说明仅从器物层面学西方是行不通的；戊戌变法夭折，说明顽固势力异常强大，即便是有限的改良也难以实施；辛亥革命失败，"无量头颅无量血，可怜购得假共和"①，说明旧民主主义革命已走到尽头。清末维新思想家谭嗣同曾发出"四万万人齐下泪，天涯何处是神州"②的悲叹。长夜漫漫、前途茫茫，中国的出路究竟在哪里？

在中国人民和中华民族的伟大觉醒中，在马克思列宁主义同中国工人运动的紧密结合中，中国共产党应运而生。中国产生了共产党，这是开天辟地的大事。中国共产党一经诞生，就义无反顾地把为中国人民谋幸福、为中华民族谋复兴确立为自己的初心使命，义无反顾地担负起探索现代化道路的重任。党团结带领人民迄今进行的一切奋斗、牺牲和创造，归结起来就是一个主题：以中国式现代化实现中华民族伟大复兴。概括地说，在漫长峥嵘岁月中，党团结带领人民披荆

---

① 蔡济民：《书愤》，《民立报》1912 年 9 月 13 日，转引自史远芹主编：《中国近代化的历程》，中共中央党校出版社 1999 年版，第 320 页。

② 《谭嗣同全集》，中华书局 1981 年版，第 540 页。

斩棘、接续奋斗,由此开辟了中国式现代化的广阔前景,在中国乃至世界产生广泛而深远的影响。

在新民主主义革命时期,国内仍有人幻想通过改良来改变中国命运,提出实业救国、教育救国、乡村建设等方案。这些方案固然有进步意义,但终究治标不治本。在半殖民地半封建社会的中国,不完成反帝反封建这一历史任务,现代化建设就无从谈起。当时只有中国共产党看清了这一历史逻辑,科学阐释了中国社会性质及其主要矛盾,毅然决然地高举起新民主主义革命大旗。经过28年艰苦卓绝的革命斗争,党领导人民推翻三座大山,建立了人民当家作主的中华人民共和国,实现民族独立、人民解放,为实现现代化创造了根本社会条件。1949年6月15日,毛泽东同志在新政治协商会议筹备会上庄严宣告:"中国人民将会看见,中国的命运一经操在人民自己的手里,中国就将如太阳升起在东方那样,以自己的辉煌的光焰普照大地,迅速地荡涤反动政府留下来的污泥浊水,治好战争的创伤,建设起一个崭新的强盛的名副其实的人民共和国。"①

以新中国成立为起点,中国共产党开始领导现代化建设,由此揭开中国式现代化的序幕。党团结带领人民进行社会主义革命,消灭在中国延续几千年的剥削制度,确立社会主义基本制度,实现了中华民族有史以来最为广泛而深刻的社会变革。党的八大郑重宣布:我国已全面建立社会主义制度、进入社会主义社会,当前的主要任务是把我国尽快地从落后的农业国变为先进的社会主义工业国。毛泽东同志在

---

① 《毛泽东选集》第4卷,人民出版社1991年版,第1467页。

党的八大预备会第一次会议上明确提出，要用五六十年时间赶上和超过世界上最强大的资本主义国家，就是美国。毛泽东同志强调，超过美国不仅有可能，而且完全有必要，完全应该；如果不是这样，"那就要从地球上开除你的球籍"，"那我们中华民族就对不起全世界各民族，我们对人类的贡献就不大"。①1958 年 5 月，党的八大二次会议正式提出"鼓足干劲，力争上游，多快好省地建设社会主义"的总路线，决心用 15 年时间赶超英国。1964 年 12 月，周恩来同志在第三届全国人民代表大会一次会议上提出实现"四个现代化"的历史任务，把我国建设成具有现代农业、现代工业、现代国防和现代科学技术的强国。党带领人民奋发图强，虽经历曲折，但依然在一穷二白的基础上建立起独立的比较完整的工业体系和国民经济体系。社会主义革命的完成和社会主义建设的推进，为现代化建设奠定了根本政治前提和物质基础。

进入改革开放和社会主义建设新时期，党中央作出把党和国家工作中心转移到经济建设上来、实行改革开放的历史性决策，与时俱进成为新时期最突出的标志。党大力推进实践基础上的理论创新、制度创新、文化创新以及其他各方面创新，不断打开对外开放新局面，使当代中国充满生机活力。我们党关于现代化建设的时间表、路线图越加明晰，现代化建设进入快车道。邓小平同志提出我国现代化建设"三步走"发展战略，强调"这就是我们的雄心壮志"②，"我们就是要

① 《毛泽东文集》第 7 卷，人民出版社 1999 年版，第 89 页。
② 《邓小平文选》第 3 卷，人民出版社 1993 年版，第 251 页。

有这个雄心壮志"①。1990 年会见外宾时，邓小平同志郑重表示："党的十一届三中全会以后，我们集中力量搞四个现代化，着眼于振兴中华民族。"②鉴于实现第三步战略目标的时间跨度长达半个世纪，党的十六大提出了一个承上启下的发展目标——在 21 世纪头 20 年全面建设小康社会。党的十八大正式提出"两个一百年"奋斗目标：在中国共产党成立一百年时全面建成小康社会，在新中国成立一百年时建成富强民主文明和谐的社会主义现代化国家。通过改革开放，在开创、坚持、捍卫、发展中国特色社会主义的伟大历史进程中，我们战胜无数风险挑战，实现跨越式发展，经济总量在 2010 年跃居世界第二，人民生活从温饱不足转为总体小康、奔向全面小康，进而为中国式现代化提供了充满新的活力的体制保证和快速发展的物质条件。

党的十八大以来，中国特色社会主义进入新时代。以习近平同志为核心的党中央统筹把握中华民族伟大复兴战略全局和世界百年未有之大变局，团结带领人民攻坚克难、砥砺前行，明确"五位一体"总体布局和"四个全面"战略布局，不断实现理论和实践上的创新突破，成功推进和拓展了中国式现代化。这突出体现在以下几个方面：一是在认识上不断深化。创立了习近平新时代中国特色社会主义思想，实现了马克思主义中国化新的飞跃，为中国式现代化提供了根本遵循。党的二十大概括提出并深入阐释中国式现代化理论，标志着党的重大理论创新，是科学社会主义的最新重大成果。2023 年 2 月 7 日，习近平总书记在学习贯彻党的二十大精神研讨班开班式上发表重要讲

---

① 《邓小平文选》第 3 卷，人民出版社 1993 年版，第 377 页。

② 《邓小平文选》第 3 卷，人民出版社 1993 年版，第 357 页。

话，深刻阐述了中国式现代化的一系列重大理论和实践问题，极大丰富和发展了中国式现代化理论。二是在战略上不断完善。深入实施科教兴国战略、人才强国战略、乡村振兴战略等一系列重大战略，为中国式现代化提供了坚实战略支撑。三是在实践上不断丰富。推进一系列变革性实践、实现一系列突破性进展、取得一系列标志性成果，推动党和国家事业取得历史性成就、发生历史性变革，特别是如期实现第一个百年奋斗目标，全面建成小康社会，历史性地解决了绝对贫困问题，进而为中国式现代化提供了更为完善的制度保证、更为坚实的物质基础、更为主动的精神力量。正如习近平总书记 2023 年新年贺词的开篇所说："2022 年，我们胜利召开党的二十大，擘画了全面建设社会主义现代化国家、以中国式现代化全面推进中华民族伟大复兴的宏伟蓝图，吹响了奋进新征程的时代号角。"①

"为有牺牲多壮志，敢教日月换新天。"方志敏烈士在狱中写就的《可爱的中国》一文中坚信新中国会面貌一新："到那时，到处都是活跃的创造，到处都是日新月异的进步，欢歌将代替了悲叹，笑脸将代替了哭脸，富裕将代替了贫穷，康健将代替了疾病，智慧将代替了愚昧，友爱将代替了仇恨……"② 可以告慰先烈的是，经过一代代人薪火相传接力奋斗，近代以来历经磨难的中华民族在现代化大道上高歌猛进，迎来从站起来、富起来到强起来的伟大飞跃。

"日出江花红胜火，春来江水绿如蓝。"我们党在内忧外患中诞生，在历经磨难中成长，在攻坚克难中壮大，始终保持着浩然正气、奋进

---

① 《国家主席习近平发表二〇二三年新年贺词》，《人民日报》2023 年 1 月 1 日。
② 方志敏：《可爱的中国》，江苏文艺出版社 2017 年版，第 29 页。

锐气、蓬勃朝气，团结带领人民不懈探索奋斗，为中华民族伟大复兴立下丰功伟绩。这段波澜壮阔、令人刻骨铭心的历史充分说明：中国共产党是中国式现代化的领路人和主心骨，没有党的坚强领导，就没有中国式现代化；继续推进中国式现代化，必须坚定不移地坚持党的领导。一言以蔽之，党的领导是中国式现代化的最大优势，决定中国式现代化的根本性质。党的领导地位不是"自封"的，而是历史的结论、人民的选择。

中国式现代化是社会主义现代化

欧美资本主义国家率先走向现代化，由此在一段时间内主导着世界现代化道路，掌控着世界现代化理论。世界社会主义运动兴起、世界上第一个社会主义国家苏联诞生后，欧美国家的这种地位和权威开始受到挑战，社会主义现代化成为一种新的选择。按照马克思主义的"五种社会形态"理论，社会主义是共产主义的初级阶段，与资本主义社会相比，在经济、科技等方面更加发达，且体现公平正义，致力于消灭剥削、消除两极分化。不过，由具体国情所决定，俄国是"帝国主义链条上最薄弱的一环"，在俄国基础上建立的苏联发展相对滞后。同时期的中国则更为落后，处于半殖民地半封建社会的状态；新中国则是"跨越"资本主义发展阶段，从新民主主义社会直接过渡到社会主义社会。因此，在现代化建设上，苏、中作为社会主义大国，均起点低、起步晚，起初并不具备对欧美国家的比较优势，中国尤甚。但中国始终高举社会主义大旗，在苏东剧变后依旧"咬定青山不放松"，创造性地走出并不断拓展中国特色社会主义这条新路，以中国式现代化创造了人类文明新形态，使世界格局呈现"东升西降"趋势。这段历史感天动地、可歌可泣，留给今人无尽的思考和深刻启迪。

一穷二白、人口众多是近代中国的基本国情。倘若中国走资本主义道路，势必会引发严重的两极分化，导致社会剧烈动荡。孙中山先生便是意识到了这一点。孙中山先生起初十分羡慕西方国家之强盛，但在流亡欧洲时耳闻目睹，不禁对资本主义社会的弊端深感忧虑。在1905 年同盟会机关报《民报》发刊词中，他慨叹"欧美强矣，其民实困"，认为中国不能步其后尘，故欲吸收社会主义元素来遏制资本主义社会的弊病，倡言"举政治革命、社会革命毕其功于一役"，这也是新三民主义的缘起。近代中国不能走资本主义道路，客观上也走不通。清朝覆灭后，民国初年曾煞有介事地移植西方政治制度，设国会、搞多党竞选，结果却是乱象环生：主张成立责任内阁的宋教仁遭暗杀，接着发生袁世凯称帝、张勋复辟帝制、曹锟贿选，中国陷入军阀混战、四分五裂的境地。从外部环境看，西方列强也极不情愿看到中国通过现代化富强起来。清末民初，中国知识界很推崇学西方颇有成效的日本，兴起赴日本留学热潮，而日本却在近代给中国造成了巨大伤害。中国在两次世界大战中都是战胜国，但两次都不同程度地失去战胜国的体面，不幸沦为大国政治博弈和利益瓜分的牺牲品。[1] 毛

---

[1] 夏春涛：《从两个"复兴"看中国道路的世界意义》，2014 年 12 月 10 日，见 http://www.nopss.gov.cn/n/2014/1210/c373410-26183682.html。

泽东同志就此一针见血地指出："帝国主义的侵略打破了中国人学西方的迷梦。很奇怪，为什么先生老是侵略学生呢？中国人向西方学得很不少，但是行不通，理想总是不能实现。多次奋斗，包括辛亥革命那样全国规模的运动，都失败了。"[1] 20世纪90年代，有人否定一切暴力革命，提出"告别革命"，似乎中国只要搞改良、走西方道路，就可以顺理成章地实现现代化，包括中国共产党领导的新民主主义革命均属"多余"。此言实大谬不然。处于半殖民地半封建社会状态的中国，首先必须实现民族独立和人民解放，即反帝反封建，然后才能搞建设。没有新民主主义革命的胜利，中国就不具备建设现代化的前提条件，正所谓"皮之不存，毛将焉附"。

或许还有人问，在新民主主义革命胜利后，中国何以不补上资本主义这一课，为何仍选择了社会主义？其实，这是我们党的既定部署。按照毛泽东同志的新民主主义理论，中国革命分两步走，先进行新民主主义革命，再进行社会主义革命。通过接收帝国主义在华资产、没收官僚资本、组建社会主义性质的国营经济，特别是通过基本完成对生产资料私有制的社会主义改造，社会主义成分在新中国经济中所占的比重持续上升。这样，新中国的前途就必然是社会主义，而不是资本主义，[2] 我们绝无可能也绝对不能在公有制经济占主体成为大趋势的背景下开历史倒车，倒向资本主义。全面建立社会主义制度是中国历史上具有划时代意义的一件大事。辛亥革命结束了在中国延

---

[1] 《毛泽东选集》第4卷，人民出版社1991年版，第1470页。

[2] 胡乔木的《中国在五十年代怎样选择了社会主义》一文对此有深入分析，参见《胡乔木集》，中国社会科学出版社2002年版，第238—245页。

续几千年的封建君主专制制度，但未能改变中国半殖民地半封建的社会性质。新中国成立，人民终于在政治上翻身做了主人。然而，当时旧中国残余的剥削制度、剥削阶级尚未清理干净，包括新解放区尚未进行土地改革。通过社会主义改造、消灭在中国延续几千年的阶级剥削制度，建立社会主义基本经济制度，人民又在经济上翻身做了主人。这就从制度层面解决了中国今后走什么路的问题，为我国今后避免出现大的阶级对抗性的纷扰动荡提供了制度保障，确立了全国一盘棋、集中力量办大事等社会主义制度优势。

在中国这样一个跨越资本主义发展阶段、社会生产力水平十分落后的东方大国建设社会主义现代化是一个崭新课题，没有现成答案。不走西方资本主义道路，不照搬照抄苏联模式①，新中国的现代化建设必然是走自己的路，在摸索中前进。为尽快缩小中国与西方发达国家的差距，奋起直追，党的八大二次会议提出社会主义建设总路线。党带领人民筚路蓝缕，掀起全面建设社会主义的热潮，并取得伟大建设成就。但由于急躁冒进，违背客观经济规律，我们在探索中也经历了曲折，乃至随着指导思想上"左"的错误发展，酿成十年内乱，造成灾难性后果。"前事不忘，后事之师。"正因为有这面镜子，党在随后探索新路时才格外清醒和坚定，深刻认识到封闭僵化的老路不能走，也走不通。正是基于对"左"的危害的高度警醒，党的十四大在修改党章时引人注目地强调："反对一切'左'的和右的错误倾向，

---

① 1956年4月，毛泽东发表《论十大关系》，开篇就强调要对苏联最近暴露出的在建设社会主义过程中的一些缺点和错误引以为戒，表示要探索适合我国国情的社会主义建设道路，要少走弯路。

要警惕右，但主要是防止'左'。"

以党的十一届三中全会为标志，我国进入改革开放历史新时期，踏上社会主义现代化建设新征程。在新形势下探索前进极为不易、极不平凡。一方面，要缩小与西方发达国家的差距，就必须以经济建设为中心，坚持改革开放，不能再"以阶级斗争为纲"，不能墨守成规、关起门来搞建设；另一方面，实行改革开放必须坚持四项基本原则，绝不能把改革变成"改向"、把对外开放变成搞全盘西化。我们以开放的胸怀，积极学习借鉴人类文明的一切有益成果，但绝不是跟在别人后面亦步亦趋。党的十二大响亮提出走自己的路、建设有中国特色的社会主义。中国特色社会主义成为改革开放以来党的全部理论和实践的主题。党的十三大正式将"一个中心、两个基本点"确立为党在社会主义初级阶段的基本路线，为我国沿着社会主义方向进行现代化建设提供了根本遵循。

从大局看，党带领人民接力探索砥砺前行，贯穿其中的是三个核心概念：中国特色社会主义，中华民族伟大复兴，社会主义现代化（即中国式现代化）。这三者是一个紧密关联的整体。党的十八大报告明确指出："建设中国特色社会主义，总依据是社会主义初级阶段，总布局是五位一体，总任务是实现社会主义现代化和中华民族伟大复兴。"也就是说，中国特色社会主义是路径，实现社会主义现代化、实现中华民族伟大复兴同为总任务；实现社会主义现代化，即实现了中华民族伟大复兴。党的二十大报告沿用"中国特色社会主义是实现中华民族伟大复兴的必由之路"这一表述，同时又宣称"以中国式现代化全面推进中华民族伟大复兴"，突出了实现中国式现代化对实现中华民族伟大复兴的标志性意义。

围绕现代化建设，国内长期存在着论争和模糊认识，不时出现噪音杂音。有人挑起姓"资"姓"社"之争，错误地认为改革开放就是"引进和发展资本主义"。也有人动辄大谈"社会转型"、标榜"与国际接轨"，孰不知中西方现代化有着本质区别，不能不加辨别。更有甚者，有人盲目推崇西方现代化理论，荒谬地将"全盘西化"等同于现代化，公然质疑、否定党的领导和社会主义道路。有些西方人则有意混淆视听，恶意攻击我国政治制度。党的二十大报告正本清源，澄清了这一重大理论问题，强调"中国式现代化，是中国共产党领导的社会主义现代化"，并条分缕析，概括了中国式现代化五个方面的中国特色。具体地说，人口规模巨大是我国一大基本国情，因而我国现代化的艰巨性、复杂性前所未有，发展途径和推进方式也必然具有自己的特点；全体人民共同富裕、物质文明和精神文明相协调、人与自然和谐共生、走和平发展道路这四条，均顺应了国情，同时也是社会主义的本质要求。譬如，两极分化是资本主义国家与生俱来、无法驱除的梦魇，是西方社会近年来乱象丛生、内卷严重的根源所在。而共同富裕是中国特色社会主义的本质要求，"共享"是新时代五大新发展理念之一。以实现第一个百年奋斗目标为例，我们实现了小康这个中华民族的千年梦想，历史性地解决了绝对贫困问题。因此我们可以自豪地说，中国式现代化是全体人民共同富裕的现代化。再如，西方现代化历程有极不光彩的一面，如早先进行血腥的海外殖民掠夺、20世纪给人类带来空前劫难的两次世界大战，都是由西方国家挑起的。美国等西方国家至今仍大搞霸权主义，恃强凌弱，而社会主义中国则始终致力于维护世界和平、促进共同发展，中国式现代化是走和平发展道路的现代化，以中国的新发展为世界提供新机遇。总之，中西方现代化有相同、相近之处，更存在根本区别。"雄关漫道真如铁，而今迈步从头越。"社会主义为中国现代化建设指明了方向，是我们党感召、凝聚人民的一面光辉旗帜，是创造发展奇迹的一面光辉旗帜。

概括地说，在新中国成立特别是改革开放以来长期探索和实践基础上，经过新时代以来在理论和实践上的创新突破，我们党成功推进和拓展了中国式现代化，这便是中国式现代化发展演变的主要线索。说到底，中国式现代化的实现路径既不是封闭僵化的老路，也不是改旗易帜的邪路，而是中国特色社会主义这条新路。中国式现代化是党领导的社会主义现代化，而不是别的什么现代化。历史无可辩驳地证明，只有社会主义才能救中国，只有中国特色社会主义才能发展中国。

中国式现代化是中国共产党领导的社会主义现代化

党的领导与走社会主义道路是互为一体、不可分割的：在党的领导下，必然会坚定不移地走社会主义道路；走社会主义道路，必须毫不动摇地坚持党的领导。归纳起来就是党的二十大报告中强调的，中国式现代化是中国共产党领导的社会主义现代化。在中国搞现代化建设，必须坚持党的领导，必须坚持走中国特色社会主义道路。这与作为立国之本的四项基本原则的要义完全一致，是我们继续推进中国式现代化的根本遵循。党的二十大报告在阐述中国式现代化的本质要求、全面建设社会主义现代化国家必须把握的重大原则时，都着重强调了这两点。中国式现代化的本质要求前两条分别是坚持中国共产党领导、坚持中国特色社会主义，首先鲜明回答了中国式现代化由谁领导、走什么道路这两大核心问题。全面建设社会主义现代化国家必须把握的五个重大原则前两条也是坚持和加强党的全面领导、坚持中国特色社会主义道路。由此可见这两大原则的极端重要性。

历史是最好的教科书。在中国搞现代化建设，必须坚持党的领导，必须坚持走中国特色社会主义道路，这体现了正确历史观。这是我们党领导全国各族人民在长期探索和实践中历经千辛万苦、付出巨大代价取得的重大认识成果，必须倍加珍惜、始终坚持、不断拓展和深化。习近平总书记2023年2月7日在学习贯彻党的二十大精神研讨班开班式上发表重要讲话，对此作了深刻阐述。习近平总书记分析指出："党的领导直接关系中国式现代化的根本方向、前途命运、最终成败。党的领导决定中国式现代化的根本性质，只有毫不动摇坚持党的领导，中国式现代化才能前景光明、繁荣兴盛；否则就会偏离航向、丧失灵魂，甚至犯颠覆性错误。党的领导确保中国式现代化锚定奋斗目标行稳致远，我们党的奋斗目标一以贯之，一代一代地接力推进，取得了举世瞩目、彪炳史册的辉煌业绩。党的领导激发了建设中国式现代化的强劲动力，我们党勇于改革创新，不断破除各方面体制机制弊端，为中国式现代化注入不竭动力。党的领导凝聚建设中国式现代化的磅礴力量，我们党坚持党的群众路线，坚持以人民为中心的发展思想，发展全过程人民民主，充分激发全体人民的主人翁精神。"

习近平总书记强调:"中国式现代化既有各国现代化的共同特征,更有基于自己国情的鲜明特色……新中国成立特别是改革开放以来,我们用几十年时间走完西方发达国家几百年走过的工业化历程,创造了经济快速发展和社会长期稳定的奇迹,为中华民族伟大复兴开辟了广阔前景。实践证明,中国式现代化走得通、行得稳,是强国建设、民族复兴的唯一正确道路。"①习近平总书记的这些重要论述针对性很强,具有十分重要的指导意义。我们要深刻领会,在推进中国式现代化的过程中坚持正确历史观,坚决抵御历史虚无主义。

"明镜所以照形,古事所以知今。"能否坚持正确历史观至关紧要,关乎我们能否把握历史大势、继续沿着正确方向前进。历史虚无主义错误思潮在新时代虽已成为"过街老鼠"、声名狼藉,但并未沉寂,仍以各种新形式滋蔓,话题主要集中在"四史"领域。当下历史虚无主义错误思潮具有"不变"与"变"两重面相。不变的是其要害与本质,依旧是借谈论历史之名来影射现实,貌似学术话题,落脚点却是现实政治,本质就是否定现实,尤其是否定党的领导和中国特色社会主义道路。变的是形式和表现手法,它适应性很强,不断变换面目和形式,表现出新趋势新样态。新趋势主要体现在借助互联网,以网站、微信、微博、博客、贴吧、论坛、抖音等作为传播错误思潮的主要平台,具有社群化、裂变式传播特性,迅速影响舆论,造成恶劣影响。新样态大体可概括为以下四点:一是"泛娱乐化",以"戏说""水煮"等轻佻方式恶搞历史,对历史缺乏最基本的敬畏之心;二是手法具有

---

① 《习近平在学习贯彻党的二十大精神研讨班开班式上发表重要讲话强调　正确理解和大力推进中国式现代化》,《人民日报》2023年2月8日。

一定的隐蔽性和欺骗性，制作各种视频，以零散的所谓"新史料""新档案"作为重评历史的标尺，迎合大众猎奇心理，打着"解密"等旗号歪曲历史；三是形式"软性化"，避重就轻，以笼统的所谓人性、人情来代替阶级分析，将历史主线模糊化、历史事实碎片化，具有欺骗性；四是扩散范围大众化，着重向社会大众特别是青少年学生渗透错误言论，意图瓦解党的群众基础。我们要积极应对，正本清源、激浊扬清，筑牢抵御历史虚无主义的思想防线，决不能掉以轻心。

"天若有情天亦老，人间正道是沧桑。"我们党团结带领人民创造了一个又一个人间奇迹，中国特色社会主义展现出无比的优越性，中国式现代化道路越走越宽广。中国共产党领导和推动中国式现代化的光辉历程告诉我们：必须顺应历史大势、增强历史主动、坚定历史自信。

党带领人民已走过万水千山，新征程还会继续跋山涉水。"自信人生二百年，会当水击三千里。"在以习近平同志为核心的党中央的坚强领导下，我们在新征程将保持"乱云飞渡仍从容"的战略定力，不为任何风险所惧，不为任何干扰所惑，万众一心、众志成城，奋力夺取全面建设社会主义现代化国家新胜利。

■ **参考文献**

《习近平在学习贯彻党的二十大精神研讨班开班式上发表重要讲话强调　正确理解和大力推进中国式现代化》，《人民日报》2023 年 2 月 8 日。

《国家主席习近平发表二〇二三年新年贺词》，《人民日报》2023 年 1 月 1 日。

《毛泽东选集》第 4 卷，人民出版社 1991 年版。

《毛泽东文集》第 7 卷，人民出版社 1999 年版。

《邓小平文选》第 3 卷，人民出版社 1993 年版。

《谭嗣同全集》，中华书局 1981 年版。

《胡乔木集》，中国社会科学出版社 2002 年版。

方志敏：《可爱的中国》，江苏文艺出版社 2017 年版。

夏春涛编：《近代中国思想家文库：洪秀全洪仁玕卷》，中国人民大学出版社 2015 年版。

史远芹主编：《中国近代化的历程》，中共中央党校出版社 1999 年版。

夏春涛：《从两个"复兴"看中国道路的世界意义》，2014 年 12 月 10 日，见 http://www.nopss.gov.cn/n/2014/1210/c373410-26183682.html。

中国式现代化的历史逻辑与理论逻辑

赵可金[*]

　　党的二十大报告提出了中国式现代化理论。以习近平同志为核心的党中央，直面近代以来实现中华民族伟大复兴的历史性课题，坚持把马克思主义基本原理同中国具体实际相结合、同中华优秀传统文化相结合，与时俱进地运用闪耀着辩证唯物主义和历史唯物主义真理光辉的世界观和方法论，推动了马克思主义中国化时代化，明确提出了中国式现代化理论，开辟了中华民族伟大复兴的新境界。理解"中国式"的内涵，理解"中国式现代化"是什么、干什么和怎么干的问题，是完整、准确、全面理解中国式现代化的核心，对于中国全面建设社会主义现代化国家的战略布局具有十分重要的指导意义。

扫码听全文

---

　*　赵可金，清华大学社会科学学院副院长、长聘教授，清华大学习近平新时代中国特色社会主义思想研究院研究员。

中国式现代化的历史逻辑

读史使人明智，历史是最好的教科书。理解中国式现代化，必须首先理解中国式现代化的历史逻辑和时代背景。近代以来，面对中外力量对比变化带来的严峻挑战，实现中华民族伟大复兴成为中华民族的伟大梦想，是中国从传统走向现代的时间逻辑与从本土走向世界的空间逻辑的统一。晚明以降，除一些封建士大夫通过"向后看"的视角固守"天不变，道亦不变"的祖训之外，以黄宗羲、顾炎武、王夫之和唐甄等为代表的一批思想家开经世致用之风气，从思想层面反思中国古典思想之故智，通过"向前看"的视角开启万国天下之新学。[1]尤其是以林则徐、魏源、冯桂芬等为代表的晚清思想家"睁眼看世界"[2]，摒弃传统"向内看"的视角和"以夏变夷"的安邦定国之策，转而采取"向外看"的视角以鼓呼"师夷长技以制夷"的"富国强兵"之救国方略，甚至倡导师法欧日之"戊戌变法"方案，然皆不能挽狂澜于既倒，近代中国依然一步步地步入半殖民地半封建社会的泥淖。

从空间逻辑来看，面对近代以来国破家亡的艰危困局，革命道路成为实现民族独立和人民解放的主导方案，决定了中国式现代化最初以遵循空间逻辑为主、兼顾时间逻辑。从中国民主革命的先行者孙中

[1] 参见何九盈、王宁、董琨主编：《辞源》（第三版），商务印书馆 2015 年版。

[2] 以林则徐主持编译的《四洲志》、魏源编撰的《海国图志》以及冯桂芬所作的《校邠庐抗议》等作品为代表，体现了晚清思想家的"睁眼看世界"，对晚清洋务运动和日本明治维新产生了积极意义。

山先生到以毛泽东同志为主要代表的中国共产党人，高举民族独立和人民解放的革命旗帜，历经长达近半个世纪的旧民主主义革命、新民主主义革命和社会主义革命，最终建立起了中华人民共和国。随着革命建国任务的完成，如何建设一个现代化强国的任务摆上了中国领导人的议事日程。关于现代化的问题，中国的历代志士仁人都做了坚持不懈的探索。早在革命战争年代，以毛泽东同志为主要代表的中国共产党人就提出了"为着中国的工业化和农业近代化而斗争"①的想法。在党的七大上，毛泽东同志提出革命胜利以后，"中国人民及其政府必须采取切实的步骤，在若干年内逐步地建立重工业和轻工业，使中国由农业国变为工业国"②。由于没有掌握政权，中国共产党人的这一主张在当时没有条件落实。

中华人民共和国成立后，实现现代化就被确立为国家的战略总目标，逐步转向以时间逻辑为主，兼顾空间逻辑。1953 年，毛泽东同志提出党在过渡时期的总路线和总任务，即"要在一个相当长的时期内，逐步实现国家的社会主义工业化，并逐步实现国家对农业、对手工业和对资本主义工商业的社会主义改造"③。1954 年 9 月 15 日，毛泽东同志在第一届全国人民代表大会第一次会议的开幕词中提到，准备在几个五年计划之内，将我国"建设成为一个工业化的具有高度现代文化程度的伟大的国家"④。随后，周恩来同志在政府工作报告中

---

① 《毛泽东选集》第 3 卷，人民出版社 1991 年版，第 1081 页。
② 《毛泽东选集》第 3 卷，人民出版社 1991 年版，第 1081 页。
③ 《毛泽东文集》第 6 卷，人民出版社 1999 年版，第 316 页。
④ 《毛泽东文集》第 6 卷，人民出版社 1999 年版，第 350 页。

明确提出"建设起强大的现代化的工业、现代化的农业、现代化的交通运输业和现代化的国防"①，这是新中国领导人第一次提出"四个现代化"的概念。在 1956 年举行的党的第八次全国代表大会上，实现"四个现代化"被写入党章。②此后，毛泽东同志在《关于正确处理人民内部矛盾的问题》和《在中国共产党全国宣传工作会议上的讲话》等讲话中多次阐述现代化问题，先后将现代工业、现代农业以及现代科学文化作为现代化的重要内容。③1959 年年末至 1960 年年初，他提议重新加上国防现代化，"建设社会主义，原来要求是工业现代化，农业现代化，科学文化现代化，现在要加上国防现代化"④。这是新中国历史上第一次完整地、明晰地表达"四个现代化"的思想。根据毛泽东同志的提议，1964 年 12 月 21 日，周恩来同志在政府工作报告中正式提出实现"四个现代化"的国家总体战略目标，"就是要在不太长的历史时期内，把我国建设成为一个具有现代农业、现代工业、现代国防和现代科学技术的社会主义强国，赶上和超过世界先进水平"⑤。然而，"文化大革命"爆发，中国的现代化进程受到严重干扰。一直到"文化大革命"后期，1975 年 1 月，在毛泽东同志和周恩来同志的主导下，周恩来同志在四届全国人大第一次会议上所作的政府工作报告中，重新提及实现"四个现代化"的目标，即"在本世纪内，全面实现农业、工业、国防和科学技术的现代化，使我国国民经济走

---

① 《周恩来选集》下卷，人民出版社 1984 年版，第 132 页。

② 参见邱守娟：《毛泽东的思想历程》，人民出版社 2003 年版，第 366 页。

③ 参见《毛泽东文集》第 7 卷，人民出版社 1999 年版，第 204、267 页。

④ 《毛泽东文集》第 8 卷，人民出版社 1999 年版，第 116 页。

⑤ 《周恩来选集》下卷，人民出版社 1984 年版，第 439 页。

在世界的前列"①，然而，最终因受极"左"思潮的冲击，这一设想并没有真正得到实施。

党的十一届三中全会以来，推进现代化建设成为具有全局意义的战略，实现现代化的战略真正得以推行，进入到时间逻辑与空间逻辑并重的阶段。随着全党和全国的工作重心从以阶级斗争为纲转移到以经济建设为中心，以邓小平同志为主要代表的中国共产党人吸取历史教训，将马克思主义的普遍真理同我国的具体实际结合起来，确立了推进社会主义现代化的道路。邓小平同志提出："一切决定于我们自己的事情干得好不好，所以，从八十年代的第一年开始，就必须一天也不耽误，专心致志地、聚精会神地搞四个现代化建设，决不允许再分散精力。"②事实上，作为一个明确的概念，"中国式的现代化"最初是由邓小平同志提出来的。1979年3月21日，邓小平同志在会见英中文化协会执行委员会代表团时提出了"中国式的现代化"的概念，"我们定的目标是在本世纪末实现四个现代化。我们的概念与西方不同，我姑且用个新说法，叫做中国式的四个现代化"③。几天后，邓小平同志在党内正式提出"中国式的现代化"，"过去搞民主革命，要适合中国情况，走毛泽东同志开辟的农村包围城市的道路。现在搞建设，也要适合中国情况，走出一条中国式的现代化道路"④。在此后的多个场合，邓小平同志结合中国传统文化中的"小康社会"阐释了"中

① 《周恩来选集》下卷，人民出版社1984年版，第479页。

② 《邓小平思想年编（1975—1997）》，中央文献出版社2011年版，第285页。

③ 中共中央党史和文献研究院编：《全面建成小康社会大事记》，人民出版社2021年版，第3页。

④ 《邓小平文选》第2卷，人民出版社1994年版，第163页。

国式现代化"的内涵,"我们提出四个现代化的最低目标,是到本世纪末达到小康水平"①。在毛泽东同志关于现代化"两步走"战略设想的基础上,邓小平同志提出了"三步走"的战略步骤,解决了中国式现代化的"桥与路"问题。②

在"三步走"的战略步骤基础上,党的十五大报告又提出了"两个一百年"奋斗目标,即"到建党一百年时,使国民经济更加发展,各项制度更加完善;到世纪中叶建国一百年时,基本实现现代化,建成富强民主文明的社会主义国家"③。此后,党的十六大、十七大均对"两个一百年"奋斗目标作了强调和安排。④2012年,党的十八大报告进一步提出,要"在中国共产党成立一百年时全面建成小康社会"⑤。从党的十八大到党的二十大是"两个一百年"奋斗目标的历史交汇期,一方面要全面建成小康社会,实现第一个百年奋斗目标;另一方面又要乘势而上开启全面建设社会主义现代化国家新征程,向第二个百年奋斗目标进军。2021年7月1日,习近平总书记在庆祝中国共产党成立100周年大会上庄严宣告:"经过全党全国各族人民持续奋斗,我们实现了第一个百年奋斗目标,在中华大地上全面建成了小康社会,历史性地解决了绝对贫困问题,正在意气风发向着全面

---

① 《邓小平文选》第3卷,人民出版社1993年版,第64页。

② 参见王学俭主编:《十八大以来党的治国理政思想研究》,人民出版社2017年版,第22页。

③ 《江泽民文选》第2卷,人民出版社2006年版,第4页。

④ 参见徐京跃、周英峰、崔静:《让光辉的旗帜高高飘扬——〈中国共产党章程(修正案)〉诞生记》,《人民日报》2012年11月22日。

⑤ 《中国共产党一百年大事记(1921年7月—2021年6月)之三》,《人民日报》2021年6月30日。

建成社会主义现代化强国的第二个百年奋斗目标迈进。"①这一庄严宣告向全世界表明了中国共产党坚定不移推进中国式现代化的信心和决心。

党的十八大以来，习近平总书记在继承毛泽东同志、邓小平同志等老一辈领导人关于现代化论述的基础上，进一步阐述了中国式现代化的思想，提出中国式现代化是在总结世界各国现代化经验教训基础上走出的一条现代化新路。2020 年 10 月，在党的十九届五中全会第二次全体会议上，习近平总书记深刻阐述了中国式现代化的基本特征，为中国式现代化指出了前进方向。"我国现代化是人口规模巨大的现代化，是全体人民共同富裕的现代化，是物质文明和精神文明相协调的现代化，是人与自然和谐共生的现代化，是走和平发展道路的现代化。"②2021 年 7 月 1 日，在庆祝中国共产党成立 100 周年大会上的讲话中，习近平总书记站在百年历史经验的历史高度，进一步概括了中国式现代化的战略定位及其历史开创意义。"我们坚持和发展中国特色社会主义，推动物质文明、政治文明、精神文明、社会文明、生态文明协调发展，创造了中国式现代化新道路，创造了人类文明新形态。"③2022 年 10 月，在党的二十大报告中，习近平总书记代表全党进一步将中国式现代化提升到推进中华民族伟大复兴的战略高度，强调"中国式现代化，是中国共产党领导的社会主义现代化，既有各

---

① 习近平：《在庆祝中国共产党成立 100 周年大会上的讲话》，人民出版社 2021 年版，第 2 页。

② 《习近平谈治国理政》第四卷，外文出版社 2022 年版，第 164 页。

③ 习近平：《在庆祝中国共产党成立 100 周年大会上的讲话》，人民出版社 2021 年版，第 13—14 页。

国现代化的共同特征，更有基于自己国情的中国特色"①。至此，中国式现代化在理论上已经日臻成熟，它不仅贯穿中国从传统走向现代的时间逻辑，也贯彻中国从本土走向世界的空间逻辑，为全面建设社会主义现代化国家新征程提供思想指引和行动指南。

中国式现代化的文化基因

理解中国式现代化的核心要义，关键是精准把握"中国式"的文化基因。"中和"思想是中华文明的文化基因。在中文语境中，"中"是指"允执厥中""执两用中"，强调不走极端，处事持中守正。"和"则是指"和而不同""和实生物"，强调求同存异、和合共生。在长期的历史进程中，"中和"思想守正创新，与时俱进，逐渐确立了其根深叶茂、驰而不息的精神内涵，也构成了中国式现代化的文化根基，成为中国式现代化之时间逻辑的起点。

作为中华古典时期形成的原生性智慧，"中和"思想发端于上古图腾、原始神话以及古老传说，历经先秦诸子之百家争鸣、两汉经学之兴衰起伏、魏晋玄学之氤氲暧暧、隋唐学术之三教并立、宋明理学之顿渐合一等发展阶段，逐渐形成了不同学说允执厥中、和而不同的局面，并沉淀为一套完整的中国式世界观、人生观、价值观和方法

---

① 习近平：《高举中国特色社会主义伟大旗帜　为全面建设社会主义现代化国家而团结奋斗——在中国共产党第二十次全国代表大会上的报告》，人民出版社 2022 年版，第 22 页。

论，承载着中华文明历久弥新的文脉灵魂和文化生命。因此，中华文明之所以历经千年而不衰，核心就在于中国人民在长期生产生活中积累的宇宙观、天下观、社会观、道德观①，包括天下为公、民为邦本、为政以德、革故鼎新、任人唯贤、天人合一、自强不息、厚德载物、讲信修睦、亲仁善邻等，所有这一切归结起来就是"中和"思想，这是中国式现代化道路的文化基因。归结起来，"中和"思想主要包括以下四个方面。

一是允执厥中。这是"中和"思想对待一切事物的根本立足点。"允执厥中"语出《尚书·大禹谟》，"人心惟危，道心惟微，惟精惟一，允执厥中"②。坚持允执厥中，就是对待任何事物都要秉持一种不偏不倚的立场，符合中正之道。所谓"中"，就是坚持君子务本，本立道生，民为邦本，本固邦宁。所谓"正"，就是强调自信自立，守正创新，求大道任自然，凌万物而超脱。"中和"思想强调允执厥中，就是要求在根本性问题上持中守正，在原则立场问题上绝不动摇，敢于斗争，善于斗争。党的二十大的主题是：高举中国特色社会主义伟大旗帜，全面贯彻新时代中国特色社会主义思想，弘扬伟大建党精神，自信自强、守正创新，踔厉奋发、勇毅前行，为全面建设社会主义现代化国家、全面推进中华民族伟大复兴而团结奋斗。③ 显然，这一主

① 参见汪哲平：《深刻理解和把握中国人的宇宙观、天下观、社会观、道德观（学术圆桌）》，《人民日报》2022年6月20日。

② 郭震海：《别让速成毁了匠心（人民论坛）》，《人民日报》2016年9月9日。

③ 参见习近平：《高举中国特色社会主义伟大旗帜　为全面建设社会主义现代化国家而团结奋斗——在中国共产党第二十次全国代表大会上的报告》，人民出版社2022年版，第1页。

题与持中守正的立场是内在契合的，强调自立自强、守正创新。特别是报告强调要坚定历史自信，增强历史主动，坚持走中国特色社会主义道路，坚持走中国式现代化道路，充分体现出在发展道路选择上的持中守正，"坚持道不变、志不改，既不走封闭僵化的老路，也不走改旗易帜的邪路，坚持把国家和民族发展放在自己力量的基点上，坚持把中国发展进步的命运牢牢掌握在自己手中"①。

二是和而不同。这是"中和"思想治理世界多样性的指导原则。面对世界多样性，中华传统文化的精髓就在于强调通过协调"不同"来达到多样性之间的"和谐"。早在春秋时期，史伯与晏婴关于事物矛盾对立因素多样性和单一性的"和同之辩"，就集中反映了中国古人倡导的"和而不同"之道。"和"与"同"是两个不同的概念。所谓"和"，史伯言"以他平他谓之'和'"②，强调尊重事物之间矛盾性和多样性基础上的和谐统一，如同"和羹之美""佳乐之和"。所谓"同"，则是指忽视事物之间个性差异的强行一致。因此，坚持和而不同，就是主张通过协调"不同"，从而达到和谐统一，强调处理事物要立足于从矛盾对立因素的多样性出发，寻求彼此之间的"和"，而不应仅仅追求表面上的无差异的"同"。"和实生物，同则不继"③，"君子和而不同，小人同而不和"④。只有尊重世界多样性，通过"和而不

---

① 习近平：《高举中国特色社会主义伟大旗帜　为全面建设社会主义现代化国家而团结奋斗——在中国共产党第二十次全国代表大会上的报告》，人民出版社2022年版，第27页。

② 钱耕森：《"和"是天下之大道（大家手笔）》，《人民日报》2016年12月28日。

③ 仲音：《深化人文交流互鉴　共创人类美好未来（人民论坛）——推动文明交流互鉴④》，《人民日报》2022年9月26日。

④ 王立：《坚持和而不同促进社会和谐（学术圆桌）》，《人民日报》2022年6月20日。

同"和"求同存异",才能形成一种万物繁荣的局面。习近平总书记在党的二十大报告中论述"中国式现代化"时,十分强调"和而不同"的泰和之道,强调坚持胸怀天下,"以海纳百川的宽阔胸襟借鉴吸收人类一切优秀文明成果"①,中国式现代化更是强调全体人民共同富裕、物质文明与精神文明相协调、人与自然和谐共生、中国与世界命运与共,呼吁弘扬和平、发展、公平、正义、民主、自由的全人类价值,推动文明交流互鉴等,所有这一切都集中体现出中国式现代化理论"和而不同"的文化基因。

三是执两用中。这是"中和"思想解决事物之间差异和矛盾的重要方法论。朱熹在《中庸章句》中云:"盖凡物皆有两端,如大小、厚薄之类。"②世间万物皆阴阳互济,一分为二,存在着矛盾的两个方面。坚持"执两用中"的方法论,就是正确把握和处理矛盾双方相互对立、相互依存和相互转化的辩证关系,不可偏执一端,而应视不同情况而选择一个把握好事物两方面互动转化的分寸与火候,从而达到中和平衡,防止"过"与"不及"。《礼记·中庸》中解释了执两用中之道,"执其两端,用其中于民,其斯以为舜乎?"③强调不管处理什么事情,都要视其不同情况作出相应的适宜举措,即所谓的"极高明而道中庸"④。中国式现代化就是对大量矛盾关系执两用中地作出选

---

① 习近平:《高举中国特色社会主义伟大旗帜 为全面建设社会主义现代化国家而团结奋斗——在中国共产党第二十次全国代表大会上的报告》,人民出版社2022年版,第21页。

② 朱熹:《四书章句集注·中庸章句》,中华书局1983年版,第20页。

③ 夏延章:《大学中庸今译》,江西人民出版社1983年版,第27页。

④ 许兆昌:《深刻认识历史叙事的价值》,《人民日报》2018年10月15日。

择，比如在马克思主义中国化时代化上，强调坚持把马克思主义基本原理同中国具体实际相结合、同中华优秀传统文化相结合；在坚持和完善社会主义基本经济制度上，强调毫不动摇巩固和发展公有制经济，毫不动摇鼓励、支持、引导非公有制经济发展；在构建新发展格局上，强调坚持以国内大循环为主体、国内国际双循环相互促进；在推动高质量发展上，强调充分发挥市场在资源配置中的决定性作用，更好发挥政府作用；在发展全过程人民民主上，强调坚持党的领导、人民当家作主、依法治国有机统一；在推动绿色发展上，强调必须牢固树立和践行"绿水青山就是金山银山"的理念，站在人与自然和谐共生的高度谋划发展；等等。在党的二十大报告中，在事关建设社会主义现代化强国的一系列战略安排上，中国式现代化均体现执两用中、统筹兼顾的基本方法论。

四是和合共生。这是"中和"思想追求的大道天下、万物咸若之理想境界。"和羹之美，在于合异。"① 在《国语》《管子》《论语》等众多古典文献中，均尊崇和衷共济、和合共生之道，强调不同事物、不同观点、不同价值观之间要和谐包容、和合共生，以实现天下为公的"大同世界"。在中国古典文化中，天下、大同是两个十分重要的概念，实现"天下大同"是中华文明追求的理想。《礼记·礼运》指出："大道之行也，天下为公。"②"天下"是中国古人建立在天人合一的宇宙观基础上的世界观，"大同"则是一种强调爱无差等、阴阳交

---

① 俞懿春：《文明交流互鉴　梦想同频共振》，《人民日报》2022 年 5 月 21 日。

② 韩梁、郑汉根、王雅晨等：《胸怀天下谋大同——习近平主席倡导的全球治理观深刻启迪世界》，《人民日报》2022 年 6 月 21 日。

融的和合境界。在这一理想社会指引下，体现着和合共生精神的"以和为贵""亲仁善邻""协和万邦"等理念就成为中国古人追求的人类社会相处之道。从这个意义上来说，中国式现代化所追求的和平发展道路、和平外交政策、和平共处五项原则、新型国际关系、互利共赢开放战略、共商共建共享的全球治理观、"构建人类命运共同体，实现共赢共享"①的中国方案，无一不昭示着中国追求与世界命运与共、和合共生的相处之道。总之，诚如党的二十大报告所提出的，中国式现代化是走和平发展道路的现代化，"高举和平、发展、合作、共赢旗帜，在坚定维护世界和平与发展中谋求自身发展，又以自身发展更好维护世界和平与发展"，"尊重世界文明多样性，以文明交流超越文明隔阂、文明互鉴超越文明冲突、文明共存超越文明优越，共同应对各种全球性挑战"②。

诚如习近平总书记所指出的，"中华优秀传统文化是中华文明的智慧结晶和精华所在，是中华民族的根和魂，是我们在世界文化激荡中站稳脚跟的根基"③。"中和"思想构成了中国式现代化的文化基因，蕴含着应对世界百年未有之大变局和解决当今人类面对的众多全球性挑战的重要启示。坚持以中国式现代化全面推进中华民族伟大复兴，就是要以"中和"思想为基，聚焦当今中国和世界面临的重大问题和

---

① 《习近平主席在出席世界经济论坛 2017 年年会和访问联合国日内瓦总部时的演讲》，人民出版社 2017 年版，第 22 页。

② 习近平：《高举中国特色社会主义伟大旗帜　为全面建设社会主义现代化国家而团结奋斗——在中国共产党第二十次全国代表大会上的报告》，人民出版社 2022 年版，第 63 页。

③ 习近平：《把中国文明历史研究引向深入　增强历史自觉坚定文化自信》，《求是》2022 年第 14 期。

挑战，推进世界多元文明交流互鉴，在全面建设社会主义现代化国家过程中推动中华文明实现创造性转化和创新性发展，不断提出体现中国立场、中国智慧和中国价值的现代化理念、主张、战略和方案，这就是中国式现代化的阳关大道。

中国式现代化的理论路径

"中和"思想回答了中国式现代化的文化基因问题，但这一文化基因如何转化为中国式现代化的理论和实践？对于这一重大理论和实践问题，习近平总书记在党的二十大报告中阐述了思考和研究的理论路径："中国共产党为什么能，中国特色社会主义为什么好，归根到底是马克思主义行，是中国化时代化的马克思主义行。"[①]中国式现代化理论的提出，是马克思主义中国化时代化的产物，是推动马克思主义基本原理同中国具体实际相结合、同中华优秀传统文化相结合的产物，本质上体现着中西知识体系碰撞的空间逻辑和古今知识体系叠加的时间逻辑。

（一）推动马克思主义基本原理同中国具体实际相结合的空间逻辑。实现现代化，是近代以来世界各国的共同目标。针对一些人主张推行西方现代化模式的看法，中国共产党给出了不同的答案，认为在

---

① 习近平：《高举中国特色社会主义伟大旗帜　为全面建设社会主义现代化国家而团结奋斗——在中国共产党第二十次全国代表大会上的报告》，人民出版社 2022 年版，第 16 页。

中国这样一个超大人口规模和经济、社会、科技、文化都比较落后的大国推进现代化建设，必须结合中国具体实际，走自己的路。1982年9月，在党的十二大开幕词中，邓小平同志在总结中国革命和建设经验的基础上提出，"我们的现代化建设，必须从中国的实际出发"，"把马克思主义的普遍真理同我国的具体实际结合起来，走自己的道路，建设有中国特色的社会主义，这就是我们总结长期历史经验得出的基本结论"。① 在邓小平同志看来，"中国式的现代化，必须从中国的特点出发"②，中国的特点就是"人口多""耕地少""在经济、科技方面'穷'和'弱'"，但是，中国"块头大，所以有点用处"③，"中国在国际上所处的战略地位不是无足轻重的"④。因此，1983年6月，邓小平同志在会见参加北京科学技术政策讨论会的外籍专家时表示，"我们搞的现代化，是中国式的现代化，我们建设的社会主义，是有中国特色的社会主义"⑤。

改革开放以来，尤其是党的十八大以来，围绕推进现代化建设问题，中国共产党坚持将马克思主义基本原理同中国具体实际相结合，不断回答前进道路上遇到的中国之问、世界之问、人民之问和时代之问，提出了"三步走"、"两个一百年"奋斗目标、高质量发展等一系列关于中国式现代化的新理念新思想新战略，在理论和实践上都实现了重大创新和突破，成功推进和拓展了中国式现代化，创立了人类

---

① 《邓小平文选》第3卷，人民出版社1993年版，第3页。
② 《邓小平文选》第2卷，人民出版社1994年版，第164页。
③ 《邓小平思想年编（1975—1997）》，中央文献出版社2011年版，第198页。
④ 《邓小平思想年编（1975—1997）》，中央文献出版社2011年版，第314页。
⑤ 欧阳雪梅：《推动"两个文明"协调发展（人民观察）》，《人民日报》2021年4月16日。

文明新形态,中国式现代化道路越走越宽。习近平总书记指出,"中国的问题必须从中国基本国情出发,由中国人自己来解答"①,"我国十四亿多人口整体迈进现代化社会,规模超过现有发达国家人口的总和,艰巨性和复杂性前所未有,发展途径和推进方式也必然具有自己的特点"②。在系统总结历史经验的基础上,党的二十大报告系统阐述了中国式现代化的基本内涵、本质要求和战略安排,这标志着中国式现代化理论的成熟,是马克思主义中国化的胜利。

(二)推动马克思主义基本原理同中华优秀传统文化相结合的时间逻辑。实现现代化,是实现中华民族伟大复兴的必由之路。20世纪以来,围绕着文化与现代化的问题,学界掀起了"全盘西化"与"儒学复兴"的激烈争论,针对一些人的历史虚无主义倾向,围绕如何唤醒中华优秀传统文化的基因,同时又激活其现代化的灵魂,以习近平同志为主要代表的中国共产党人提出了把马克思主义基本原理同中华优秀传统文化相结合的主张,推动马克思主义与中华优秀传统文化的对话融通。

党的十八大以来,以习近平同志为核心的党中央高度重视推动马克思主义基本原理与中华优秀传统文化的结合,大力推动中华优秀传统文化的创造性转化和创新性发展,让马克思主义在中国牢牢

---

① 习近平:《高举中国特色社会主义伟大旗帜 为全面建设社会主义现代化国家而团结奋斗——在中国共产党第二十次全国代表大会上的报告》,人民出版社2022年版,第19页。

② 习近平:《高举中国特色社会主义伟大旗帜 为全面建设社会主义现代化国家而团结奋斗——在中国共产党第二十次全国代表大会上的报告》,人民出版社2022年版,第22页。

扎根。习近平总书记非常重视优秀传统文化作为"根"和"魂"的意义，认为博大精深的中华优秀传统文化是"我们在世界文化激荡中站稳脚跟的根基"①。2014 年 9 月 24 日，习近平总书记在纪念孔子诞辰 2565 周年的国际学术研讨会上，更是强调"优秀传统文化是一个国家、一个民族传承和发展的根本，如果丢掉了，就割断了精神命脉"②。"要坚持古为今用、以古鉴今，坚持有鉴别的对待、有扬弃的继承，而不能搞厚古薄今、以古非今，努力实现传统文化的创造性转化、创新性发展，使之与现实文化相融相通，共同服务以文化人的时代任务。"③ 事实上，马克思主义的基本立场、观点和方法与中华优秀传统文化是内在契合的，尽管两者在理解世界的视角上各有侧重，但在追求"天下大同"和"人类解放"的理想目标方面"心有灵犀"。只有植根中华文明的历史文化沃土，马克思主义真理之树才能实现根深叶茂；只有坚持马克思主义普遍真理，中华优秀传统文化才能实现伟大复兴。

在反复总结历史经验的基础上，习近平总书记在庆祝中国共产党成立 100 周年大会上和党的十九届六中全会上明确提出了"把马克思主义基本原理同中国具体实际相结合、同中华优秀传统文化相结合"④ 的重要论断，这是一百多年来马克思主义在中国为什么行的

---

① 《习近平谈治国理政》第一卷，外文出版社 2018 年版，第 164 页。

② 习近平：《在纪念孔子诞辰 2565 周年国际学术研讨会暨国际儒学联合会第五届会员大会开幕会上的讲话》，人民出版社 2014 年版，第 11 页。

③ 习近平：《在纪念孔子诞辰 2565 周年国际学术研讨会暨国际儒学联合会第五届会员大会开幕会上的讲话》，人民出版社 2014 年版，第 11 页。

④ 习近平：《在庆祝中国共产党成立 100 周年大会上的讲话》，人民出版社 2021 年版，第 13 页。

根本原因，也是解答"中国共产党为什么能"和"中国特色社会主义为什么好"的重要密码。因此，党的二十大报告提出，"坚持古为今用、推陈出新，把马克思主义思想精髓同中华优秀传统文化精华贯通起来、同人民群众日用而不觉的共同价值观念融通起来，不断赋予科学理论鲜明的中国特色"①，彰显了以习近平同志为主要代表的中国共产党人坚定的历史自信和文化自信，开辟了中国式现代化理论创新的新境界，是马克思主义时代化的胜利。

中国式现代化的哲学基础

哲学是时代精神的精华，一个伟大的时代，必然呼唤伟大的时代精神，呼唤新的哲学。中国式现代化理论的提出，必然离不开其背后蕴含的作为伟大时代精神的新哲学。在马克思主义哲学、中国古典哲学以及世界多样文明背后众多哲学思潮的交流交融交锋下，中国式现代化逐步确立了独特的哲学世界观和方法论。党的二十大报告从哲学高度阐述了开辟马克思主义中国化时代化新境界，强调继续推进实践基础上的理论创新，"首先要把握好新时代中国特色社会主义思想的世界观和方法论，坚持好、运用好贯穿其中的立场观

---

① 习近平：《高举中国特色社会主义伟大旗帜　为全面建设社会主义现代化国家而团结奋斗——在中国共产党第二十次全国代表大会上的报告》，人民出版社 2022 年版，第 18 页。

点方法"①。党的二十大报告将这一新的哲学世界观和方法论概括为"六个坚持",为以中国式现代化全面推进中华民族伟大复兴提供了强大的思想武器。

坚持人民至上。物质与意识的关系问题,是一切哲学的基本问题,贯穿哲学发展史的全过程。对于这一问题的不同回答,决定着哲学本体论的基本性质和发展方向。人民群众是历史的创造者,中国式现代化的哲学本体论基础是坚持唯物史观、坚持人民至上的根本价值导向,形成了以人民为中心的发展思想,这是由马克思主义哲学的本质属性决定的。

坚持人民至上,是马克思主义唯物史观的根本属性,是推进中国式现代化的内在要求。坚持唯心史观的现代化理论,否认社会发展存在客观规律,认为社会意识决定社会存在,把推动现代化发展的动力归结为文艺复兴和启蒙运动引发的人们思想动机的变化,强调一切历史都是思想史,一切现代化都是观念的现代化,倾向于从神的意志、某种隐秘的理性等精神因素角度解释现代化进程。相反,唯物史观认为社会存在决定社会意识,认为一切重要历史事件的终极原因和动力是生产方式和交换方式的改变,人民群众是历史的真正主体,人民的创造性实践是理论创新的不竭源泉。中国式现代化的哲学基础就是坚持人民至上的价值导向,牢固树立以人民为中心的发展思想,把增进人民福祉、促进人的全面发展作为中国式现代化的出发点和落脚点。

---

① 习近平:《高举中国特色社会主义伟大旗帜　为全面建设社会主义现代化国家而团结奋斗——在中国共产党第二十次全国代表大会上的报告》,人民出版社 2022 年版,第 18—19 页。

习近平总书记在党的二十大报告中明确指出："我们要站稳人民立场、把握人民愿望、尊重人民创造、集中人民智慧，形成为人民所喜爱、所认同、所拥有的理论，使之成为指导人民认识世界和改造世界的强大思想武器。"①因此，理解中国式现代化的科学内涵，必须坚持以人民为中心的发展思想，全面推进以人民为中心的中国式现代化，这是马克思主义政治经济学的根本立场。

坚持自信自立。主体和客体的关系问题，也是一切哲学不容回避的基本问题，是哲学认识论的核心问题。对于这一问题的不同回答，决定着哲学认识论的基本性质和选择取向。实践是认识的源泉，一切认识归根到底都是从实践中获得的。中国式现代化的哲学认识论基础是坚持实践论和可知论，坚持自信自立的精神特质，形成了实践是检验真理唯一标准的思想，坚持认为"中国的问题必须从中国基本国情出发，由中国人自己来解答"②，这是对马克思主义坚定信仰、对中国特色社会主义的坚定信念的集中体现。

坚持自信自立，体现着唯物辩证法的基本精神，是推进中国式现代化的内在精神标识。近代西方哲学认识论主要是以理性为核心的主体与客体二元对立的"二分论"，要么强调从一般到个别的演绎法，要么重视从个别到一般的归纳法，都服务于追求现代化的最佳道路、

---

① 习近平：《高举中国特色社会主义伟大旗帜　为全面建设社会主义现代化国家而团结奋斗——在中国共产党第二十次全国代表大会上的报告》，人民出版社2022年版，第19页。

② 习近平：《高举中国特色社会主义伟大旗帜　为全面建设社会主义现代化国家而团结奋斗——在中国共产党第二十次全国代表大会上的报告》，人民出版社2022年版，第19页。

完美制度和所谓的普世价值观，这一切都深刻左右着其现代化的理论和实践。相比之下，中国式现代化的哲学认识论基础是强调主体的非决定性，认为主体与客体融合互通，坚持历史自信，增强历史主动，从而更加积极主动地探索中国式现代化道路。诚如马克思所说，"人们自己创造自己的历史，但是他们并不是随心所欲地创造，并不是在他们自己选定的条件下创造，而是在直接碰到的、既定的、从过去承继下来的条件下创造"①。因此，党的二十大报告提出，"我们要坚持对马克思主义的坚定信仰、对中国特色社会主义的坚定信念，坚定道路自信、理论自信、制度自信、文化自信，以更加积极的历史担当和创造精神为发展马克思主义作出新的贡献"②。总之，推进中国式现代化，在认识论上"既不能刻舟求剑、封闭僵化，也不能照抄照搬、食洋不化"③，而应该坚持自信自立，把推进现代化放在发展自己力量的基点上，真正把中国式现代化的命运牢牢掌握在自己手中。

坚持守正创新。继承和创新的关系问题，是发展哲学的核心问题。对于这一问题的不同回答，决定着中国式现代化之发展哲学的基本性质和选择取向。发展是一个哲学概念，发展根源于事物内部的矛盾，发展的本质是新事物的产生和旧事物的灭亡。中国式现代化的发展哲学是坚持在唯物辩证法指导下的守正创新，在坚持中国特色社会

---

① 《马克思恩格斯选集》第 1 卷，人民出版社 1995 年版，第 585 页。

② 习近平：《高举中国特色社会主义伟大旗帜　为全面建设社会主义现代化国家而团结奋斗——在中国共产党第二十次全国代表大会上的报告》，人民出版社 2022 年版，第 19 页。

③ 习近平：《高举中国特色社会主义伟大旗帜　为全面建设社会主义现代化国家而团结奋斗——在中国共产党第二十次全国代表大会上的报告》，人民出版社 2022 年版，第 19 页。

主义政治经济学基本观点的前提下，贯彻新发展理念，构建新发展格局，形成创新驱动发展的战略。一方面，中国式现代化坚持守正精神，"坚持马克思主义基本原理不动摇，坚持党的全面领导不动摇，坚持中国特色社会主义不动摇"①；另一方面，中国式现代化坚持创新精神，"以满腔热忱对待一切新生事物，不断拓展认识的广度和深度，敢于说前人没有说过的新话，敢于干前人没有干过的事情，以新的理论指导新的实践"②。这是坚持唯物辩证法的体现，也是对发展哲学的创新。

　　坚持守正创新，体现着马克思主义发展哲学的基本精神，塑造了中国式现代化的理论风格。反观历史，在现代化道路选择上没有所谓的标准答案，一个国家走什么样的现代化道路，往往取决于自己的国情特点和面临的时代形势。即便是近代以来实现现代化的欧美国家，其现代化道路也是既有共同特征，但在发展途径、推进方式等方面又各具特色。推进中国式现代化，必须坚持立足本国国情，保持战略定力、坚定历史自信，不能照搬照抄其他国家的现代化方案，不能盲目跟随其他国家现代化的节奏，而应该坚持稳中求进、循序渐进和持续推进。同时，推进中国式现代化，也必须紧跟时代步伐，顺应实践发展和潮流所向，"敢于说前人没有说过的新话，敢于干前人没有干过

----

① 习近平：《高举中国特色社会主义伟大旗帜　为全面建设社会主义现代化国家而团结奋斗——在中国共产党第二十次全国代表大会上的报告》，人民出版社 2022 年版，第 20 页。

② 习近平：《高举中国特色社会主义伟大旗帜　为全面建设社会主义现代化国家而团结奋斗——在中国共产党第二十次全国代表大会上的报告》，人民出版社 2022 年版，第 20 页。

的事情，以新的理论指导新的实践"①，做到积极创新和推陈出新。这是马克思主义发展哲学的内在要求，也是中国式现代化的动力所在。

坚持问题导向。理论和实践的关系问题，是实践哲学的核心问题。在《关于费尔巴哈的提纲》一文中，马克思指出，"哲学家们只是用不同的方式解释世界，而问题在于改变世界"②，这一判断解释了马克思主义哲学的实践性。如何处理理论与实践的关系，也是中国式现代化理论需要回答的重要问题。事实上，早在19世纪末20世纪初，西方哲学普遍发生了从传统理论哲学向实践哲学的转向，不再停留在对哲学家个人心智和行为的思索，而是聚焦社会实践中的行动，关注认识世界和改造世界的实践关系。在中国哲学中，从先秦哲学到孙中山先生的哲学，也十分重视知行合一和道德实践，但一直没有形成系统的实践观。毛泽东同志的《实践论》在坚持马克思主义实践哲学的基础上，系统总结了中国古代的知行观，确立比较系统的实践哲学观，为中国式现代化确立了实践哲学基础。

坚持问题导向，体现着马克思主义实践论的精神，是中国式现代化的源头活水。坚持问题导向，就是坚持社会实践是认识发展的来源和检验认识真理性的唯一标准，要坚持主观和客观、理论和实践具体的、历史的统一，积极倾听时代呼声，将回答并指导解决问题作为推进中国式现代化的根本工作方法。党的二十大报告指出："我们要增

① 习近平：《高举中国特色社会主义伟大旗帜 为全面建设社会主义现代化国家而团结奋斗——在中国共产党第二十次全国代表大会上的报告》，人民出版社2022年版，第20页。

② 《马克思恩格斯选集》第1卷，人民出版社1995年版，第61页。

强问题意识，聚焦实践遇到的新问题、改革发展稳定存在的深层次问题、人民群众急难愁盼问题、国际变局中的重大问题、党的建设面临的突出问题，不断提出真正解决问题的新理念新思路新办法。"①显然，只有在实践中不断回答和解决各方面的问题，中国式现代化才能走得通、走得远。

坚持系统观念。要素和整体之间的辩证关系，是马克思主义哲学关于思想方法的一个问题。一般来说，整体与要素存在严格的界限，彼此在地位和功能上各不相同。但是，整体和要素又是普遍联系的、全面系统的和发展变化的，两者在一定条件下能够相互转化，要坚持整体与要素的统一。中国式现代化是一个由一系列部分构成的大系统，只有用普遍联系的、全面系统的、发展变化的观点理解中国式现代化，才能真正把握中国式现代化的内在规律。尤其是20世纪40年代以来系统论的发展，为观察中国式现代化提供了成熟的方法论。

坚持系统观念，就是要牢固树立正确大局观的科学思想方法，坚持系统论的基本工作方法，正确处理中国式现代化要素与要素、要素与系统、系统与环境三方面的关系。所谓正确大局观，就是不仅要看到中国式现代化全局和全过程的诸多现象和具体细节，更要把握本质与全局，抓住主要矛盾和矛盾的主要方面，窥一斑而知全豹，谋全局以定一域，真正做到胸中有全局，手中有典型，避免迷失方向、舍本逐末。中国式现代化关涉治国理政的全局，所触及的利益关系盘根错

---

① 习近平：《高举中国特色社会主义伟大旗帜　为全面建设社会主义现代化国家而团结奋斗——在中国共产党第二十次全国代表大会上的报告》，人民出版社 2022 年版，第 20 页。

节，牵一发而动全身，需要通盘考虑，系统推进。党的二十大报告指出："我们要善于通过历史看现实、透过现象看本质，把握好全局和局部、当前和长远、宏观和微观、主要矛盾和次要矛盾、特殊和一般的关系，不断提高战略思维、历史思维、辩证思维、系统思维、创新思维、法治思维、底线思维能力，为前瞻性思考、全局性谋划、整体性推进党和国家各项事业提供科学思想方法。"[①]治大国如烹小鲜，面对中国式现代化正在经历的广泛而深刻的社会变革，必须学会登高望远，围绕中心，服务大局，扎实工作，一步步地统筹推进中国式现代化进程走深走实，努力实现更高质量、更有效率、更加公平、更可持续以及更为安全的发展。

坚持胸怀天下。内部与外部的关系，是一个世界哲学的问题。认识和处理自身与世界的关系，历来是一个国家安身立命的重要组成部分。究竟是主张孤立于世界之外的犬儒主义，还是主张世界一家的斯多葛主义，无论作出哪种选择都直接左右着国家的发展前景。中国的发展离不开世界，中国实行的是更加积极主动的开放战略，中国共产党是为人类谋进步、为世界谋大同的政党，中国式现代化的世界哲学是坚持胸怀天下的开放哲学。这一哲学的基本逻辑是将人类看作一个整体，超越了地域性的文化背景和文化传统，更关注人的类本质属性，着眼于从人类社会整体层面观察和分析问题。从顶层设计着眼，从基层创新努力，一步步推动构建人类命运共同体，这就是坚持胸怀

[①] 习近平：《高举中国特色社会主义伟大旗帜　为全面建设社会主义现代化国家而团结奋斗——在中国共产党第二十次全国代表大会上的报告》，人民出版社 2022 年版，第 21 页。

天下的大视野大境界,是中华优秀传统文化之天下情怀的创造性转化和创新性发展。

坚持胸怀天下,体现着马克思主义关于实现人类解放和中国古典文化关于"天下一家"的文化基因,是推进中国式现代化不可缺少的重要外部条件。近代以来,欧美国家的现代化往往伴随着战争、殖民、掠夺等充满血腥罪恶的行为。中国式现代化强调胸怀天下,"坚定站在历史正确的一边、站在人类文明进步的一边,高举和平、发展、合作、共赢旗帜,在坚定维护世界和平与发展中谋求自身发展,又以自身发展更好维护世界和平与发展"①。上述世界哲学决定了中国反对一切霸权主义和强权政治的霸凌行径,反对干涉别国内政,反对保护主义,反对"筑墙设垒""脱钩断链",反对单边制裁、极限施压,反对搞针对特定国家的阵营化和排他性小圈子,所有这些可能造成世界分裂和不稳定的行为都与胸怀天下的世界哲学相违背,与中国式现代化道路相违背,是不得人心的,也不会有前途。

结 论

党的二十大报告明确提出了中国式现代化理论,初步回答了新时代全面建设社会主义现代化国家新征程的国家方略问题。对于中国式

---

① 习近平:《高举中国特色社会主义伟大旗帜 为全面建设社会主义现代化国家而团结奋斗——在中国共产党第二十次全国代表大会上的报告》,人民出版社 2022 年版,第 23 页。

现代化，我们需要将其置于中华民族伟大复兴的战略全局与当今世界百年未有之大变局之中来认识。面对中外力量对比变化带来的严峻挑战，实现中华民族伟大复兴成为近代以来中华民族的伟大梦想。面对我国国情变化的小生态和世界世情变化的大生态，中国式现代化是建设社会主义现代化强国的必由之路，是中国从传统走向现代的时间逻辑与从本土走向世界的空间逻辑的统一，贯穿着中华民族发展史和世界近现代史相结合的大历史逻辑。

因此，只有坚持历史和现实、理论和实践、国际和国内相结合的办法，从整体到要素，再从要素到整体进行反复揣摩，才能全面理解中国式现代化的理论逻辑，达到不仅知其然而且知其所以然的境界。从这个意义上来说，中国式现代化的理论逻辑是一定历史—社会—文化条件下的中国传统文化基因在内外诸生态因素冲击下的现代化逻辑。中国式现代化的文化基因是在中华文明发展史上根深蒂固的"中和"思想。中国式现代化之所以在逻辑上成立，归根到底是因为其是马克思主义中国化时代化的产物，是推动马克思主义基本原理同中国具体实际相结合、同中华优秀传统文化相结合的产物，本质上体现着中西知识体系碰撞的空间逻辑和古今知识体系叠加的时间逻辑。因此，中国式现代化不仅受制于中国特定的国情，而且也在发展过程中沉淀成为独特的哲学世界观和方法论，即党的二十大报告提出的坚持人民至上、坚持自信自立、坚持守正创新、坚持问题导向、坚持系统观念、坚持胸怀天下。事实上，上述"六个坚持"是马克思主义哲学、中国古典哲学和世界多样文明背后众多哲学思潮的交流交融交锋的产物，是"中和"思想在当代条件下的创造性转化和创新性发展。这为中国式现代化开辟了广阔的发展空间，提供了强大的思想武器。

■ 参考文献

习近平：《高举中国特色社会主义伟大旗帜　为全面建设社会主义现代化国家而团结奋斗——在中国共产党第二十次全国代表大会上的报告》，人民出版社 2022 年版。

习近平：《在庆祝中国共产党成立 100 周年大会上的讲话》，人民出版社 2021 年版。

《习近平谈治国理政》第一卷，外文出版社 2018 年版。

《习近平谈治国理政》第四卷，外文出版社 2022 年版。

《习近平主席在出席世界经济论坛 2017 年年会和访问联合国日内瓦总部时的演讲》，人民出版社 2017 年版。

习近平：《在纪念孔子诞辰 2565 周年国际学术研讨会暨国际儒学联合会第五届会员大会开幕会上的讲话》，人民出版社 2014 年版。

《毛泽东选集》第 1 卷，人民出版社 1991 年版。

《毛泽东选集》第 3 卷，人民出版社 1991 年版。

《毛泽东文集》第 6 卷，人民出版社 1999 年版。

《毛泽东文集》第 7 卷，人民出版社 1999 年版。

《毛泽东文集》第 8 卷，人民出版社 1999 年版。

《邓小平文选》第 2 卷，人民出版社 1994 年版。

《邓小平文选》第 3 卷，人民出版社 1993 年版。

《江泽民文选》第 2 卷，人民出版社 2006 年版。

《周恩来选集》下卷，人民出版社 1984 年版。

《马克思恩格斯选集》第 1 卷，人民出版社 1995 年版。

王学俭主编：《十八大以来党的治国理政思想研究》，人民出版社 2017 年版。

何九盈、王宁、董琨主编：《辞源》（第三版），商务印书馆 2015 年版。

《邓小平思想年编（1975—1997)》，中央文献出版社 2011 年版。

邱守娟：《毛泽东的思想历程》，人民出版社 2003 年版。

朱熹：《四书章句集注·中庸章句》，中华书局 1983 年版。

夏延章：《大学中庸今译》，江西人民出版社 1983 年版。

习近平：《把中国文明历史研究引向深入　增强历史自觉坚定文化自信》，《求是》2022 年第 14 期。

仲音：《深化人文交流互鉴　共创人类美好未来（人民论坛）——推动文明交流互鉴④》，《人民日报》2022 年 9 月 26 日。

韩梁、郑汉根、王雅晨等：《胸怀天下谋大同——习近平主席倡导的全球治理观深刻启迪世界》，《人民日报》2022 年 6 月 21 日。

王立：《坚持和而不同促进社会和谐(学术圆桌)》，《人民日报》2022 年 6 月 20 日。

汪哲平：《深刻理解和把握中国人的宇宙观、天下观、社会观、道德观（学术圆桌)》，《人民日报》2022 年 6 月 20 日。

俞懿春：《文明交流互鉴　梦想同频共振》，《人民日报》2022 年 5 月 21 日。

中共中央党史和文献研究院：《全面建成小康社会大事记》，人民出版社 2021 年版。

《中国共产党一百年大事记（1921 年 7 月—2021 年 6 月）之三》，《人民日报》2021 年 6 月 30 日。

欧阳雪梅：《推动"两个文明"协调发展（人民观察）》，《人民日报》2021 年 4 月 16 日。

许兆昌：《深刻认识历史叙事的价值》，《人民日报》2018 年 10 月 15 日。

钱耕森：《"和"是天下之大道（大家手笔）》，《人民日报》2016 年 12 月 28 日。

郭震海：《别让速成毁了匠心（人民论坛)》，《人民日报》2016 年 9 月 9 日。

徐京跃、周英峰、崔静：《让光辉的旗帜高高飘扬——〈中国共产党章程（修正案)〉诞生记》，《人民日报》2012 年 11 月 22 日。

中国式现代化理论与
"三大规律"的深层契合

于化民 *

习近平总书记在党的二十大报告中系统阐释了中国式现代化的中国特色、本质要求和重大原则，回答了实现中国式现代化的一系列重大理论和实践问题。中国式现代化理论是习近平新时代中国特色社会主义思想的重要组成部分，这一理论建立在新中国成立特别是改革开放以来、党的十八大以来理论和实践创新突破的坚实基础之上，是中国共产党深刻洞察历史与现实、中国与世界的发展大势，持续推进马克思主义中国化时代化的最新重大成果，是对世界现代化理论和实践的重大发展和创新。"现代化"一词发端于工业革命，是个以时序为主线的概念，它的内涵是动态地发展着的，其基本指向和表征，是一个国家、一个民族走在人类社会发展的前列，对全世界的发展起带动和引领

扫码听全文

---

* 于化民，中国社会科学院近代史研究所研究员，青岛大学历史学院教授。

作用。在人类社会的现代化进程中，既有主要表现在科技进步、生产力提高、物质生活富裕等方面的共性，也有各自国家、民族在社会制度、精神文化等方面的特点。"中国式现代化，是中国共产党领导的社会主义现代化，既有各国现代化的共同特征，更有基于自己国情的中国特色。"①党的二十大报告的这一重要论断，深刻地揭示了中国式现代化的本质属性，是中国共产党带领中国人民从站起来、富起来到强起来的重要经验，是从对人类社会发展规律、社会主义建设规律、共产党执政规律深刻认识中得出的历史结论。"实践表明，中国式现代化既切合中国实际，体现了社会主义建设规律，也体现了人类社会发展规律。"②深入认识中国式现代化理论与马克思主义历史观的高度契合，认清贯穿中国式现代化理论与"三大规律"的历史脉络、历史逻辑和历史必然性，对准确把握中国式现代化理论的精髓要义，有着极其重要的意义。

中国式现代化理论拓展了人类社会发展规律新内涵

"人类的社会活动有没有规律性""人类社会未来会向何处去"这样的终极性问题，自古以来就令人们感到困惑而又着迷，吸引无数先

---

① 习近平：《高举中国特色社会主义伟大旗帜　为全面建设社会主义现代化国家而团结奋斗——在中国共产党第二十次全国代表大会上的报告》，人民出版社 2022 年版，第 22 页。

② 习近平：《论把握新发展阶段、贯彻新发展理念、构建新发展格局》，中央文献出版社 2021 年版，第 10 页。

哲为之不懈探究。马克思穷毕生精力辛勤研究人类社会的发展历史，清楚地揭示了人类社会发展的一般规律，成为人们认识和改造社会、推动社会进步的根本依据。"马克思主义是科学的理论，创造性地揭示了人类社会发展规律"，"为人类指明了从必然王国向自由王国飞跃的途径"。[①] 中国共产党在百年的革命、建设与奋斗中，始终坚信人类社会发展规律的科学性与真理性，不断深化对人类社会发展规律的认识，并与中国实际相结合，制定党的纲领、奋斗目标、基本路线和政策。我们党是世界上最大的马克思主义执政党，推动中国特色社会主义不断取得重大成就，这种理论和实践的双重探索越来越具有世界性的意义。"要应对好各种复杂局面，关键是要提高对规律的认识，善于运用规律来处理问题。"[②] 当人类再次处在历史十字路口，中国式现代化理论运用对人类社会发展规律的最新认知，明确回答了"世界怎么了，我们怎么办"的世纪之问。

人类社会发展规律依然决定当今世界发展方向。马克思主义历史观是由一系列基本原理和基本观点构成的，如社会存在决定社会意识、社会基本矛盾、人民群众创造历史的观点，社会形态理论，共产主义必然代替资本主义的观点等。马克思主义主张，决定社会发展规律的是人类社会的基本矛盾，即生产力和生产关系、经济基础和上层建筑的矛盾运动。先进的生产关系和上层建筑能够极大地促进生产力和经济基础的发展，落后的生产关系和上层建筑则会阻碍乃至禁锢生

---

① 习近平：《在纪念马克思诞辰 200 周年大会上的讲话》，人民出版社 2018 年版，第 7—8 页。

② 《习近平关于全面从严治党论述摘编》，中央文献出版社 2016 年版，第 67 页。

产力和经济基础的进步。后一种情况的出现，必然会引起社会的变革或革命。人类社会就是在这种循环往复的矛盾运动中发展的。同时，社会发展呈现出阶段性的特征，即一定的生产关系与生产力发展水平、一定的上层建筑与经济基础基本或大致适应的情况下，社会处于一种相对稳定的状态。社会形态就是这种特定的社会经济结构、政治结构、文化结构的统一体。由于发展是人类社会所固有的贯穿始终的本质属性，因此，社会形态总是由低级向高级呈阶梯式向上递进。人类社会形态由原始社会、奴隶社会、封建社会、资本主义社会，经社会主义社会的过渡而达到共产主义社会，乃是人类社会历史发展的必然趋势。

依据上述原理，马克思、恩格斯通过对资本主义生产方式的深入剖析，得出资本主义必然灭亡和社会主义必然胜利的结论。资本主义在历史上曾经具有一定的进步性，创造出巨大的社会生产力，还极大促进了各个国家和民族间的联系。然而，资本主义的发展又是与血腥、野蛮和罪恶相伴始终的。资本主义社会的内在矛盾，突出地表现为生产社会化与生产资料的私人占有之间的矛盾。这个矛盾的存在决定周期性经济危机难以避免，而作为资本主义掘墓人的无产阶级正在觉醒和壮大。当矛盾"达到了同它们的资本主义外壳不能相容的地步。这个外壳就要炸毁了。资本主义私有制的丧钟就要响了"[1]。资本主义社会必然要转变为社会主义社会，这是由资本主义社会基本矛盾所决定的客观规律。资产阶级的思想家拒绝承认这个结论，是因为他们把

---

① 《马克思恩格斯全集》第 44 卷，人民出版社 2001 年版，第 874 页。

资本主义看作是永恒不变的，是人类历史的终结。如果承认社会发展的规律性，也就意味着承认资本主义制度必然灭亡，这是他们无论如何都不能接受的。

马克思主义把社会主义看作一种自觉改造世界和社会的运动，为全世界无产阶级和劳动人民争取自身解放指明了方向。从成立之日起，中国共产党就把为共产主义、社会主义而奋斗确定为自己的纲领。虽然所处的时代条件和历史环境不同、具体目标和任务不同，但是几代中国共产党人始终没有动摇过对"两个必然"的坚定信念。毛泽东同志认为，人类社会是不断发展的，"社会主义制度终究要代替资本主义制度，这是一个不以人们自己的意志为转移的客观规律"①。20世纪80年代末苏东剧变的发生，使国际社会主义运动遭受严重挫折。在西方，鼓吹资本主义"终结"人类文明的论调甚嚣尘上，国内也出现了否定"两个必然"的主张。面对各种杂音，邓小平同志的话语掷地有声："我坚信，世界上赞成马克思主义的人会多起来的，因为马克思主义是科学。它运用历史唯物主义揭示了人类社会发展的规律。封建社会代替奴隶社会，资本主义代替封建主义，社会主义经历一个长过程发展后必然代替资本主义。这是社会历史发展不可逆转的总趋势，但道路是曲折的。""不要认为马克思主义就消失了，没用了，失败了。哪有这回事！"②江泽民同志断言："社会主义是人类历史上全新的社会制度，它必然代替资本主义，这是社会历史发展的总

---

① 《毛泽东文集》第7卷，人民出版社1999年版，第315页。
② 《邓小平文选》第3卷，人民出版社1993年版，第382—383页。

趋势。"① 坚信"两个必然",坚持社会主义方向,就是我们党在国际社会主义运动经历曲折时作出的坚定的历史选择。

当前,国际国内形势发生深刻复杂变化,人类社会面临前所未有的挑战。马克思所揭示的人类社会发展规律是不是过时了?马克思主义还行不行?习近平总书记坚持用马克思主义的立场观点方法思考人类社会的未来发展,代表当代中国共产党人给出坚毅笃定的回答:"中国共产党为什么能,中国特色社会主义为什么好,归根到底是因为马克思主义行!"② 从世界社会主义500年的大视野来看,我们依然处在马克思主义所指明的历史时代。马克思关于生产力决定生产关系、经济基础决定上层建筑的观点,依然是人类社会发展的根本规律。马克思主义提供了科学的基本的世界观和方法论。习近平总书记强调:"只有真正弄懂了马克思主义,才能在揭示共产党执政规律、社会主义建设规律、人类社会发展规律上不断有所发现、有所创造,才能更好识别各种唯心主义观点、更好抵御各种历史虚无主义谬论。"③"只有把生产力和生产关系的矛盾运动同经济基础和上层建筑的矛盾运动结合起来观察,把社会基本矛盾作为一个整体来观察,才能全面把握整个社会的基本面貌和发展方向"。④

世界再变,"两个必然"的历史趋势不会变。社会运动自有规律,

---

① 《江泽民文选》第1卷,人民出版社2006年版,第252页。

② 习近平:《在庆祝中国共产党成立100周年大会上的讲话》,人民出版社2021年版,第13页。

③ 习近平:《在哲学社会科学工作座谈会上的讲话》,人民出版社2016年版,第11页。

④ 习近平:《坚持历史唯物主义不断开辟当代中国马克思主义发展新境界》,《求是》2020年第2期。

历史没有终结，也不会因某些人的臆想而被终结。进入 21 世纪以来，西方资本主义经济日益虚拟化和金融化，资本主义基本矛盾不但没有消除，反而日趋激化，"劳资对立"依然严峻，两极分化愈发严重，各种社会矛盾和危机此起彼伏。与之形成鲜明对照的是，中国特色社会主义事业充满活力、蓬勃发展。"事实一再告诉我们，马克思、恩格斯关于资本主义社会基本矛盾的分析没有过时，关于资本主义必然消亡、社会主义必然胜利的历史唯物主义观点也没有过时。这是社会历史发展不可逆转的总趋势，但道路是曲折的。"①资本主义灭亡和社会主义胜利将是一个长期过程，中间也会有曲折，共产主义社会只能靠逐步达成一个又一个阶段性目标才能实现。因此，我们要把远大理想同建设中国式现代化统一起来，做好当下的事情，朝着远大目标稳步前行。

"同一性"、"多样性"与"中国式现代化"。马克思主义在强调人类社会发展一般规律的同时，还十分重视各个国家、各个民族发展的特殊性和多样性。特殊性和多样性非但没有否定一般规律的作用，且其本身就是人类社会发展规律的一部分。恰如列宁所言："一切民族都将走向社会主义，这是不可避免的，但是一切民族的走法却不会完全一样……每个民族都会有自己的特点。"②人类社会发展一般规律，呈现的是"历史合力"作用的结果。既然是"合力"，必然会有许许多多的"单个的意志"。正是无数"单个的意志"的存在，令不同国家和民族的文明形态和发展路径千差万别，各不相同。

---

① 习近平：《关于坚持和发展中国特色社会主义的几个问题》，《求是》2019 年第 7 期。
② 《列宁全集》第 28 卷，人民出版社 2017 年版，第 163 页。

社会形态演进的一般规律和总体趋势，并不排斥各个民族和国家发展中存在各自的特殊规律。人类社会发展的同一性表明就整体而言，社会形态只能是从低级到高级的依次演进，处在同一种社会形态中的国家或民族，经济基础和上层建筑具有相似性与同质性。多样性则是指不同的国家和民族并非只有一种发展模式，某些国家和民族可以实现社会形态的跨越，直接进入更高级的社会形态，落后的国家和民族在特殊历史条件下，完全可能赶上甚至超过先进的国家和民族。就是同属某一社会形态的不同国家和民族，也会长期保留自己的历史文化特点。列宁第一次提出并论证了社会主义可以首先在资本主义统治链条中最薄弱的环节取得胜利，毛泽东同志从中国国情出发找到农村包围城市的正确道路。俄国十月革命和中国新民主主义革命的胜利，都证明了社会规律的特殊性和多样性是客观存在的。只有在尊重一般规律的前提下，认真研究特殊性和多样性，根据特殊情况探索特殊规律，才能找到最适合本国和本民族的发展道路。

选择适合自己国情的社会制度和发展道路是一个马克思主义政党的历史责任。在领导俄国社会主义建设的过程中，列宁已经意识到在社会主义制度下，对抗消失了，矛盾还会存在，但他没能来得及对社会主义社会矛盾作更深入的分析。斯大林不承认社会主义制度下存在社会矛盾，但这种主观上的否定无法改变客观上的存在，反倒成为了促成苏联解体的根源之一。毛泽东同志纠正了斯大林的错误观点，提出社会基本矛盾的范畴，并将其提升到贯穿人类历史始终的高度。毛泽东同志明确指出，社会主义社会也充满了各种矛盾，而认为社会主义社会里已经没有任何矛盾的想法是"不符合客观实际的天真的想法"①。生产力和生产关系、经济基础和上层建筑的矛盾运动规律，在社会主义社会仍起着决定作用。具体到我国，社会主义制度确立以来，生产关系和生产力发展总的来说是相适应的，但是，社会主义的生产关系又很不完善，这些不完善的方面和生产力的发展又是相矛盾的。上层建筑和经济基础同样有既相矛盾又相适应的情况。社会主义社会正是在这种既相适应又相矛盾的辩证运动中不断开辟自己的前进道路。毛泽东同志还对社会发展同一性和特殊性的辩证关系作了精辟分析："如果以为有了差别性，就可以否认共同性，是错误的；如果以为有了共同性，就可以否定差别性，也是错误的。不可能设想，社会主义制度在各国的具体发展过程和表现形式，只能有一个千篇一律的格式。我国是一个东方国家，又是一个大国……在社会主义改造和社会主义建设的过程中也带有自己的许多特点，而且在将来建成社会主义社会以后还会继续存在自己的许多特点。"②这一思想成为我国独立自主探索发展道路的重要依据。我们党坚持从实际出发，与时俱进地解决发展中的问题和挑战，找到了中国特色社会主义这条建设现代化国家的正确道路。

2014年，习近平总书记指出："我国的实践向世界说明了一个道理：治理一个国家，推动一个国家实现现代化，并不只有西方制度模式这一条道，各国完全可以走出自己的道路来。可以说，我们用事实宣告了'历史终结论'的破产，宣告了各国最终都要以西方制

---

① 《毛泽东文集》第 7 卷，人民出版社 1999 年版，第 204 页。

② 《建国以来毛泽东文稿》第 6 册，中央文献出版社 1992 年版，第 143 页。

度模式为归宿的单线式历史观的破产。"① 在我国全面走上强国建设新征程之际，习近平总书记以宽广的国际视野和强烈的创新意识提出了中国式现代化理论。"中国式现代化"概念本身，反映了对人类社会发展规律的同一性和特殊性辩证关系的精准把握。所谓"现代化"，就是遵循人类社会的一般规律和发展趋势，把我国建设成为一个有着高度发达的文明形态、完善的国家治理体系和治理能力、领先的综合国力和国际影响力，能够为人类社会进步作出更大贡献的社会主义现代化强国，因而必定"有各国现代化的共同特征"。所谓"中国式"，就是要构建自己的现代化模式，走出自己的现代化之路，"中国式现代化，是中国共产党领导的社会主义现代化，既有各国现代化的共同特征，更有基于自己国情的中国特色"②。西方国家作为先发现代化国家，在现代化进程中走到了前面，但这绝不意味着现代化只有西方模式一种。人类社会是多向度发展而不是单线式前进的，世界上既不存在定于一尊的现代化模式，也不存在放之四海而皆准的现代化标准。

"历史条件的多样性，决定了各国选择发展道路的多样性。"③ 世界上没有完全相同的历史文化和社会制度，各个国家的发展道路也没有高低优劣之分，关键在于是否符合本国国情，能否获得自己人民的拥护，能否带来政治稳定、社会进步、民生改善，能否为人类进步事

---

① 《习近平关于社会主义政治建设论述摘编》，中央文献出版社 2017 年版，第 7 页。

② 习近平：《高举中国特色社会主义伟大旗帜　为全面建设社会主义现代化国家而团结奋斗——在中国共产党第二十次全国代表大会上的报告》，人民出版社 2022 年版，第 22 页。

③ 《习近平谈治国理政》第一卷，外文出版社 2018 年版，第 29 页。

业作贡献。习近平总书记形象地说道,"'鞋子合不合脚,自己穿了才知道'。一个国家的发展道路合不合适,只有这个国家的人民才最有发言权"①。"什么样的现代化最适合自己,本国人民最有发言权"②。放眼人类历史长河,先进国家未必一直先进,落后国家未必一直落后。先进国家或可因赶不上时代潮流而落后,落后国家也完全可能因道路正确而实现跨越式发展。"现代化"定义的解释权不是西方的专利,不应也不能被西方垄断和独享。"中国式现代化"是一个内涵丰富的完整概念,并非像近代史上"中体西用""西体中用"式的生硬拼合,而是具有其内在的统一的规定性。这种内在的统一性,决定了中国式现代化的本质。中国式现代化道路是中国人民独立自主地走出来的,拓展了发展中国家走向现代化的途径,展现出一种全新的人类文明形态。

中国式现代化为破解世界发展难题贡献新思路新方案。中国式现代化不只是中国的事,也是世界的事。世界好,中国才能好;中国好,世界才更好。中国共产党始终秉持胸怀天下的人类情怀。我国迈入社会主义社会之始,毛泽东同志就曾豪迈地预言:"中国将变为一个强大的社会主义工业国。中国应当这样……中国应当对于人类有较大的贡献。"③邓小平同志指出:"我们发展自己不仅是为了改善本国人民的生活,同时也是对整个国际和平的贡献,也就是中国对人类的

---

① 《习近平谈治国理政》第一卷,外文出版社 2018 年版,第 273 页。

② 习近平:《携手同行现代化之路——在中国共产党与世界高层对话会上的主旨讲话》,人民出版社 2023 年版,第 3 页。

③ 《毛泽东文集》第 7 卷,人民出版社 1999 年版,第 156—157 页。

贡献。"①经过几十年的艰苦奋斗，中国已经发展成为世界第二大经济体，综合国力大大增强，国际影响力显著提高，在国际上所承担的大国责任更加重大。习近平总书记向国际社会表明："我们所做的一切都是为人民谋幸福，为民族谋复兴，为世界谋大同。"②基于这种神圣的责任感，中国共产党人直面"建设一个什么样的世界、如何建设这个世界"的重大命题，就制约世界发展的难题给出中国的解决思路和方案，也大为拓展了对人类社会发展规律内涵的认知。

一是和平与发展才是人间正道。当今时代是一个希望与挑战并存的时代。一方面，和平与发展是人心所向、大势所趋，世界多极化、经济全球化、社会信息化、文化多样化还在发展；另一方面，国际社会正经历罕见的多重风险挑战，世界进入新的动荡变革期，不稳定性不确定性持续上升，人类社会又一次站在历史的十字路口。

追求和平、促进发展一直是人类社会的美好愿望。习近平主席深刻指出："历史给我们的一个重要启迪就是，和平发展是人间正道，一切通过武力侵略谋取强权和霸权的企图都是逆历史潮流的，都是要失败的。"③两次世界大战对人类文明的巨大破坏，给人们留下惨痛的历史记忆。霸权主义和强权政治是当代世界不稳定的根源。一些国家凭借自身经济和军事优势，强化同盟体系，强行输出自己的政治制度和价值观，企图建立由自己主宰的单极世界。然而，"要跟上时代前进步伐，就不能身体已进入21世纪，而脑袋还停留在过去，停留在

---

① 《邓小平思想年编（1975—1997）》，中央文献出版社2011年版，第640页。

② 《习近平会见联合国秘书长古特雷斯》，《人民日报》2018年4月9日。

③ 习近平：《论坚持推动构建人类命运共同体》，中央文献出版社2018年版，第239页。

殖民扩张的旧时代里，停留在冷战思维、零和博弈老框框内"①。"纵观世界历史，依靠武力对外侵略扩张最终都是要失败的。"②对整个世界而言，摆脱贫困、加快发展才是目前最紧迫的问题。科技进步和经济全球化并没有使世界各国普遍受益，反而是贫富悬殊，南北差距愈来愈大。全球最富有的1%人口拥有的财富超过99%人口财富的总和，有7亿多人口仍处在极端贫困状态。要摆脱贫困，就要发展。要发展，就必须远离战争，创造一个和平的国际环境。和平与战争相生相克，和平与发展相辅相成。和平、发展、合作、共赢是当今世界的潮流。弱肉强食的丛林法则绝非人类共存之道，穷兵黩武更无法带来美好世界。"吹灭别人的灯，并不会让自己更加光明；阻挡别人的路，也不会让自己行得更远。"③在国与国相互联系与依存日益加深的今天，各国相互协作、优势互补是生产力发展的客观要求，也代表着生产关系演变的前进方向。"无论前途是晴是雨，携手合作、互利共赢是唯一正确选择。这既是经济规律使然，也符合人类社会发展的历史逻辑。"④

"中国式现代化是走和平发展道路的现代化。""我国不走一些国家通过战争、殖民、掠夺等方式实现现代化的老路，那种损人利己、

---

① 《习近平谈治国理政》第一卷，外文出版社2018年版，第273页。

② 《习近平谈治国理政》第一卷，外文出版社2018年版，第248页。

③ 习近平：《携手同行现代化之路——在中国共产党与世界高层对话会上的主旨讲话》，人民出版社2023年版，第4页。

④ 习近平：《登高望远，牢牢把握世界经济正确方向——在二十国集团领导人峰会第一阶段会议上的发言》，《人民日报》2018年12月1日。

充满血腥罪恶的老路给广大发展中国家人民带来深重苦难。"①这是中国人民对实现自身发展目标的自信和自觉。作为一个负责任大国，中国将继续奉行和平外交政策，坚定维护以联合国为核心的国际体系、以国际法为基础的国际秩序，站在历史正确一边，做世界和平的建设者、全球发展的贡献者、国际秩序的维护者，为国际和平安全和全球发展繁荣作出应有贡献。

二是推动构建人类命运共同体。党的十八大报告首次提出"倡导人类命运共同体意识"。习近平总书记这样阐释这一理念的基本涵义："人类命运共同体，顾名思义，就是每个民族、每个国家的前途命运都紧紧联系在一起，应该风雨同舟，荣辱与共，努力把我们生于斯、长于斯的这个星球建成一个和睦的大家庭，把世界各国人民对美好生活的向往变成现实。"②环顾当今世界，除了帝国主义、殖民主义遗留的问题继续作祟，在非传统安全领域，人类社会还面临着诸如恐怖主义、难民危机、重大传染性疾病、气候变化等新的挑战，全球治理赤字、信任赤字、发展赤字、和平赤字亟待破解，发展鸿沟有待弥合。这些问题具有明显的世界性，严重威胁人类社会的共同利益，需要全人类共同面对和解决。

构建人类命运共同体，是具有前瞻性的社会发展理论。在价值观方面，就是要超越国家、民族、文化、意识形态界限，坚守"和平、

---

① 习近平：《高举中国特色社会主义伟大旗帜　为全面建设社会主义现代化国家而团结奋斗——在中国共产党第二十次全国代表大会上的报告》，人民出版社 2022 年版，第 23 页。

② 《习近平谈治国理政》第三卷，外文出版社 2020 年版，第 433 页。

发展、公平、正义、民主、自由"的全人类共同价值。任何违背全人类共同价值观的倒行逆施，都应受到道义良知的拷问谴责，遭到各国人民的共同反对和抵制。在全球治理方面，就是要践行共商、共建、共享的全球治理观，推进国际政治民主化，国际上的事应由大家商量着办，不能由一国或少数几个国家说了算，要通过对话协商以和平方式解决分歧和争端。"如果奉行你输我赢、赢者通吃的老一套逻辑，如果采取尔虞我诈、以邻为壑的老一套办法，结果必然是封上了别人的门，也堵上了自己的路，侵蚀的是自己发展的根基，损害的是全人类的未来。"①在经济全球化方面，就是要坚持开放、包容、普惠、平衡、共赢的发展方向，让发展成果惠及各国人民。"开放是国家进步的前提，封闭必然导致落后。当今世界，经济全球化潮流不可逆转，任何国家都无法关起门来搞建设，中国也早已同世界经济和国际体系深度融合。"②世界不可能退回彼此封闭孤立的状态，更不可能被人为割裂。在国与国关系方面，就是要始终秉承正确义利观。国家不分大小、强弱、贫富，主权和尊严必须得到尊重，内政不容干涉，都有权自主选择社会制度和发展道路。任何搞霸权、霸道、霸凌的行径都是行不通的。在全球安全方面，就是要树立共同、综合、合作、可持续的新安全观，统筹应对传统安全和非传统安全威胁，加强国际合作，共同打击一切形式的恐怖主义。

人类命运共同体理念体现了对世界发展前景的科学预见，描绘了

① 《习近平谈治国理政》第三卷，外文出版社 2020 年版，第 434 页。
② 《习近平在亚太经合组织第二十七次领导人非正式会议上的讲话》，人民出版社 2020 年版，第 5 页。

人类社会共同发展、持续繁荣、长治久安的图景。这一杰出构思鲜明体现了当代中国共产党人以崭新的全球观和宽广视野把握人类社会发展规律，将中国自身发展与世界发展相统一的世界胸怀和大国担当。

三是主张人类文明多元共存。在人类历史的漫长进程中，各民族创造了具有自身特点和标识的文明，共同构成了人类文明绚烂多彩的百花园。党的二十大报告真诚呼吁："世界各国弘扬和平、发展、公平、正义、民主、自由的全人类共同价值，促进各国人民相知相亲，尊重世界文明多样性，以文明交流超越文明隔阂、文明互鉴超越文明冲突、文明共存超越文明优越，共同应对各种全球性挑战。"[①]这为遵循人类文明发展规律，正确处理不同文明之间的关系指明了方向。

各国历史文化和社会制度的差别，决定了文明的多样性。"和而不同是一切事物发生发展的规律。"[②]多元共存是人类文明发展的本质属性，是人类社会发展规律同一性和特殊性的体现。不同民族、不同地域的文明，在演进中形成自己的特点，是历史的、客观的存在。"没有多样性，就没有人类文明。多样性是客观现实，将长期存在。"[③]不同文明间的交流融合，取长补短，必定会形成"你中有我、我中有你"的格局。承认共同性，才会理解不同文明交流的必要性，形成主动促进文明交融的历史自觉。否定多样性和差异性，则会导向对一个民族、一个国家全部历

---

① 习近平：《高举中国特色社会主义伟大旗帜　为全面建设社会主义现代化国家而团结奋斗——在中国共产党第二十次全国代表大会上的报告》，人民出版社 2022 年版，第 63 页。

② 习近平：《在纪念孔子诞辰 2565 周年国际学术研讨会暨国际儒学联合会第五届会员大会开幕会上的讲话》，人民出版社 2014 年版，第 8 页。

③ 习近平：《论把握新发展阶段、贯彻新发展理念、构建新发展格局》，中央文献出版社 2021 年版，第 491 页。

史的否定，是十分有害、危险的。文明是平等的，平等尊重是人类文明发展的前提条件。每种文明都有其深厚根基和独特魅力，都是人类的精神瑰宝。文明差异不应该成为世界冲突的根源。近代以来，西方经济发达、技术先进，于是产生了文化上的优越感，歧视、排斥非西方文明，刻意制造不同文明之间的信任危机和文化樊篱。"差异并不可怕，可怕的是傲慢、偏见、仇视，可怕的是想把人类文明分为三六九等，可怕的是把自己的历史文化和社会制度强加给他人。"① 开放包容才是人类文明发展的动力。"任何一种文明，不管它产生于哪个国家、哪个民族的社会土壤之中，都是流动的、开放的。这是文明传播和发展的一条重要规律。"② 没有哪个国家、哪种文明能在封闭和排他的环境里发展，反而只会因得不到新的养分而窒息消亡。

共享共赢是人类文明演进的大趋势。寸有所长，尺有所短。不同文明应该和谐共生、互相促进、相得益彰，而不应相互排斥。毛泽东同志说过："我们的方针是，一切民族、一切国家的长处都要学，政治、经济、科学、技术、文学、艺术的一切真正好的东西都要学。"③ 善于学习的民族才有未来。国与国之间、文明与文明之间，都应该平等交流，相互借鉴，推动人类文明实现创造性发展。

四是走造福人类的绿色发展之路。大自然是人类赖以生存和发展

---

① 习近平：《让多边主义的火炬照亮人类前行之路——在世界经济论坛"达沃斯议程"对话会上的特别致辞》，人民出版社 2021 年版，第 3 页。

② 习近平：《在纪念孔子诞辰 2565 周年国际学术研讨会暨国际儒学联合会第五届会员大会开幕会上的讲话》，人民出版社 2014 年版，第 10 页。

③ 《毛泽东文集》第 7 卷，人民出版社 1999 年版，第 41 页。

的物质基础。"人创造环境，同样，环境也创造人。"①伴随社会生产力水平提高和生产规模扩大，人从最初依赖自然演变为对自然的过度索取乃至破坏。工业化既创造了巨大财富，也带来了资源枯竭、环境恶化、生态危机等严重问题。今天，人与自然的矛盾非但没有缓解，反而进一步加剧，生态问题日益突出。党的十八大以来，以习近平同志为核心的党中央从中华民族永续发展的高度出发，深刻把握生态文明建设在新时代中国特色社会主义事业中的重要地位和战略意义，大力推动生态文明理论创新、实践创新、制度创新，创造性提出一系列富有中国特色、体现时代精神、引领人类文明发展进步的新理念新思想新战略，形成了习近平生态文明思想。习近平生态文明思想围绕人与自然和谐共生这一主题，深刻阐释了人与自然和谐共生的内在规律和本质要求，深刻揭示并系统回答了为什么建设生态文明、建设什么样的生态文明、怎样建设生态文明等重大理论和实践问题，为中华民族伟大复兴和永续发展提供了强大思想武器，为人类社会可持续发展提供了科学思想指引。

人与自然是不可分割的生命共同体，地球是全人类赖以生存的唯一家园。要想实现更好的发展，人类必须重新审视人与自然的关系，从根本上转变发展观念，寻求新的发展模式。人类生存发展所需要的物质资料取之于自然，能够在一定范围内为了自身发展改造自然，但索取也不可逾越自然界的承载能力。一旦人与自然的和谐关系遭到破坏，社会发展就会出现灾难性的后果。"纵观人类文明发展史，生态兴

①《马克思恩格斯文集》第1卷，人民出版社2009年版，第545页。

则文明兴，生态衰则文明衰。"① 这是自然规律，也是人类社会发展的规律。无视这一点，人类就将受到大自然的惩罚。出于对全球环境恶化严峻现实的关切，中国以习近平生态文明思想为指引，把环境保护置于优先地位，在保护的过程中实现发展，在发展中坚持保护。"牢固树立保护生态环境就是保护生产力、改善生态环境就是发展生产力的理念。"② 在生态恶化面前，没有哪个国家、哪些人能置身事外。建设一个美丽清洁的世界，关系全人类的未来，是世界各国的共同责任。

社会发展是一个人类与自然协调发展的过程。人类在追求自己发展的同时，必须尊重自然与社会的客观规律，统筹人与自然和谐共生，促进可持续发展。这种发展方式就是绿色发展方式。"推动形成绿色发展方式和生活方式，是发展观的一场深刻革命。"③ 生态环境问题，归根结底是发展方式和生活方式问题。要从根本上解决生态环境问题，就要对生态、资源、经济等要素统筹考虑，让资源节约、环境友好成为主流的生产生活方式，把生态文明建设融入经济社会发展各方面和全过程，建构包含自然要素在内的新的人类文明形态。"绿水青山就是金山银山"，改善生态环境就是发展生产力。绿色发展在中国式现代化实践中已经取得许多经验，为破解经济发展与环境保护矛盾的全球性难题提供了现实可行的路径，为实现人类文明永续发展提供了科学选择。

---

① 《习近平谈治国理政》第三卷，外文出版社 2020 年版，第 374 页。
② 《习近平谈治国理政》第一卷，外文出版社 2018 年版，第 209 页。
③ 《习近平谈治国理政》第二卷，外文出版社 2017 年版，第 395 页。

中国式现代化理论反映了社会主义建设规律新特点

马克思、恩格斯从他们所处的时代条件出发，预见性地描绘了"新社会的轮廓"。列宁对如何建设社会主义问题进行了探索，把组织经济建设提到首位，强调"无产阶级取得国家政权以后，它的最主要最根本的需要就是增加产品数量，大大提高社会生产力"①。据此制定了利用市场机制、以粮食税为中心内容的新经济政策。斯大林时代，苏联形成以高度集中的计划经济体制为突出特征的经济运行方式，对加快社会主义工业化产生了极大效能。作为历史上第一个社会主义国家，苏联模式既有成功的经验，也有深刻的教训。新中国选择走社会主义道路是历史的必然。在新民主主义革命阶段，毛泽东同志就反复重申，中国革命的前途必然是进入社会主义社会。"工人阶级和全体人民的最后解放，只能在社会主义实现的时代。"②新中国成立与社会主义基本制度的确立，为社会主义现代化建设奠定了根本政治前提和制度基础。经过坚持不懈的艰辛探索，我们党对"什么是社会主义、怎样建设社会主义"这一根本问题有了清晰的认识，找到了建设中国特色社会主义的道路，经过对中国特色社会主义几十年的理论和实践探索，"我们对社会主义的认识，对中国特色社会主义规律的把握，

---

① 《列宁全集》第 42 卷，人民出版社 2017 年版，第 380 页。
② 《毛泽东选集》第 2 卷，人民出版社 1991 年版，第 727 页。

已经达到了一个前所未有的新的高度"①。

　　坚持中国式现代化的社会主义方向。新中国成立前夕毛泽东同志提出:"在革命胜利以后,迅速地恢复和发展生产,对付国外的帝国主义,使中国稳步地由农业国转变为工业国,把中国建设成一个伟大的社会主义国家。"②我国转入大规模经济建设后,毛泽东同志指出:"社会主义是中国的唯一的出路。"③如何建设社会主义,对于我们党来说完全是一个新事物。作为一个处在西方全面封锁下的新生社会主义国家,我国只能学习苏联的建设经验,其间甚至出现过对苏联经验不加鉴别、照抄照搬的倾向。苏联模式随时间的推移,在经济、政治、外交和领导体制上的种种缺陷逐渐显现。毛泽东同志及时发现了问题,在《论十大关系》中强调指出,学习马克思主义的理论,主要是学习基本原理,并且学习一定要同中国的实际相结合,如果每句话都要照搬那就不得了。毛泽东同志认为,苏联有许多东西可以学。好的经验应当接受,坏的应当拒绝。"最近苏联方面暴露了他们在建设社会主义过程中的一些缺点和错误,他们走过的弯路,你还想走?"④我们党最重要的历史经验之一是"独立自主,调查研究,摸清本国国情"。为此,毛泽东同志提倡进行马克思主义与中国实际的"第二次结合","应当更加强调从中国的国情出发,强调开动脑筋,强调创造性,在结合上下功夫,努力找出在中国这块大地上建设社会主义的具

---

① 《习近平关于协调推进"四个全面"战略布局论述摘编》,中央文献出版社 2015 年版,第 4 页。
② 《毛泽东选集》第 4 卷,人民出版社 1991 年版,第 1437 页。
③ 《毛泽东文集》第 7 卷,人民出版社 1999 年版,第 267 页。
④ 《毛泽东文集》第 7 卷,人民出版社 1999 年版,第 23 页。

体道路"①。毛泽东同志谆谆告诫全党，我们对于社会主义时期的革命和建设，还有一个很大的盲目性，还有一个很大的未被认识的必然王国，我们还不深刻地认识它，要花时间"去调查它，去研究它，从其中找出它的固有的规律，以便利用这些规律为社会主义的革命和建设服务"②。

邓小平同志把马克思列宁主义基本原理同中国实际相结合，提出一系列观点和理论，特别是建设有中国特色社会主义的基本理论，是毛泽东思想在新的历史条件下的继承和发展。改革开放后，邓小平同志明确宣示："我们的现代化建设，必须从中国的实际出发……把马克思主义的普遍真理同我国的具体实际结合起来，走自己的道路，建设有中国特色的社会主义，这就是我们总结长期历史经验得出的基本结论。"③当我国向世界打开大门，一度在旧中国流行的"全盘西化论"再度泛起。邓小平同志一语道破其实质，"主张全盘西化，要把西方资本主义制度全盘搬到中国来"④，"是要改变我们社会的性质"⑤，并表达了对社会主义的高度信心，"只有社会主义才能救中国，只有社会主义才能发展中国"⑥，"我们搞四个现代化，是搞社会主义的四个现代化，不是搞别的现代化"⑦。在邓小平同志看来，中国搞现代化，只

---

① 吴冷西：《十年论战：1956—1966 中苏关系回忆录》上册，中央文献出版社 1999 年版，第 24 页。
② 《毛泽东文集》第 8 卷，人民出版社 1999 年版，第 198 页。
③ 《邓小平文选》第 3 卷，人民出版社 1993 年版，第 2—3 页。
④ 《邓小平文选》第 3 卷，人民出版社 1993 年版，第 198 页。
⑤ 《邓小平文选》第 3 卷，人民出版社 1993 年版，第 229 页。
⑥ 《邓小平文选》第 3 卷，人民出版社 1993 年版，第 311 页。
⑦ 《邓小平文选》第 3 卷，人民出版社 1993 年版，第 110 页。

能靠社会主义，不能靠资本主义。一旦中国全盘西化，搞资本主义，四个现代化肯定实现不了。在坚持社会主义基本制度上不能有丝毫动摇。只有社会主义，才能有凝聚力，才能解决大家的困难，才能避免两极分化，逐步实现共同富裕。过去那些行之有效的东西，特别是社会主义的根本制度，社会主义公有制，必须坚持，不能动摇。

坚定不移走社会主义道路，是中国特色社会主义事业的根本原则和思想灵魂。邓小平同志创立中国特色社会主义理论，系统回答了什么是社会主义、怎样建设社会主义这个根本问题。党的十九大报告指出："中国特色社会主义是改革开放以来党的全部理论和实践的主题，是党和人民历尽千辛万苦、付出巨大代价取得的根本成就。中国特色社会主义道路是实现社会主义现代化、创造人民美好生活的必由之路。"[1]中国式现代化是社会主义的现代化，这是由中国式现代化的本质要求所决定的。因此，建设中国式现代化，既不能走封闭僵化的老路，也不能走改旗易帜的邪路。过去不能搞全盘苏化，现在也不能全盘西化或者其他什么化。"我们就是把马克思主义中国化，就是搞中国特色社会主义。"[2]

在准确判断历史方位基础上制定现代化发展战略。准确把握历史方位，分步骤地制定和实施发展战略，是我们党从社会主义现代化建设中得出的规律性认识。正确认识党和人民事业所处的历史方位和发展阶段，是我们党明确阶段性中心任务、制定路线方针政策的根本依

---

[1] 习近平：《决胜全面建成小康社会　夺取新时代中国特色社会主义伟大胜利——在中国共产党第十九次全国代表大会上的报告》，人民出版社 2017 年版，第 16 页。

[2] 《习近平关于总体国家安全观论述摘编》，中央文献出版社 2018 年版，第 21 页。

据，也是我们党领导革命、建设、改革不断取得胜利的重要经验。"如果人们不去注意事物发展过程中的阶段性，人们就不能适当地处理事物的矛盾。"①新中国成立后，从社会形态和发展阶段上看，我国逐步实现了由新民主主义到社会主义的过渡，建立起较为先进的生产关系和上层建筑，但生产力落后、经济基础薄弱情况仍然存在。毛泽东同志将中国的特点概括为"一穷二白"。"'穷'，就是没有多少工业，农业也不发达。'白'，就是一张白纸，文化水平、科学水平都不高"②。因此，新中国从政治上、人口上说是个"大国"，但从经济上说还是个"小国"。

社会主义改造完成后，国内主要矛盾转变为人民对于经济文化迅速发展的需要同当前经济文化不能满足人民需要的状况之间的矛盾。在党的八大对国内主要矛盾作出准确判断的基础上，毛泽东同志提出，"应该有一个远大的规划，要在几十年内，努力改变我国在经济上和科学文化上的落后状况，迅速达到世界上的先进水平"③。20世纪60年代初，党中央提出实现工业、农业、国防和科学文化四个现代化的口号。1964年底，周恩来同志在政府工作报告中明确提出了建设现代农业、现代工业、现代国防和现代科学技术的社会主义强国的宏伟目标。实现这个目标要分两步走：第一步，建立一个独立的比较完整的工业体系和国民经济体系；第二步，全面实现农业、工业、国防和科学技术的现代化。经过一个阶段的摸索，毛泽东同志对社会主

---

① 《毛泽东选集》第1卷，人民出版社1991年版，第314页。
② 《毛泽东文集》第7卷，人民出版社1999年版，第44页。
③ 《毛泽东文集》第7卷，人民出版社1999年版，第2页。

义社会及其建设规律有了更进一步的认识，作出社会主义分为两个阶段的重要判断。"社会主义这个阶段，又可能分为两个阶段，第一个阶段是不发达的社会主义，第二个阶段是比较发达的社会主义。"① 显然，中国还处在不发达的社会主义阶段。毛泽东同志当时认为，要把中国建设成为一个强大的高度社会主义工业化的国家，大概需要几十年到一百年的时间。

邓小平同志回顾总结全面建设社会主义时期的教训，认为建设现代化不能离开现实和超越阶段，采取一些"左"的办法，这样是搞不成社会主义现代化的。他指出要使中国实现四个现代化，至少有两个重要特点是必须看到的：第一个是底子薄。解放以来工农业虽有很大发展，但是由于底子太薄，当时的中国仍然是世界上很贫穷的国家之一。当时中国的科学技术力量很不足，科学技术水平从总体上看要比世界先进国家落后二三十年。第二个是人口多，耕地少。当时全国人口有九亿多，其中百分之八十是农民。在生产还不够发展的条件下，吃饭、教育和就业就都成为严重的问题。中国式的现代化，必须从中国的特点出发。② 由此，邓小平同志提出，"走出一条中国式的现代化道路"。党的十三大召开前，邓小平同志明确指出，"社会主义本身是共产主义的初级阶段，而我们中国又处在社会主义的初级阶段，就是不发达的阶段。一切都要从这个实际出发，根据这个实际来制订规划"③。初级阶段的社会主义，还是不发达、不完善、不成熟的社会

---

① 《毛泽东文集》第 8 卷，人民出版社 1999 年版，第 116 页。
② 《邓小平文选》第 2 卷，人民出版社 1994 年版，第 164 页。
③ 《邓小平文选》第 3 卷，人民出版社 1993 年版，第 252 页。

主义，优越性还不明显。总之，"我们的生产力发展水平很低，远远不能满足人民和国家的需要，这就是我们目前时期的主要矛盾，解决这个主要矛盾就是我们的中心任务"①。根据这一历史定位，我们党制定了"一个中心、两个基本点"的社会主义初级阶段基本路线，规划了"三步走"的发展蓝图：第一步，从 1980 年到 1990 年国民生产总值翻一番，实现温饱；第二步，从 1991 年到 20 世纪末再翻一番，达到小康；第三步，到 21 世纪中叶再翻两番，达到中等发达国家水平。立足于我国将长期处于社会主义初级阶段的现实，党的十五大提出新"三步走"发展战略和"两个一百年"奋斗目标。党的十六大提出了全面建设小康社会的奋斗目标。以江泽民同志、胡锦涛同志为主要代表的中国共产党人，抓住经济建设这个中心，确立社会主义市场经济体制，坚持改革、发展、稳定三者的统一，推进物质文明、政治文明和精神文明协调发展，社会主义现代化建设迈上新台阶。

总体实现小康后，我国社会主要矛盾再度发生转化，变为人民日益增长的美好生活需要和不平衡不充分的发展之间的矛盾，这是一个关系全局的历史性变化。"我国社会主要矛盾的变化，没有改变我们对我国社会主义所处历史阶段的判断，我国仍处于并将长期处于社会主义初级阶段的基本国情没有变，我国是世界最大发展中国家的国际地位没有变。"②社会主义初级阶段仍是当代中国的最大国情、最大实际，党在社会主义初级阶段的基本路线仍然是党和国家的生命线。在

---

① 《邓小平文选》第 2 卷，人民出版社 1994 年版，第 182 页。

② 习近平：《决胜全面建成小康社会　夺取新时代中国特色社会主义伟大胜利——在中国共产党第十九次全国代表大会上的报告》，人民出版社 2017 年版，第 12 页。

"三步走"前两个战略目标提前实现的基础上，以习近平同志为核心的党中央站在更高的历史起点上，对推进社会主义现代化建设作出新的擘画，提出从 2020 年到本世纪中叶，分两步走全面建成社会主义现代化强国。第一步，从 2020 年到 2035 年，基本实现社会主义现代化；第二步，从 2035 年到本世纪中叶，把我国建成富强民主文明和谐美丽的社会主义现代化强国。

回望改革开放的历程，我们党对国家处在社会主义初级阶段的定位是完全准确的，制定的发展战略是符合国情且切实可行的，我国因此实现了经济社会的快速发展，在许多方面已经走在世界的前列。这些成就的取得，离不开党对社会主义建设规律的精准把握。我们完全有理由相信，经过全党全国人民的努力奋斗，第二个百年奋斗目标也一定能如期达成。

中国式现代化是全体人民共同富裕的现代化。实现共同富裕是全体人民的夙愿，也是中国共产党人的重要使命。新中国成立时，农民占了人口的绝大多数，如何解决农民的贫困问题？党中央提出对农业进行社会主义改造，走合作化之路，"使全体农村人民共同富裕起来"①。随后进行的手工业和资本主义工商业改造，同样是为经济发展创造条件。毛泽东同志提出，"我们的目标是要使我国比现在大为发展，大为富、大为强"，"这个富，是共同的富，这个强，是共同的强，大家都有份"。经过党和人民共同努力，"这种共同富裕，是有把握的，不是什么今天不晓得明天的事"。② 毛泽东同志特别指出："过

---

① 《毛泽东文集》第 6 卷，人民出版社 1999 年版，第 437 页。
② 《毛泽东文集》第 6 卷，人民出版社 1999 年版，第 495—496 页。

去我们在建设方面用的心太少了，主要是搞革命去了。现在革命比较松了一口气，就要来搞建设，搞技术革命。"①毛泽东同志主张不走各国技术发展的老路，不跟在别人后面爬行。必须打破常规，尽量采用先进技术，在一个不太长的时期内，建设一个社会主义现代化的强国。坚持实行按劳分配的社会主义原则，既反对绝对平均主义，也反对收入过分悬殊。

把共同富裕提到社会主义本质的高度来认识，是邓小平理论的一大特色。邓小平同志深刻指出，贫穷不是社会主义，"社会主义阶段的最根本任务就是发展生产力"②，"讲社会主义，首先就要使生产力发展，这是主要的。只有这样，才能表明社会主义的优越性"③。只有在发展生产力的基础上，才能逐步增加人民的收入。我们搞现代化建设，根本目的是让全体人民生活富裕。邓小平同志强调，社会主义原则，第一是发展生产，第二是共同致富。"一个公有制占主体，一个共同富裕，这是我们所必须坚持的社会主义的根本原则。"④"社会主义不是少数人富起来、大多数人穷，不是那个样子。社会主义最大的优越性就是共同富裕，这是体现社会主义本质的一个东西。"⑤邓小平同志对社会主义本质的精辟概括，表明我们党对社会主义建设规律的认识向前迈进了一大步。以江泽民同志为主要代表的中国共产党人，

---

① 毛泽东：《现在革命比较松了一口气，就要来搞建设，搞技术革命》，《党的文献》1991年第6期。

② 《邓小平文选》第3卷，人民出版社1993年版，第63页。

③ 《邓小平文选》第2卷，人民出版社1994年版，第314页。

④ 《邓小平文选》第3卷，人民出版社1993年版，第111页。

⑤ 《邓小平文选》第3卷，人民出版社1993年版，第364页。

在世界社会主义出现严重曲折的严峻考验面前，坚决捍卫和发展中国特色社会主义，对社会主义市场经济条件下如何推进共同富裕进行了大胆的探索，明确提出了实现共同富裕"是社会主义的根本原则和本质特征"，强调必须以共同富裕为目标，扩大中等收入者比重，提高低收入者收入水平。以胡锦涛同志为主要代表的中国共产党人坚持走科学发展道路，在新的历史起点上坚持和发展了中国特色社会主义，坚持以人为本、全面协调可持续的科学发展观，着力保障和改善民生，促进社会公平正义，强调"必须把提高效率同促进社会公平结合起来"，"把维护社会公平放到更加突出的位置"，"使全体人民共享改革发展的成果，使全体人民朝着共同富裕的方向稳步前进"。

习近平总书记对共同富裕的实现形式、内涵和路径有新的体会和认识，强调消除贫困、改善民生、实现共同富裕是社会主义的本质要求，是我们党坚持全心全意为人民服务根本宗旨的重要体现，是党和政府的重大责任。习近平总书记指出："我们说的共同富裕是全体人民共同富裕，是人民群众物质生活和精神生活都富裕，不是少数人的富裕，也不是整齐划一的平均主义。"[1]我们党执政，就是要带领全国各族人民持续解放和发展社会生产力，不断改善人民生活。因此，必须从社会主义初级阶段这个最大国情出发，坚持以经济建设为中心不动摇，努力实现更高质量、更有效率、更加公平、更可持续的发展，不断满足人民日益增长的物质文化需求。习近平总书记也毫不讳言当前分配领域存在的问题，指出分配不公问题比较突出，收入差距、城

---

① 《习近平谈治国理政》第四卷，外文出版社 2022 年版，第 142 页。

乡区域公共服务水平差距较大，在共享改革发展成果上还有不完善的地方。这些问题要通过深化改革来解决，根据现有条件把能做的事情尽量做起来，积小胜为大胜。"我们决不能允许贫富差距越来越大、穷者愈穷富者愈富，决不能在富的人和穷的人之间出现一道不可逾越的鸿沟。"①要创造更加公平正义的社会环境，不断克服各种有违公平正义的现象，使改革发展成果更多更公平惠及全体人民。以习近平同志为核心的党中央团结带领全国各族人民打赢脱贫攻坚战，全面建成小康社会，迈出走向共同富裕的坚实步伐。

中国式现代化是人口规模巨大的现代化，十四亿多人口将整体迈进现代化社会，更加突显了共同富裕的意义。党的二十大报告指出："共同富裕是中国特色社会主义的本质要求，也是一个长期的历史过程。我们坚持把实现人民对美好生活的向往作为现代化建设的出发点和落脚点，着力维护和促进社会公平正义，着力促进全体人民共同富裕，坚决防止两极分化。"②共同富裕的理念与实践，彰显了社会主义的巨大优越性，指明了中国式现代化的崭新道路，为全球消除贫困作出了示范。

改革开放为中国式现代化提供不竭动力。社会主义全面建设展开后，毛泽东同志以伟大战略家的远见卓识，对社会主义建设基本问题进行了探讨，得出许多符合客观规律的正确认识。认识主要是：对社

---

① 《习近平谈治国理政》第四卷，外文出版社 2022 年版，第 171 页。

② 习近平：《高举中国特色社会主义伟大旗帜　为全面建设社会主义现代化国家而团结奋斗——在中国共产党第二十次全国代表大会上的报告》，人民出版社 2022 年版，第 22 页。

会主义社会的基本矛盾作出正确判断；提出处理社会主义建设中的基本关系的指导原则，强调要把国内外一切积极因素调动起来；主张在优先发展重工业的条件下，发展工业与发展农业同时并举；提出发展商品经济，按价值规律办事；实行按劳分配，处理好积累和消费、生产与生活的关系；强调坚持社会主义制度，加强人民民主专政，正确处理两类不同性质的矛盾；提出"百花齐放、百家争鸣"方针，主张批判继承文化遗产，借鉴吸收外国进步文化；等等。

　　党的十一届三中全会作出实行改革开放的历史性决策。邓小平同志指出："一个党，一个国家，一个民族，如果一切从本本出发，思想僵化，迷信盛行，那它就不能前进，它的生机就停止了，就要亡党亡国。"[①]在邓小平同志领导下和老一辈革命家支持下，党的十一届三中全会冲破长期"左"的错误的严重束缚，拉开了我国改革开放大幕。改革开放这场中国的第二次革命，也成为中国现代化建设取得成功的两个决定性条件之一。邓小平同志关于改革开放的主要理论贡献，一是提出社会主义基本制度确立以后，还需要从根本上改革束缚生产力发展的经济体制，建立充满生机与活力的社会经济体制。二是提出改革是社会主义社会发展的直接动力，不坚持改革就没有出路，只有通过改革才能进一步解放和促进生产力的发展。三是提出改革是社会主义制度的自我完善和发展，要通过改革完善社会主义民主与法制建设。四是提出社会主义改革是全面的社会变革，不仅经济、政治要改革，科技、教育等各行各业都要改革。五是实行对外开放政策，吸收

---

① 《邓小平文选》第 2 卷，人民出版社 1994 年版，第 143 页。

和利用世界各国包括发达资本主义国家的一切先进文明成果，用来发展社会主义。这些源自于社会主义新的实践的改革思想，对我国的改革开放和社会主义现代化建设，产生了巨大的理论引领作用。

改革开放是决定当代中国命运的关键一招。全面改革开放为我国社会主义建设注入巨大生机和活力，推动经济社会全面发展，深刻改变了国家和人民的面貌。习近平总书记指出："只有改革开放才能发展中国、发展社会主义、发展马克思主义。"①新形势下改革已经进入深水区，许多年积累下来的矛盾和问题，只能靠全面深化改革来解决。以习近平同志为核心的党中央直面现代化进程中新的矛盾和挑战，提出并坚持新发展理念，以敢于啃硬骨头、敢于涉险滩的精神，加强改革顶层设计，对经济、政治、文化、社会、生态文明体制改革和党的建设制度改革精心部署，全面推进，坚决破除各方面体制机制弊端，加速推进国家治理体系和治理能力现代化，各领域基础性制度框架基本建立，许多领域实现历史性变革、系统性重塑、整体性重构，中国特色社会主义的制度优势越发显著。没有改革开放，就没有中国的今天，没有中国式现代化。改革开放只有进行时，没有完成时。继续推进全面深化改革，将为中国式现代化建设提供源源不断的动力和活力。

统筹推进"五位一体"总体布局，协调推进"四个全面"战略布局。早期现代化几乎等同于工业化，侧重于生产力发展与经济增长。随着世界现代化进程的加快，现代化概念不断延伸，已具有经济社会

---

① 《习近平谈治国理政》第一卷，外文出版社 2018 年版，第 71 页。

发展各个方面的综合性意义。我们党对于现代化内容以及现代化建设整体布局的认识也是逐步丰富和深化的，最新理论成果集中反映在党的十九大、党的二十大报告中对"五位一体"总体布局、"四个全面"战略布局的系统阐述。"五位一体""四个全面"的提出，表明新时代中国共产党人对社会主义建设规律的认识更加深入，已经到达一个全新境界。

社会主义现代化建设的持续推进，让我们党越来越深刻地认识到，社会主义是全面发展、全面进步的社会。社会主义现代化是全方位、全覆盖的现代化，单有经济上的强盛是远远不够的。改革开放的全面展开与深入，明显增强了社会各领域的关联性和互动性。这就要求必须更加注重从宏观层面、战略层面考虑问题，作出顶层设计，把改革的系统性、整体性、协同性统一起来，把推进理论创新、制度创新、科技创新、文化创新以及其他各方面创新有机衔接起来，坚持重点突破，整体推进，形成现代化建设的强大合力。从物质文明和精神文明两手抓、两手都要硬，到物质文明、政治文明、精神文明并举，再到物质文明、政治文明、精神文明、和谐社会、生态文明建设同时推进，表明党对于现代化结构的认识更加系统全面，对于发展目标、发展战略、发展途径、发展步骤的认识更加成熟和自觉。"五位一体"总体布局，涵盖了社会生活和社会发展的主要领域，密切关联，有机统一。经济建设打牢夯实物质基础，政治建设提供政治和制度保障，文化建设注入强大精神动力，社会建设造就稳定可行的社会环境和条件，生态文明建设创造良好的自然环境，最终实现经济与社会、物质与精神、人与自然的协调发展。

"四个全面"战略布局，是新时代我们党治国理政经验的科学总结和丰富发展。全面建成社会主义现代化强国是总目标、总任务，全面深化改革是动力源泉，保证社会主义始终充满活力。全面依法治国，是全面深化改革的法治保障和现代化建设的重要基石。全面从严治党是全面建成社会主义现代化强国、全面深化改革、全面依法治国的必然要求和根本保证，确保中国式现代化建设沿着正确的方向前进。"四个全面"相辅相成、相得益彰，总体上都是服务于建设中国特色社会主义这个大局的。"'四个全面'的战略布局是从我国发展现实需要中得出来的，从人民群众的热切期待中得出来的，也是为推动解决我们面临的突出矛盾和问题提出来的。"①"四个全面"揭示了中国式现代化道路的本质和特征，丰富了中国式现代化的内涵与价值追求。

中国式现代化将是"物质富裕、政治清明、精神富足、社会安定、生态宜人"②的现代化，为最终实现人的自由而全面的发展创造各种必需条件。以习近平同志为核心的党中央统筹推进"五位一体"总体布局、协调推进"四个全面"战略布局，立足新发展阶段，贯彻新发展理念，构建新发展格局，推动高质量发展，走全面协调可持续发展之路，为全面实现强国建设目标开辟了广阔前景。

---

① 《习近平谈治国理政》第二卷，外文出版社 2017 年版，第 24 页。
② 习近平：《携手同行现代化之路——在中国共产党与世界高层对话会上的主旨讲话》，人民出版社 2023 年版，第 2 页。

中国式现代化理论体现了共产党执政规律新要求

坚持和加强党的全面领导，是中国式现代化建设的重大指导原则。只有不断加深对新时代条件下共产党执政规律新特点、新要求的认识，提高党的执政能力和领导水平，确保党始终成为中国人民和中华民族最可靠的主心骨，才能确保中国式现代化的实现。依据新的实践不断深化对共产党执政规律的认识，准确把握共产党执政规律的实质，是事关党和国家事业兴衰成败、事关中华民族前途命运的根本问题。在长达 70 余年的执政实践中，党的几代领导人在不同历史条件下，对党如何确立执政理念、制定执政目标、完善执政方式、提升执政能力，以及如何加强执政党自身建设等问题进行了不懈探索和理论总结，科学回答了建设一个什么样的党、怎样建设党的重大课题。

党的领导决定中国式现代化的根本性质。中国式现代化是中国共产党领导的社会主义现代化，党的性质宗旨、初心使命、信仰信念、政策主张，决定了中国式现代化是社会主义现代化，而不是别的什么现代化。中国共产党在国家的执政地位是由党的性质和使命所决定的。我们党带领中国人民推翻三座大山，建立了新中国。党的历史使命并未因此完结，还要继续领导人民进行社会主义建设。毛泽东同志明确指出："中国共产党是全中国人民的领导核心。没有这样一个核心，社会主义事业就不能胜利。"① 邓小平同志提出："中国由共产

---

① 《毛泽东文集》第 7 卷，人民出版社 1999 年版，第 303 页。

党领导，中国的社会主义现代化建设事业由共产党领导，这个原则是不能动摇的；动摇了中国就要倒退到分裂和混乱，就不可能实现现代化。"①邓小平同志还率先提出执政党建设问题，主张既要加强党的领导，也要改善党的领导。江泽民同志、胡锦涛同志对新的历史条件下加强执政党建设重要性有着深刻认识。江泽民同志指出，"执政党的建设和管理，比没有执政的政党要艰难得多"②。党中央对推进党的建设新的伟大工程作出部署，突出强调要讲政治，把握住党的执政能力建设、先进性和纯洁性建设的主线，全面加强党的思想、组织、作风建设，坚持从严治党，反腐倡廉，全面提高党的建设科学化水平，确保党始终成为中国特色社会主义事业的坚强领导核心。

进入新时代，习近平总书记更加重视党的领导和党的建设问题，并将其提到了前所未有的高度。习近平总书记反复强调，"中国特色社会主义最本质的特征是中国共产党领导，中国特色社会主义制度的最大优势是中国共产党领导"③，"党政军民学，东西南北中，党是领导一切的"④。党的领导是做好党和国家各项工作的根本保证，是战胜一切困难和风险的"定海神针"。坚持党对一切工作的领导，是党和国家的根本所在、命脉所在，是全国各族人民的利益所在、幸福所在。只有使党更好地发挥总揽全局、协调各方的领导作用，保证党的领导落实、贯穿于各领域各方面各环节，中国特色社会主义事业才能

---

① 《邓小平文选》第 2 卷，人民出版社 1994 年版，第 267—268 页。

② 《江泽民文选》第 3 卷，人民出版社 2006 年版，第 181 页。

③ 《习近平谈治国理政》第二卷，外文出版社 2017 年版，第 43 页。

④ 习近平：《决胜全面建成小康社会　夺取新时代中国特色社会主义伟大胜利——在中国共产党第十九次全国代表大会上的报告》，人民出版社 2017 年版，第 20 页。

顺利推进。加强党的领导与改善党的领导是一致的。"坚持党的领导，必须不断改善党的领导，让党的领导更加适应实践、时代、人民的要求。"①习近平总书记结合新的时代条件进行新的探索，提出关于执政党建设的一系列创新观点。

必须全面加强执政能力建设。执政能力建设是党执政后的一项根本建设。党的执政能力，是党提出和运用正确的理论、路线、方针、政策和策略，领导制定和实施宪法和法律，采取科学的领导制度和领导方式，动员和组织人民依法管理国家和社会事务、经济和文化事业，有效治党治国治军的本领。习近平总书记将其概括为八个方面的"执政本领"，即学习本领、政治领导本领、改革创新本领、科学发展本领、依法执政本领、群众工作本领、狠抓落实本领、驾驭风险本领。我国的经济体制、经济运行方式、社会组织形式以及群众生产生活方式等已经发生了深刻的变化，这些方面的变化还会随着改革的深化进一步展开。根据客观实际变化的要求，不断提高我们党的领导水平和执政能力，将是一项长期的重要任务。党的领导直接关系中国式现代化的根本方向、前途命运、最终成败。只有在新的实践中不断探索新的办法和手段，对那些不适应新形势新任务、不符合人民群众利益的领导方式和领导方法加以改进和纠正，进一步提高党的领导水平和执政能力，才能带领人民战胜现代化新征程上的一切困难与挑战。

必须随着历史条件变化不断创新执政方式。坚持科学执政、民主执政、依法执政，是总结党执政成功经验的必然结论，也是党更好执

① 习近平：《在庆祝改革开放 40 周年大会上的讲话》，人民出版社 2018 年版，第 22 页。

政的根本要求。科学执政，就是坚持以马克思主义为指导，坚持从实际出发，科学制定和实施党的理论和路线、方针、政策，构建系统完备、科学规范、运行有效的制度体系，科学设计、组织、开展执政活动从而使党的执政理论和执政工作体现时代性、把握规律性、富于创造性，符合客观规律和科学规律。民主执政，就是坚持为人民执政、靠人民执政，支持和保证人民当家作主。要充分调动人民积极性、主动性、创造性，不断把人民群众智慧和力量转化为推动事业发展的强大力量。同时完善和扩大党内民主，用党内民主带动人民民主。依法执政，就是坚持依法治国的基本方略，坚持依法执政的基本方式，加强党对立法、司法、执法的领导，不断完善社会主义法制，建设社会主义法治国家。党要严格依法办事，不断推进各项治国理政活动的制度化、法律化，达到依法治国和依法执政的有机统一。

"党的领导决定中国式现代化的根本性质，只有毫不动摇坚持党的领导，中国式现代化才能前景光明、繁荣兴盛；否则就会偏离航向、丧失灵魂，甚至犯颠覆性错误。"① 我们党是一个拥有9800多万名党员、领导着14亿多人口大国、具有重大全球影响力的世界第一大执政党。大有大的优势，大也有大的难处。在新时代条件下，人民群众对执政党的期望更高，对执政党的作风要求更严，执政党面临的执政环境更为复杂。"我们党作为世界上最大的马克思主义执政党，要始终赢得人民拥护、巩固长期执政地位，必须时刻保持解决大党独

---

① 《习近平在学习贯彻党的二十大精神研讨班开班式上发表重要讲话强调　正确理解和大力推进中国式现代化》，《人民日报》2023年2月8日。

有难题的清醒和坚定。"①有了这份清醒和坚定，党就能不断提高把方向、谋大局、定政策、促改革的能力和定力，就会有破解各种难题、化解各种风险的自信和底气。

以人民为中心是中国式现代化的必然要求。坚持以人民为中心的发展思想是党的宗旨在新时代的发展，也是建设中国式现代化应当把握的重大原则。人民群众是历史活动的主体，是推动历史前进和社会变革的决定性力量，这是马克思主义的一个基本观点。革命战争年代，我们党紧紧依靠最广大的人民群众，形成了党的群众路线和密切联系群众的优良作风，建立起与人民群众的血肉联系。在社会主义现代化建设中，我们党的初心和使命没有变，人民群众的主体地位没有变，党与人民群众关系的本质没有变。人民群众的拥护和支持，是党执政的社会基础和法理基础。党为人民而执政，仍然必须团结和依靠最广大的人民群众。邓小平同志强调，"党离不开人民，人民也离不开党，这不是任何力量所能够改变的"②。江泽民同志把"代表中国最广大人民的根本利益"看作"立党之基、执政之本、力量之源"。胡锦涛同志认为，来自人民、植根人民、服务人民，是我们党永远立于不败之地的根本。这都彰显了人民群众的历史主体、价值主体、实践主体地位。人民群众是中国式现代化建设的主体，人民性是中国式现代化的鲜明特色。

---

① 习近平：《高举中国特色社会主义伟大旗帜　为全面建设社会主义现代化国家而团结奋斗——在中国共产党第二十次全国代表大会上的报告》，人民出版社 2022 年版，第 63 页。

② 《邓小平文选》第 2 卷，人民出版社 1994 年版，第 266 页。

以人民为中心是我们党的根本政治立场。人民对美好生活的向往，就是我们党的奋斗目标。建设和发展的根本目的，是为了更好满足人民群众对物质文化生活和民主、法治、公平、正义、安全、环境等方面的要求。这是党的一切工作的出发点。习近平总书记指出："人民是历史的创造者，群众是真正的英雄。人民群众是我们力量的源泉。"①党中央再三申明人民立场是党的根本政治立场，坚持人民立场是党的根本出发点。建设中国特色社会主义，代表了中国最广大人民的根本利益，既是党的事业，更是人民的事业，要依靠人民来推进。我们党在群众中的根扎得有多深，党的执政基础就有多牢。忘记了人民，脱离了人民，我们就会成为无源之水、无本之木。人民是我们党执政的最大底气，是共和国的坚实根基，是强党兴国的根本所在。我们党来自于人民，为人民而生，因人民而兴。"坚持人民主体地位，充分调动人民积极性，始终是我们党立于不败之地的强大根基。"②始终坚持以人民为中心，我们党就能把蕴藏在人民群众中的巨大积极性创造性调动起来，凝聚起建设中国式现代化的磅礴力量。

全过程人民民主是全面建设社会主义现代化国家的应有之义。我们党不断探索、完善实行人民民主的制度形式和体制机制，走出一条中国特色民主政治发展的道路。邓小平同志断言，"没有民主就没有社会主义，就没有社会主义的现代化"③。习近平总书记把人民民主

---

① 《习近平谈治国理政》第一卷，外文出版社 2018 年版，第 5 页。
② 《习近平谈治国理政》第一卷，外文出版社 2018 年版，第 27 页。
③ 《邓小平文选》第 2 卷，人民出版社 1994 年版，第 168 页。

提升到"社会主义的生命"① 的高度，强调要"保证和支持人民当家作主不是一句口号、不是一句空话，必须落实到国家政治生活和社会生活之中，保证人民依法有效行使管理国家事务、管理经济和文化事业、管理社会事务的权力"②。习近平总书记在党的二十大报告中强调："全过程人民民主是社会主义民主政治的本质属性，是最广泛、最真实、最管用的民主。"③ 这标志着我国社会主义民主政治的发展进入新阶段。全过程人民民主，关键在"全"，也就是保证人民全方位、全领域、全层次的民主参与权利，从法制上健全实行民主的各流程、各环节、各程序，使人民依法享有的民主权利得到充分保障，落到实处。"我国全过程人民民主实现了过程民主和成果民主、程序民主和实质民主、直接民主和间接民主、人民民主和国家意志相统一，是全链条、全方位、全覆盖的民主，是最广泛、最真实、最管用的社会主义民主。"④ 建设和完善人民民主，最重要的经验就是要始终坚持党的领导、人民当家作主、依法治国的有机统一。三者相辅相成，共同支撑起社会主义民主政治的基本架构。

习近平总书记指出："民主不是装饰品，不是用来做摆设的，而是要用来解决人民要解决的问题的。"⑤ 是不是民主，要看投票权，更

---

① 习近平：《在庆祝全国人民代表大会成立 60 周年大会上的讲话》，人民出版社 2014 年版，第 7 页。

② 《习近平谈治国理政》第二卷，外文出版社 2017 年版，第 291—292 页。

③ 习近平：《高举中国特色社会主义伟大旗帜　为全面建设社会主义现代化国家而团结奋斗——在中国共产党第二十次全国代表大会上的报告》，人民出版社 2022 年版，第 37 页。

④ 《习近平谈治国理政》第四卷，外文出版社 2022 年版，第 260—261 页。

⑤ 《习近平谈治国理政》第二卷，外文出版社 2017 年版，第 296 页。

要看参与度；要看承诺，更要看能否兑现；要看制度法律规定，更要看能否顺利贯彻执行；要看规则程序是否民主，更要看权力是否受到监督制约。一个国家民主不民主，要由这个国家的人民来评判，而不能由少数国家、少数人说了算。在西方式民主越来越窄化、弱化和虚化，逐渐走进困境的今天，全过程人民民主以更加优质的形式和内容，创造了民主政治新样式，彰显了中国特色社会主义的政治优势。

全面从严治党是中国式现代化的政治保证。"办好中国的事情，关键在党。"①要使党能够胜任中国式现代化建设的领导责任，必须全面从严治党。"从严治党有其自身规律，对我们这样一个老党大党来说，从严治党更有其自身规律。"②党的历代中央领导集体高度重视党的建设，持续探索和深化执政条件下永葆党的性质与宗旨、发扬党的优良传统和作风、践履党的使命任务等重大问题。特别是党的十八大以来，习近平总书记从党所处的历史方位出发，对全面加强党的建设作出重大理论创新。党的十九大报告系统提出新时代党的建设总要求，明确了党要管党、全面从严治党的主线、统领、根基、着力点等基本问题，要求全面推进党的政治建设、思想建设、组织建设、作风建设、纪律建设、制度建设。党的二十大报告又就深入落实党的建设总要求，全面推进党的建设新的伟大工程作出全面部署。这是推进新时代党的建设伟大工程的根本指导思想。

其一，政治建设的首要任务是维护党中央权威和集中统一领导。

---

① 《习近平谈治国理政》第二卷，外文出版社 2017 年版，第 43 页。

② 习近平：《在党的群众路线教育实践活动总结大会上的讲话》，人民出版社 2014 年版，第 28 页。

党的建设是我们党战无不胜的主要法宝之一。我们党历来注重从政治上建设党，把政治建设摆在党的各项建设的首位。共产党"到什么时候都得讲政治"①。这是因为，"党的政治建设是党的根本性建设，决定党的建设方向和效果"②。政治建设的首要任务，是保证全党服从中央，坚持党中央权威和集中统一领导。"要治理好我们这个大党、治理好我们这个大国，保证党的团结和集中统一至关重要，维护党中央权威至关重要。"③

此外，加强政治建设，要求全党坚定拥护"两个确立"、坚决做到"两个维护"。"两个确立"为新时代党团结带领中国人民奋进新征程奠定了重要思想基础。"两个维护"是党的最高政治原则和根本政治规矩。加强政治建设，要求全党坚定执行党的基本路线，严格遵守政治纪律和政治规矩，在政治立场、政治方向、政治原则、政治道路上同党中央保持高度一致。加强党的政治建设，要尊崇党章，完善和落实民主集中制的各项制度，严格执行新形势下党内政治生活的若干准则，营造风清气正的良好政治生态。加强政治建设，要求强化担当意识，对党忠诚、为党分忧、为党尽职、为民造福，弘扬忠诚老实、公道正派、实事求是、清正廉洁的价值观，坚决反对搞两面派、做两面人。

其二，用党的创新理论凝心聚魂，统一全党意志。思想建设是

① 《邓小平文选》第3卷，人民出版社1993年版，第166页。
② 习近平：《决胜全面建成小康社会 夺取新时代中国特色社会主义伟大胜利——在中国共产党第十九次全国代表大会上的报告》，人民出版社2017年版，第62页。
③ 《习近平谈治国理政》第二卷，外文出版社2017年版，第188页。

党的基础性建设。"注重思想建党、理论强党,是我们党的鲜明特色和光荣传统。"①马克思主义是我们立党立国、兴党兴国的根本指导思想。马克思主义必须随着时代的发展而发展,必须与具体的历史环境和条件相结合。"理论的生命力在于不断创新,推动马克思主义不断发展是中国共产党人的神圣职责。"②我们党把马克思主义基本原理同中国具体实际相结合、同中华优秀传统文化相结合,推进马克思主义中国化时代化。党进行理论创新,创立了毛泽东思想、邓小平理论、"三个代表"重要思想、科学发展观、习近平新时代中国特色社会主义思想,开创了马克思主义中国化时代化新境界。我们党坚持用马克思主义中国化的最新成果武装全党,使党永远走在时代前列。

习近平新时代中国特色社会主义思想是对共产党执政规律、社会主义建设规律、人类社会发展规律的最新认识。党的二十大报告对把握好习近平新时代中国特色社会主义思想的世界观、方法论作了"六个必须"的概括和阐述,向全党提出了"三个务必"的要求,系统论述中国式现代化的中国特色、本质要求、战略安排和重大原则,总结了党对"五个必由之路"的规律性认识。习近平新时代中国特色社会主义思想,植根于坚持和发展中国特色社会主义新的伟大实践,在指导实践、推动实践中展示出强大的真理力量和深刻的思想魅力,为推进中国式现代化建设提供了根本遵循。

其三,增强党组织战斗力,造就高素质干部队伍。我们党之所以有力量,除了有先进思想的武装,还要靠强大的组织力,把全体党

---

① 《习近平谈治国理政》第三卷,外文出版社 2020 年版,第 539 页。

② 习近平:《在纪念马克思诞辰 200 周年大会上的讲话》,人民出版社 2018 年版,第 27 页。

员凝固为一个统一的整体。"严密的组织体系是党的优势所在、力量所在。"①党的全面领导、党的全部工作都要靠党的坚强组织体系去实现去完成。新时代党的组织路线是:"全面贯彻新时代中国特色社会主义思想,以组织体系建设为重点,着力培养忠诚干净担当的高素质干部,着力集聚爱国奉献的各方面优秀人才,坚持德才兼备、以德为先、任人唯贤,为坚持和加强党的全面领导、坚持和发展中国特色社会主义提供坚强组织保证。"②这条组织路线是指导新时代党的组织建设的根本方针。

党的组织是一个包括党的中央组织、地方组织、基层组织在内的严密体系。党中央是大脑和中枢,必须有定于一尊、一锤定音的权威,党的地方组织的根本任务是确保党中央决策部署贯彻落实,有令即行、有禁即止,党的基层组织是党的肌体的神经末梢,起着战斗堡垒的作用。只有党的各级组织都健全、都过硬,形成上下贯通、执行有力的严密组织体系,党的领导才能"如身使臂,如臂使指",运转有序,灵活自如,才能落实到改革发展稳定、内政外交国防、治党治国治军等各领域各方面各环节,保证党的领导不虚化、不空转。

高素质干部队伍是中国式现代化建设的中坚力量。新时代新任务对干部素质提出了更高的要求。"全面建设社会主义现代化国家,必须有一支政治过硬、适应新时代要求、具备领导现代化建设能力的干

---

① 习近平:《高举中国特色社会主义伟大旗帜 为全面建设社会主义现代化国家而团结奋斗——在中国共产党第二十次全国代表大会上的报告》,人民出版社 2022 年版,第 67 页。

② 《习近平谈治国理政》第三卷,外文出版社 2020 年版,第 517 页。

部队伍。"①习近平总书记明确提出，要坚持党管干部、党管人才，抓好执政骨干队伍和人才队伍建设。

其四，以伟大自我革命引领伟大社会革命。"勇于自我革命，从严管党治党，是我们党最鲜明的品格。"②党的自我革命核心要义是，党经由自身的内部机制，采取强有力的措施，纠正自身出现的各种问题，达到自我净化、自我完善、自我革命、自我提高的目的，以保持党的先进性与纯洁性，增强党的凝聚力与战斗力。当前，百年未有之大变局加速演进，世情国情党情发生了深刻变化，我们党面临的"四大考验""四大危险"都将长期存在。党的执政环境是复杂的，影响党的先进性、弱化党的纯洁性的因素也是复杂的。这需要我们有强烈的忧患意识、直面问题的勇气、解决问题的决心和能力，敢于自我革命，才能赢得历史的主动。

作风建设、纪律建设是党的先进性、纯洁性的保证。优良作风是我们党的传家宝，严明纪律是管党治党的法规依据。毛泽东同志在新中国成立前夕提出"两个务必"重要思想告诫全党。邓小平同志也提到，"中国要出问题，还是出在共产党内部"③。习近平总书记一再强调，必须下大力气抓好党的作风纪律建设，彻底扭转部分党员干部的形式主义、官僚主义、享乐主义和奢靡之风等不良风气。他亲自主持

---

① 习近平：《高举中国特色社会主义伟大旗帜　为全面建设社会主义现代化国家而团结奋斗——在中国共产党第二十次全国代表大会上的报告》，人民出版社 2022 年版，第 66 页。

② 习近平：《决胜全面建成小康社会　夺取新时代中国特色社会主义伟大胜利——在中国共产党第十九次全国代表大会上的报告》，人民出版社 2017 年版，第 26 页。

③ 《邓小平文选》第 3 卷，人民出版社 1993 年版，第 380 页。

制定"八项规定",健全完备党内纪律体系,使领导干部和全体党员知所必守,行有所遵。无论领导干部还是普通党员,都应牢固树立和保持公仆意识、公仆情怀、公仆本色,严以修身,正心明道,永远做人民的勤务员。习近平总书记在党的二十大报告中提出的"三个务必",完整概括了新时代党的优良作风和价值追求,体现了新时代中国共产党人鲜明的政治品格和强烈的使命意识。

"反腐败是最彻底的自我革命。"① 腐败是执政党所面临的最大威胁。习近平总书记向全党发出严重警示:"不反腐败确实要亡党。"② 为了巩固党的执政基础和执政地位,必须重拳出击,彻底清除腐败现象,严厉惩处腐败分子。惩治腐败决不能心慈手软。以习近平同志为核心的党中央以猛药去疴、重典治乱的决心,以刀刃向内、刮骨疗毒、壮士断腕的勇气,治标与治本相结合,以雷霆万钧之势推进反腐败斗争,坚持反腐败无禁区、全覆盖、零容忍,"打虎""拍蝇""猎狐"齐头并进,有腐必惩,有贪必肃,除恶必尽,形成了反腐败斗争压倒性态势,荡涤一切附着在党肌体上的肮脏东西,清除了党内存在的严重隐患,党内政治生态面貌一新,确保党不变质、不变味、不变色。

"强大的政党是在自我革命中锻造出来的。"③ 这是一个真正马克思主义政党的理论自觉、实践自觉和特有的政治优势。我们党总是在推动社会革命的同时,勇于推动自我革命,始终坚持真理、修正错

---

① 习近平:《高举中国特色社会主义伟大旗帜　为全面建设社会主义现代化国家而团结奋斗——在中国共产党第二十次全国代表大会上的报告》,人民出版社 2022 年版,第 69 页。

② 《习近平关于全面从严治党论述摘编》,中央文献出版社 2016 年版,第 183 页。

③ 《习近平谈治国理政》第三卷,外文出版社 2020 年版,第 541 页。

误，敢于正视问题、克服缺点，勇于刮骨疗毒、去腐生肌。正因如此，我们党才能够在危难之际绝处逢生、失误之后拨乱反正，成为永远打不倒、压不垮的马克思主义政党。对于如何跳出历史周期率的问题，在毛泽东同志七十多年前给出"让人民来监督政府"的答案后，习近平总书记提出："经过百年奋斗特别是党的十八大以来新的实践，我们党又给出了第二个答案，这就是自我革命。"①"实践充分证明，中国共产党能够带领人民进行伟大的社会革命，也能够进行伟大的自我革命。"②一个勇于自我革命的党，就一定能保持先进性纯洁性，一定能经受狂风巨浪甚至惊涛骇浪的考验，一定能带领全国人民完成建设中国式现代化的伟大社会革命。

结　语

由于社会一直处在发展变化当中，对社会运动规律的准确认识将是一个长期曲折的过程。人们只能一步步地发现社会内部联系，摸索社会运动规律，并不断丰富对社会运动规律的认知，逐渐趋近社会运动的本质。推动这个进程的力量来自于人们改造社会的实践活动。"规律存在于历史发展的过程中。应当从历史发展过程的分析中来发现和证明规律。"③科学历史观既为认识和把握社会规律提供了理论指导和

① 习近平：《以史为鉴、开创未来　埋头苦干、勇毅前行》，《求是》2022年第1期。
② 《十九大以来重要文献选编》（上），中央文献出版社2019年版，第86—87页。
③ 《毛泽东文集》第8卷，人民出版社1999年版，第106页。

分析工具,同时把探索揭示社会发展规律作为自己的基本任务和核心内容。对人类社会发展规律、社会主义建设规律、共产党执政规律的认识和运用,是中国共产党全部理论和实践活动的生长原点,也是把马克思主义中国化不断推向新的历史高度的内生动力。中国共产党领导的中国式现代化,社会主义的现代化,人类社会发展进程中的现代化的这些质的规定性,决定要实现中国式现代化的目标,离不开党的全面领导,离不开社会主义基本制度的坚固保障,离不开中国人民的团结奋斗,离不开一个和平稳定的国际环境。这就是我们党在中国式现代化建设实践中不断深化对三大规律的认识得出的历史结论。脚下的路是勇敢者披荆斩棘开辟出来的,人类对客观规律的探索永无止境。我们对三大规律认识得越深入,对中国式现代化的内涵和本质把握得就越清晰。

■ 参考文献

《习近平谈治国理政》第一卷,外文出版社 2018 年版。

《习近平谈治国理政》第二卷,外文出版社 2017 年版。

《习近平谈治国理政》第三卷,外文出版社 2020 年版。

《习近平谈治国理政》第四卷,外文出版社 2022 年版。

习近平:《携手同行现代化之路——在中国共产党与世界高层对话会上的主旨讲话》,人民出版社 2023 年版。

习近平:《高举中国特色社会主义伟大旗帜 为全面建设社会主义现代化国家而团结奋斗——在中国共产党第二十次全国代表大会上的报告》,人民出版社 2022 年版。

习近平:《在庆祝中国共产党成立 100 周年大会上的讲话》,人民出版社 2021 年版。

习近平:《论把握新发展阶段、贯彻新发展理念、构建新发展格局》,中央文献出版社 2021 年版。

习近平:《让多边主义的火炬照亮人类前行之路——在世界经济论坛"达沃斯议程"对话会上的特别致辞》,人民出版社 2021 年版。

《习近平在亚太经合组织第二十七次领导人非正式会议上的讲话》,人民出版社 2020 年版。

习近平:《在庆祝改革开放 40 周年大会上的讲话》,人民出版社 2018 年版。

习近平:《在纪念马克思诞辰 200 周年大会上的讲话》,人民出版社 2018 年版。

习近平:《决胜全面建成小康社会 夺取新时代中国特色社会主义伟大胜利——在中国共产党第十九次全国代表大会上的报告》,人民出版社 2017 年版。

习近平:《在哲学社会科学工作座谈会上的讲话》,人民出版社 2016 年版。

习近平:《在纪念孔子诞辰 2565 周年国际学术研讨会暨国际儒学联合会第五届会员大会开幕会上的讲话》,人民出版社 2014 年版。

习近平:《在党的群众路线教育实践活动总结大会上的讲话》,人民出版社 2014 年版。

习近平:《在庆祝全国人民代表大会成立 60 周年大会上的讲话》,人民出版社 2014 年版。

习近平:《论坚持推动构建人类命运共同体》,中央文献出版社 2018 年版。

《习近平关于社会主义政治建设论述摘编》,中央文献出版社 2017 年版。

《习近平关于全面从严治党论述摘编》,中央文献出版社 2016 年版。

《习近平关于协调推进"四个全面"战略布局论述摘编》,中央文献出版社 2015 年版。

《习近平关于总体国家安全观论述摘编》,中央文献出版社 2018 年版。

《马克思恩格斯全集》第 44 卷,人民出版社 2001 年版。

《马克思恩格斯文集》第 1 卷,人民出版社 2009 年版。

《列宁全集》第 28 卷,人民出版社 2017 年版。

《列宁全集》第 42 卷,人民出版社 2017 年版。

《毛泽东选集》第 1 卷,人民出版社 1991 年版。

《毛泽东选集》第 2 卷,人民出版社 1991 年版。

《毛泽东选集》第 4 卷,人民出版社 1991 年版。

《毛泽东文集》第 6 卷,人民出版社 1999 年版。

《毛泽东文集》第 7 卷,人民出版社 1999 年版。

《毛泽东文集》第 8 卷，人民出版社 1999 年版。

《建国以来毛泽东文稿》第 6 册，中央文献出版社 1992 年版。

《邓小平文选》第 2 卷，人民出版社 1994 年版。

《邓小平文选》第 3 卷，人民出版社 1993 年版。

《邓小平思想年编（1975—1997)》，中央文献出版社 2011 年版。

《江泽民文选》第 1 卷，人民出版社 2006 年版。

《江泽民文选》第 3 卷，人民出版社 2006 年版。

《十九大以来重要文献选编》（上），中央文献出版社 2019 年版。

吴冷西：《十年论战：1956—1966 中苏关系回忆录》上册，中央文献出版社 1999 年版。

习近平：《以史为鉴、开创未来　埋头苦干、勇毅前行》，《求是》2022 年第 1 期。

习近平：《关于坚持和发展中国特色社会主义的几个问题》，《求是》2019 年第 7 期。

习近平：《坚持历史唯物主义不断开辟当代中国马克思主义发展新境界》，《求是》2020 年第 2 期。

《习近平在学习贯彻党的二十大精神研讨班开班式上发表重要讲话强调　正确理解和大力推进中国式现代化》，《人民日报》2023 年 2 月 8 日。

《习近平会见联合国秘书长古特雷斯》，《人民日报》2018 年 4 月 9 日。

习近平：《登高望远，牢牢把握世界经济正确方向——在二十国集团领导人峰会第一阶段会议上的发言》，《人民日报》2018 年 12 月 1 日。

《习近平在中共中央政治局第十一次集体学习时强调　推动全党学习和掌握历史唯物主义　更好认识规律更加主动地推进工作》，《人民日报》2013 年 12 月 5 日。

毛泽东：《现在革命比较松了一口气，就要来搞建设，搞技术革命》，《党的文献》1991 年第 6 期。

文　明　观

　　中国式现代化是物质文明和精神文明相协调的现代化。中国式现代化道路以新的文明理念重塑人类文明格局、引领人类文明发展方向、创新人类文明共存方式。中国式现代化的独特文明观，既丰富了马克思主义中国化时代化的理论成果，为中国式现代化确立文明发展目标、选择文明发展道路提供了理论指引，又为创造人类文明新形态提供了具有探索性的中国方案。

文明形态视野下的中国式现代化

邢云文[*]

以中国式现代化全面推进中华民族伟大复兴，是 21 世纪中国共产党人的使命和任务。习近平总书记在党的二十大报告中指出，"中国式现代化，是中国共产党领导的社会主义现代化，既有各国现代化的共同特征，更有基于自己国情的中国特色"[①]，并从五个方面系统阐明了中国式现代化的特征，为我们深刻理解中国式现代化的科学内涵和本质要求提供了指引，也为人类现代化理论谱系打开了中国视界。

作为一个现实的理论命题，中国式现代化既包含了丰富的历史内容，也蕴含着新时代中国共产党人对于现代化的哲学态度。准确把握中国式现代化的内涵

扫码听全文

* 邢云文，上海交通大学马克思主义学院院长、特聘教授，上海市习近平新时代中国特色社会主义思想研究中心研究员。

① 习近平：《高举中国特色社会主义伟大旗帜　为全面建设社会主义现代化国家而团结奋斗——在中国共产党第二十次全国代表大会上的报告》，人民出版社 2022 年版，第 22 页。

实质，需要把这一历史的、具体的范畴上升到哲学层面，从普遍性的意义上解释中国式现代化的科学内涵。唯其如此，才能够有效地回应"何以说中国式现代化能够创造人类文明新形态"的理论之问。本文运用历史唯物主义基本原理对中国式现代化这一命题进行哲学考察，以期初步探讨什么是中国式现代化，为什么说中国式现代化创造了人类文明新形态。

基于技术文明史的考察：中国式现代化的生产力阶段

唯物史观告诉我们，生产力是推动人类社会发展的最根本力量。离开了物质资料的生产这个前提谈人类历史，就有可能陷入唯心主义历史观。物质文明是人类文明的基础，我们说中国式现代化创造了人类文明新形态，必然内在地包含了人类生产力发展的新形态。在《德意志意识形态》中，马克思深刻剖析了人类生产方式与社会形态演变的历史。他指出："由此可见，一定的生产方式或一定的工业阶段始终是与一定的共同活动方式或一定的社会阶段联系着的，而这种共同活动方式本身就是'生产力'；由此可见，人们所达到的生产力的总和决定着社会状况，因而，始终必须把'人类的历史'同工业和交换的历史联系起来研究和探讨。"[①]历史唯物主义对于人类社会发展阶段的划分，也主要是以生产方式特别是代表生产力发展水平的生

---

① 《马克思恩格斯文集》第 1 卷，人民出版社 2009 年版，第 532—533 页。

产工具作为依据的。在《哲学的贫困》中，马克思指出："社会关系和生产力密切相联。随着新生产力的获得，人们改变自己的生产方式，随着生产方式即谋生的方式的改变，人们也就会改变自己的一切社会关系。手推磨产生的是封建主的社会，蒸汽磨产生的是工业资本家的社会。"①可以说，生产力水平是社会形态划分的根本尺度，在谈及人类社会发展形态时，首先应该确立的一个坐标就是生产力发展的阶段。

从发生学来看，现代化进入人类历史叙事，一个最具标志性的历史事件就是始于18世纪60年代的英国工业革命。习近平总书记指出："18世纪出现了蒸汽机等重大发明，成就了第一次工业革命，开启了人类社会现代化历程。"②以蒸汽机为代表的新技术发明应用推动人类生产方式发生革命性变革，由此也带来人类生活方式、交往方式、社会结构的巨大变化，推动人类从农业文明进入工业文明。正如马克思、恩格斯在《共产党宣言》中所指出的，"蒸汽和机器引起了工业生产的革命。现代大工业代替了工场手工业；工业中的百万富翁、一支一支产业大军的首领、现代资产者，代替了工业的中间等级"③。从18世纪英国第一次工业革命之后，人类先后又经历了三次工业革命。以蒸汽技术的发明和应用为标志的第一次工业革命，使人类进入机器时代；以电力技术和内燃机的发明与应用为标志的第二次工业革命，

---

① 《马克思恩格斯文集》第1卷，人民出版社2009年版，第602页。

② 习近平：《为建设世界科技强国而奋斗——在全国科技创新大会、两院院士大会、中国科协第九次全国代表大会上的讲话》，人民出版社2016年版，第3页。

③ 《马克思恩格斯文集》第2卷，人民出版社2009年版，第32页。

使人类进入电气时代；以计算机技术的发明和应用为标志的第三次工业革命，使人类进入信息时代。今天，人类正在经历以人工智能技术为标志的第四次工业革命，以区块链、5G、元宇宙等基于互联网的智能技术广泛应用，极大地推动了人类生产和生活的智能化进程。最新人工智能技术驱动应用的迅猛发展，导致人们对技术创新不确定性风险的担忧，以至于有科学家发出倡议，呼吁全球人工智能研究机构对人工智能技术暂停开发 6 个月，以避免由于"智慧涌现"而带来的不可控风险。

从某种意义上说，我们所说的现代化，就是在科学技术推动下，人类生产力不断迭代进化的过程。历史地看，人类科技革命的每一次出现，也在重新定义现代化的内涵。与今天的智能制造工厂相比，蒸汽时代的大工业生产显然是处于"前现代的"，而且，两者的差距并不比蒸汽时代大工业生产较之"前蒸汽时代"人类主要以人力和畜力减轻劳动强度的手工工场要小。我们谈论现代化，首先要从生产力进步的角度来理解，而以生产工具（技术）革命为标志的生产力革命，不仅赋予了人类改造自然、创造"人化自然"的巨大能力，也在革命性地重塑着人与人的社会关系，从而从整体上改变着人类生存和发展的根本面貌，而我们把这一巨大的历史变迁看作是一个现代化的过程。因此，从人类文明的演进来看，我们不能把现代化理解为一个已经完成的、静态的方案，也不存在某种可以直接拿来复制的现代化"模板"。

近代中国的现代化进程是在西方（主要是欧洲）已经基本完成第一次工业革命后被动开启的。近代以来发生的"中西碰撞"，实质上是处于工业时代的西方与仍旧处于农业时代的中国的碰撞，是两个处于不同技术时代的文明碰撞。因而，对于古老的中国来说，这是一种不同代际技术文明的碰撞，其结果在一开始就已经注定。所以，近代以来中国所遭受的悲惨命运，根本上说是生产力水平落后于时代的结果。也正因为如此，中国人在惨痛的教训中得出了"落后就要挨打""发展才是硬道理"的结论。检视中国现代化的历史，虽然我们在 1840 年甚至更早的时候已接触到工业文明，但由于各种复杂的原因，在随后的两次工业革命中，中国总是处于慢半拍的状态，甚至在西方主要国家已经完成第二次工业革命的时候，中国仍然没有完成第一次工业化。在第二次世界大战后西方主要工业国家开始第三次工业革命的时候，我们仍然面临着完成第二次工业革命的艰巨任务。

"中国共产党百年来团结带领中国人民追求民族复兴的历史，也是一部不断探索现代化道路的历史。"① 在中国共产党诞生前，近代中国的许多政治力量前赴后继对中国的现代化道路进行了一次又一次探索，但都失败了。究其原因，最根本的就是没有一个坚强的政党领导，近代中国的现代化只能在一种缺乏历史主动性的情况下推进，最终的结果就是，近代中国的现代化进程在西方主导的世界现代化进程中处于从属地位，而且总是被世界秩序重构的动荡所打断。1949 年新中国的成立，为中国式现代化提供了可靠的政治前提和稳定的制度保障，中国的现代化进程进入加速发展阶段。在中国共产党领导下，我们在很短的时间内完成了从落后的农业国向社会

---

① 任平：《中国特色社会主义是实现中华民族伟大复兴的必由之路——奋进新征程，创造新伟业②》，《人民日报》2023 年 3 月 29 日。

主义工业国的转变。改革开放以来，我们在第三次工业革命浪潮中逐步迎头赶上，用几十年时间走完西方发达国家几百年走过的工业化历程。也正因为如此，中国的现代化呈现出一种"并联式"的特征，在西方历史上历时性发生的工业革命，以一种"共时性"的方式在中国呈现出来，这无疑也使得中国式现代化的进程更为复杂。尤为重要的是，当代中国的现代化事实上处在一个人类现代化"范式"转型的时刻，在正在发生的第四次工业革命中，中国和西方国家第一次处于并跑位置，均面临着从0到1的开创性探索。在新技术革命的推动下，我们拥有的"后发优势"边际效应在递减，需要我们积聚基于技术创新的"先发优势"，这是中国式现代化必须回答好的时代课题。

针对"现代性问题"的困境：中国式现代化的伦理回应

发源于西方的现代化给人类带来了完全不同于以往的文明图景，但这一文明图景又是充满"悖论"的，以至于在经历了几百年的现代化之后，有人提出了这样的疑惑：对于人类来说，现代化究竟是福祉还是灾难？这不仅仅是亚里士多德式的对于事物之善的终极追问，其更直接的理由来自不能回避的现实场景。一方面，我们看到现代化的确创造了巨大的生产力。正如马克思、恩格斯在《共产党宣言》中所言："自然力的征服，机器的采用，化学在工业和农业中的应用，轮船的行驶，铁路的通行，电报的使用，整个整个大陆的开垦，河川的通航，仿佛用法术从地下呼唤出来的大量人口——过去哪一个世纪料想到在社会劳动里蕴藏有这样的生产力呢?"① 另一方面，现代化也给我们展现出另一番图景。1845 年，恩格斯用了 21 个月的时间考察了英国工人阶级状况后，这样为我们描述当时伦敦的状况。"250万人的肺和 25 万个火炉挤在三四平方德里的面积上，消耗着大量的氧气，要补充这些氧气是很困难的，因为城市建筑形式本来就阻碍了通风。"② 他引用卡莱尔在《宪章运动》中关于英国棉纺工人所说的话，"对于他们，这世界并不是家，而是一个充满了荒唐而无谓的痛苦，充满了抗争、哀怨、对自己和对全人类的仇恨的阴森的监牢。这是上帝所创造、所统治的青葱翠绿、百花盛开的世界呢，还是魔鬼所创造、所统治的弥漫着硫酸烟雾、飘浮着棉絮尘埃、回响着酗酒者的喧嚷、充满了愤怒情绪和劳役痛苦的那个阴沉昏暗而又人声鼎沸的陀斐特呢?"③

现代化从早期工业化开始，就呈现出两种截然不同的"面相"：生产力的高歌猛进与生存环境的极度恶化、财富的堆积与贫困的积累、物质的富裕与精神的奴役。在其后的历史进程中，西方国家挟"先发优势"，更是在全世界范围内"复刻"着这一充满"悖论"的场景。更为重要的是，伴随着人类的现代化进程，西方国家和广大发展中国家之间逐渐形成了一道无法弥合的鸿沟，现代化的成果最终成为西方文明的专利，而现代化的消极影响却主要为广大发展中国家所承受。

---

① 《马克思恩格斯文集》第 2 卷，人民出版社 2009 年版，第 36 页。

② 《马克思恩格斯文集》第 1 卷，人民出版社 2009 年版，第 409—410 页。

③ 《马克思恩格斯文集》第 1 卷，人民出版社 2009 年版，第 431 页。

西方早期工业化中出现的场景，如今已经成为全球性的景象。为什么会发生这样的状况？马克思、恩格斯在他们生活的那个年代就已经向我们揭示了产生这一问题的根源，劳动的异化、工人的贫困、环境的恶化、西方发达国家对发展中国家的奴役，都与"资本"这两个字有关。因为"一旦有适当的利润，资本就胆大起来，如果有10％的利润，它就保证到处被使用；有20％的利润，它就活跃起来；有50％的利润，它就铤而走险；为了100％的利润，它就敢践踏一切人间法律；有300％的利润，它就敢犯任何罪行，甚至冒绞首的危险"①。而"资产阶级除非对生产工具，从而对生产关系，从而对全部社会关系不断地进行革命，否则就不能生存下去。反之，原封不动地保持旧的生产方式，却是过去的一切工业阶级生存的首要条件"②。因此，西方现代化一开始就与"资本"交织在一起，这个在历史上摧毁封建制度最有力的武器，如今也成为了"反噬"西方现代化的"咒语"。

事实上，不仅马克思主义经典作家对"资本＋技术"逻辑的现代化表现出高度警惕，20世纪60年代以后，在西方出现的形形色色的后现代主义思潮，也不同程度地表达了对于资本主义现代化及其现代性的担忧和抵抗，这些思潮或多或少地借鉴了马克思主义的辩证批判精神，从多个方面展开了对资本主义现代化及其现代性的反思与批判，其所主张的"反本质主义""反中心主义""反宏大叙事"等，试图以不确定性代替确定性，解构自启蒙运动以来资本主义建构的一整套观念系统。可以说，这是"资本＋技术"逻辑的现代化造成的人与

---

① 《马克思恩格斯文集》第5卷，人民出版社2009年版，第871页。
② 《马克思恩格斯文集》第2卷，人民出版社2009年版，第34页。

人、人与自然、人与自身紧张关系在社会观念系统中的反映。因为，自启蒙运动以来所生成的一整套现代性知识系统，无法解释资本主义现代性"背面"的事实，而这些问题已经影响到人类的生存。然而，后现代主义思潮除了激进的批判之外，并没有给我们提供一个积极的建构性方案。与知识分子头脑中的批判形成鲜明对照的现实是，以资本逻辑推动的资本主义现代化系统依旧在高速运转。一如我们今天所看到的世界场景，贫富差距问题、发展问题、生态环境问题，特别是国际秩序中的霸权主义问题并没有得到根本解决。那么，人类能否走出一条超越"资本逻辑"的现代化道路呢？答案是能，且必须走出来，因为如果不能，那人类在享受现代化福祉的同时，就有可能面临致命的风险。

在此意义上说，中国式现代化不仅仅是为解决现代化进程中的中国问题而提出的，其本身更是包含了对现代性问题——这个西方人已经意识到，但却无法解决的人类课题作出的中国探索。因而，中国式现代化道路是具有超越性意义的。那么，为什么中国能够走出这样的道路呢？

从人类现代化的进程来看，中国并不是第一个探索适合本国国情的现代化道路的国家。早在中国之前，一些拉丁美洲国家、东亚国家和地区已经在西方国家之后走上了现代化道路。但正如后来的历史所告诉我们的，这些国家和地区虽然也形成了自身的现代化模式，但并没有从根本上摆脱对于西方的依赖，以至于陷入了"发展陷阱"之中。这样的历史教训也为中国提供了经验启示，那就是我们在学习赶超西方的过程中，始终强调坚持走独立自主的发展道路。

从更深层次上看，中国在现代化进程中，始终高度警惕西方主宰的国际资本对国家主权和发展权的控制，始终保持发展的主动权。而这一点，只有在中国共产党的坚强领导下才可以实现。因此，党的二十大报告指出："中国式现代化，是中国共产党领导的社会主义现代化。"①这既是历史的经验，也是历史的选择，因为，只有以马克思主义为指导思想的中国共产党，才有可能始终保持对资本野蛮生长和无序扩张的警惕，从而在实践层面避免这种资本逻辑带来的"外部性"，才能最终走出一条超越西方资本主义现代化的人类现代化的正义道路。

面向未来的承诺：中国式现代化的文明视野

对于今天的世界来说，中华民族的命运与社会主义的命运，与整个人类文明的命运是密切联系在一起的。中国式现代化不仅承载着实现中华民族伟大复兴的历史任务，也担负着开创人类文明新形态的历史重任。习近平总书记强调："中国式现代化蕴含的独特世界观、价值观、历史观、文明观、民主观、生态观等及其伟大实践，是对世界现代化理论和实践的重大创新。"②

---

① 习近平：《高举中国特色社会主义伟大旗帜　为全面建设社会主义现代化国家而团结奋斗——在中国共产党第二十次全国代表大会上的报告》，人民出版社 2022 年版，第 22 页。

② 《习近平在学习贯彻党的二十大精神研讨班开班式上发表重要讲话强调　正确理解和大力推进中国式现代化》，《人民日报》2023 年 2 月 8 日。

第一，中国式现代化与当代新科技革命同频共振，是处于人类生产力发展新阶段的现代化。如果我们以一种宏大历史视野观照今天的话，中国式现代化的命题虽然是在赶超西方的历史语境下提出的，但是中国式现代化的历史进程却以一种"跨栏跑"的姿态行进，在以一种"压缩式"的方式完成了前三次工业革命的任务后，就迎面遭遇了第四次工业革命的到来。当前，以人工智能、新材料技术、分子工程、量子信息技术、可控核聚变、清洁能源以及生物技术等为技术突破口的工业革命正在前所未有地给人类整个生产和生存方式带来颠覆性的变革，重塑人类文明形态，也在新的历史语境下重新定义"现代化"这一概念。中国式现代化也第一次在人类现代化历史上与西方发达国家处于"并跑"位置，甚至在一些领域处于"领跑"位置。

在这场新的现代化征程中，中国命题和人类命题也在同一历史时空中交汇，实现中华民族伟大复兴的历史课题与创造人类文明新形态的时代课题要求中国式现代化必须给出"共同题解"。与以往不同，今天正在行进中的中国式现代化，必须以人类生产力的将来进行时进行谋划。党的二十大报告指出："教育、科技、人才是全面建设社会主义现代化国家的基础性、战略性支撑。必须坚持科技是第一生产力、人才是第一资源、创新是第一动力，深入实施科教兴国战略、人才强国战略、创新驱动发展战略，开辟发展新领域新赛道，不断塑造发展新动能新优势。"[1]这一重大战略安排，就是围绕中国式现代化的

---

[1] 习近平：《高举中国特色社会主义伟大旗帜　为全面建设社会主义现代化国家而团结奋斗——在中国共产党第二十次全国代表大会上的报告》，人民出版社2022年版，第33页。

未来进行谋划的。在当代新科技革命推动的新一轮现代化进程中，我们并没有可以借鉴或者模仿的样板，只能靠自己探索。坚持走高水平科技自立自强的道路，占领人类科技发展制高点，这既是中国式现代化的必由之路，也是中国式现代化能够创造人类文明新形态的底气所在、关键所在。

第二，中国式现代化坚持人民至上理念，是突破西方个人中心主义和"资本逻辑"的现代化。当前，人类社会现代化进程又一次来到历史的十字路口。为此，习近平总书记提出五点主张，"要坚守人民至上理念，突出现代化方向的人民性；要秉持独立自主原则，探索现代化道路的多样性；要树立守正创新意识，保持现代化进程的持续性；要弘扬立己达人精神，增强现代化成果的普惠性；要保持奋发有为姿态，确保现代化领导的坚定性"[1]。可以毫不夸张地说，迄今为止的人类现代化进程都是在"资本逻辑"主导下发展的，也正因为如此，才产生了所谓的"现代性问题"。而历史也告诉我们，靠资本的觉悟来破除资本的"魔咒"是不可能的。中国式现代化的价值诉求不仅要解决自己国家的发展问题，也要在这样的历史进程中解决好西方现代化带来的人类共同问题。党的二十大报告强调，中国式现代化是人口规模巨大的现代化、是全体人民共同富裕的现代化、是物质文明和精神文明相协调的现代化、是人与自然和谐共生的现代化、是走和平发展道路的现代化。这五个方面的特征，既标识了中国式现代化与西方现代化的不同，实际上也是针对由于"资本逻辑"推动的现代化所产

---

[1] 《习近平出席中国共产党与世界政党高层对话会并发表主旨讲话》，《人民日报》2023年3月16日。

生的问题而言的。

现代化应该成为全人类的福祉，而不是一部分人的福祉、另一部分人的灾难。西方现代化的哲学立场是以"我"为中心的，这个"我"就是"理性的工具人"，或者更直接地说就是"资本化的人格"。因而，其在人与自然的关系上，表现为人类中心主义；在人与人的关系上，表现为个人中心主义；在物质与精神的关系上，表现为物质中心主义；在国与国的关系上，表现为西方中心主义。中国式现代化要破除"资本的魔咒"，就必须在关于现代化的哲学上进行一场革命，重新定义现代化进程中人与人、人与自然和国与国之间的关系，真正地摆脱人与人之间"物的依赖性"，让人类现代化回归到为实现人的全面发展上来。

第三，中国式现代化坚持推动构建人类命运共同体的主张，是超越"西方文明中心论"和"霸权逻辑"的现代化。实现现代化是全世界所有发展中国家的美好愿望，但在一个以西方国家为主导的世界经济政治秩序下，发展中国家的现代化之路举步维艰，在追求本国现代化的过程中，许多民族国家虽然在政治上获得了独立，但在经济上却不能摆脱附庸地位。中国作为世界上最大的发展中国家，与广大发展中国家有着共同的经历、共同的命运，中国独立自主地探索本国现代化的历程也为广大发展中国家提供了宝贵的经验。

中国以自己的现代化成就向广大发展中国家证明：世界上没有定于一尊的现代化模式，虽然人类现代化起源于西方，但是现代化不等于西方化。事实上，这样一个重要认识，对于广大发展中国家的现代化进程具有思想解放作用，能够促使这些国家的人民重新认识和思考本国现代化和西方的关系，树立实现现代化的民族自信心。与此同时，党的十八大以来，以习近平同志为核心的党中央秉持真实亲诚理念和正确义利观加强同发展中国家团结合作，维护发展中国家共同利益。通过共建"一带一路"等一系列重要实践，向世界表明了中国愿意与世界各国共享中国发展红利的态度，赢得了广大发展中国家的尊重和认可。作为负责任大国，中国提出并倡导坚守和平、发展、公平、正义、民主、自由的全人类共同价值，提出了全球发展倡议、全球安全倡议、全球文明倡议，积极推动构建人类命运共同体。这一系列重要理念和重要实践，有力地回应所谓"国强必霸"的逻辑，与西方国家动辄以武力干涉他国内政形成鲜明对照，也使广大发展中国家更加清醒地认识到，只有把国家命运掌握在自己手中，坚定不移地走符合本国国情的现代化道路，才能摆脱对西方的依附地位。中国式现代化不仅是中国的，也是世界的。

■ **参考文献**

习近平：《高举中国特色社会主义伟大旗帜　为全面建设社会主义现代化国家而团结奋斗——在中国共产党第二十次全国代表大会上的报告》，人民出版社 2022 年版。

习近平：《为建设世界科技强国而奋斗——在全国科技创新大会、两院院士大会、中国科协第九次全国代表大会上的讲话》，人民出版社 2016 年版。

《马克思恩格斯文集》第 1 卷，人民出版社 2009 年版。

《马克思恩格斯文集》第 2 卷，人民出版社 2009 年版。

《马克思恩格斯文集》第 5 卷，人民出版社 2009 年版。

《习近平出席中国共产党与世界政党高层对话会并发表主旨讲话》，《人民日报》2023 年 3 月 16 日。

《习近平在学习贯彻党的二十大精神研讨班开班式上发表重要讲话强调　正确理解和大力推进中国式现代化》,《人民日报》2023 年 2 月 8 日。

任平:《中国特色社会主义是实现中华民族伟大复兴的必由之路——奋进新征程,创造新伟业②》,《人民日报》2023 年 3 月 29 日。

中国式现代化道路的文明逻辑

任 洁[*]

党的二十大报告指出，"我们对新时代党和国家事业发展作出科学完整的战略部署"，"以中国式现代化推进中华民族伟大复兴"，"不断丰富和发展人类文明新形态"。[①] 中国需要继续坚持走中国式现代化道路才能继续丰富和发展人类文明新形态，人类文明新形态才能以"平等、互鉴、对话、包容"的新文明理念重塑人类文明格局、引领人类文明发展方向、创新人类文明共存方式。从文明逻辑梳理中国式现代化道路的选择、探索、确立和发展历程，阐明中国式现代化道路与中华文明的关系、与资本主义现代文明的关系、与人类文明未来走向的关系，对于把握中国式现代化道路的文明意蕴和世界历史影响具有重要意义。

扫码听全文

任洁，中国社会科学院大学马克思主义学院教授，中国社会科学院马克思主义研究院基本理论研究室主任、研究员。

① 习近平：《高举中国特色社会主义伟大旗帜　为全面建设社会主义现代化国家而团结奋斗——在中国共产党第二十次全国代表大会上的报告》，人民出版社 2022 年版，第 7 页。

中国式现代化道路是社会主义文明的选择

按照现代化的文化背景和动力源进行划分，现代化有内源性现代化和外源性现代化之分。"内源的现代化，是在西方基督教文明的历史背景和传统下孕育起来的，它的原动力即现代生产力是内部孕育成长起来的，具有较强的自我发挥能力。"①现代化肇始于西方，是西方文明孕育出来的产物。西方现代化与西方文明之间不存在异质不容的问题。西方文艺复兴、启蒙运动为西方现代化的萌发提供了文化前提。"晚近的外源性现代化大多数发生在非基督教文明地区，是在外来的异质文明的撞击下激发或接枝引进的。"②发生在欠发达国家的外源性现代化，其现代生产力要素和现代化的文化要素都是从外部移植或引进的。中国的现代化属于外源性现代化，中华文明异于西方文明的特质，注定中国探索现代化道路的历程充满了阵痛、扭曲和震荡。全盘西化论、国粹主义论、折中调和论之争，反映了中国自近代以来关于现代化发展与文明选择之间的矛盾和纠结。回顾近代以来中国探索现代化道路的历程，中国最终步入现代化发展的正轨，具备真正实现现代化的根本政治条件，其根本原因就在于中国选择了社会主义文明。

---

① 罗荣渠：《现代化新论——世界与中国的现代化进程》，商务印书馆 2004 年版，第132 页。

② 罗荣渠：《现代化新论——世界与中国的现代化进程》，商务印书馆 2004 年版，第132 页。

中国选择社会主义文明是因中华传统文明蒙尘。中华文明绵延5000 多年不曾中断，是世界文明史上"连续性文明"的典范。对 5000 多年的中华文明史进行分期是一项复杂工程。无论是按照古代、近代、现代的三分法进行划分，还是按照传统与现代的二分法进行划分，都有充足理由和科学标准。这里采取传统与现代的二分法对中华文明进行简单划分，以 1840 年为界，将中华文明划分为中华传统文明和中华现代文明。采取二分法的合理性在于，第一次鸦片战争之前，中华文明是独立存在的农耕文明，与古巴比伦、古印度、古埃及文明共同作为四大原生文明独立发展，成为后来诸多文明的发源地。鸦片战争之后，中国被迫卷入世界工业化进程，开始了从传统到现代的转变。

1840 年是中国近代史上的一个重要时间节点。当西欧工业革命狂飙突进、生产力迅猛发展、海外殖民活动疯狂推进之时，中国的封建制度却走向腐朽、没落，经济社会发展活力日渐枯竭。近代中国不断遭受战败、割地、赔款的屈辱，国家面临被瓜分豆剖的危机，人民生活困苦不堪，中华文明黯淡无光。为挽救民族危亡，重建"大一统"的中华文明，中国的仁人志士进行了各种探索。从洋务运动、戊戌变法到辛亥革命，中国的早期现代化经历了从器物、制度再到文化改造的探索历程。辛亥革命的失败引发了先进人士关于国民性的思考。在陈独秀看来，"中国的辛亥革命之所以失败，就在于中国缺乏像西欧那样的从文艺复兴到启蒙运动的思想革命。没有，就要补上；不补上，革命就不能成功；成功了，也不能巩固"[①]。这种觉悟引发了中国

---

① 彭明：《五四新文化运动的反思》，载张立文等主编：《传统文化与现代化》，中国人民大学出版社 1987 年版，第 341—342 页。

近代历史上最伟大的文化革命——五四新文化运动。这场思想革命的总体目标，在于以西方自由主义和民主主义价值观为武器，批判旧文化以改造国民性。至于如何进行这场文化改造运动，是走与传统彻底决裂的全盘西化道路，还是回归传统，抑或将中西文化折中调和？各种不同的主张在当时争论颇为激烈，掀起了文化讨论的首次热潮。五四新文化运动彻底的反传统姿态，加上晚清以来中华传统文明在与西方现代文明遭遇后产生的挫折感和失败感，使得人们认识到以前的老路是走不通的。

中国选择社会主义文明是因对西方现代文明存疑。西方的坚船利炮打开了中国国门，同时也惊醒了国人"天朝上国"的迷梦。睁眼看世界、向西方学习是当时有识之士的共识。毛泽东同志在《论人民民主专政》中曾指出："那时，求进步的中国人，只要是西方的新道理，什么书也看。向日本、英国、美国、法国、德国派遣留学生之多，达到了惊人的程度。"①然而，这种对西方现代文明的学习、推崇和认同并非毫无保留。孙中山先生在 19 世纪末期游历欧洲之后，就对西方现代文明优越性的认识有所"心得"。他说："两年之中，所见所闻，殊多心得。始知徒致国家富强、民权发达如欧洲列强者，犹未能登斯民于极乐之乡也；是以欧洲志士，犹有社会革命之运动也。"②第一次世界大战深刻暴露了资本主义的矛盾和西方现代文明的局限，使人们对西方现代文明产生了一种"幻灭感"，从而具有了一种批判反思的立场。针对这一点，英国哲学家罗素曾说："他们对于我们的

---

① 《毛泽东选集》第 4 卷，人民出版社 1991 年版，第 1469 页。
② 《孙中山全集》第 6 卷，中华书局 1985 年版，第 232 页。

文明也抱有怀疑的态度。他们之中有好几个人对我说,他们在 1914 年之前还不怎么怀疑,但'大战'让他们觉得西方的生活方式中必定有缺陷。"①第一次世界大战的爆发的确让当时的中国人对西方现代文明不再盲目推崇和完全信任,不再一心一意想要模仿西方的现代化道路。如果说,西方现代文明暴露的问题和矛盾使得中国"主观上"不愿再以西方现代化为"模板",不想再重复西方现代化道路,那么,当马克思的"历史向世界历史的转变"变成现实,资本主义现代化的发展已经重构了历史发展前提,包括向国外转移国内阶级矛盾和社会冲突的空间,可供掠夺性开发的生态环境,尚未稳固的势力范围和依附关系,还未形成的垄断资本支配的贸易规则和市场控制,还留有自由自发竞争的余地等。②这些资本原始积累条件的丧失,使得中国"客观上"已经不具备重复西方现代化道路的现实可能性。

中国选择社会主义文明是因俄国十月革命的示范影响。在中华传统文明蒙尘和中国的志士先贤对西方现代文明有所质疑的时候,十月革命在俄国取得了胜利。俄国十月革命把社会主义从科学理论变成了现实制度,开启了社会主义发展的新阶段,开辟了人类历史新纪元。十月革命的成功对中国革命和现代化道路选择产生了重要影响。当时,选择社会主义文明,"走俄国人的路"是经过反复试错和比较得出的正确结论。社会主义文明符合当时中国的实际需要。马克思曾说:"理论在一个国家实现的程度,总是取决于理论满足这个国家的

---

① [英] 罗素:《中国问题》,秦悦译,上海学林出版社 1996 年版,第 152—153 页。
② 侯惠勤:《人类现代化历史过程的道路之辨》,《哈尔滨工业大学学报(社会科学版)》 2022 年第 2 期。

需要的程度。"①毛泽东同志认为，中国选择社会主义文明，选择马克思主义，是因为社会主义和马克思主义契合中国的客观需要。他指出："马克思列宁主义来到中国之所以发生这样大的作用，是因为中国的社会条件有了这种需要，是因为同中国人民革命的实践发生了联系，是因为被中国人民所掌握了。任何思想，如果不和客观的实际的事物相联系，如果没有客观存在的需要，如果不为人民群众所掌握，即使是最好的东西，即使是马克思列宁主义，也是不起作用的。"②党的二十大报告强调，"坚持和发展马克思主义，必须同中国具体实际相结合。我们坚持以马克思主义为指导，是要运用其科学的世界观和方法论解决中国的问题"③。马克思主义正是在不断正确回答和解决中国实际问题和时代问题的过程中，实现了理论创新，形成了与时俱进的理论成果。

社会主义文明是不同于中华传统文明、西方资本主义现代文明的"第三种文明"。李大钊在《"第三"》一文中也说："第一文明偏于灵；第二文明偏于肉；吾宁欢迎'第三'之文明。盖'第三'之文明，乃灵肉一致之文明，理想之文明，向上之文明也。"④瞿秋白在《赤都心史》中也表达了类似的观点，他说："新文化的基础，本当联合历史上相对待的而现今时代之初又相补助的两种文化：东方与西方。现时

① 《马克思恩格斯文集》第1卷，人民出版社2009年版，第12页。
② 《毛泽东选集》第4卷，人民出版社1991年版，第1515页。
③ 习近平：《高举中国特色社会主义伟大旗帜　为全面建设社会主义现代化国家而团结奋斗——在中国共产党第二十次全国代表大会上的报告》，人民出版社2022年版，第17页。
④ 《李大钊全集》第1卷，人民出版社2006年版，第173页。

两种文化，代表过去时代的，都有危害的病状，一病资产阶级的市侩主义，一病'东方式'的死寂。"①1917 年 8 月 23 日，毛泽东同志在给黎锦熙的信中也说过："西方思想亦未必尽是，几多之部分，亦应与东方思想同时改造。"②马克思主义中国化的几位早期代表人物都认识到东方文明、西方文明各自的特征和不足，主张采取两种文明融汇互补的"第三种文明"，即社会主义文明。

中国式现代化道路厚植于中华文明沃土之中

依据历史唯物主义的立场、观点、方法看待人类文明的发展，可以从社会形态的角度对人类文明形态进行纵向划分。人类文明总体上经历了奴隶制文明、封建文明、资本主义文明、社会主义文明等文明形态。这些文明形态存在递进更替关系。历史地看，后一种文明形态是比前一种文明形态更高一级的文明形态，这些文明形态依次构成人类文明进步的各个历史阶段。据此可以断定，社会主义文明是比中华传统文明更为先进的文明。结合中华文明的发展历程和特征，中华文明虽绵延不息，却在近代遭遇了传统与现代的冲突，现在正经历从蒙尘向重光的转变。这种转变与中国选择社会主义、以马克思主义作为立党立国、兴党兴国的指导思想是分不开的。经历马克思主义真理力量的激活，中华文明实现了文明形态的创新和跃迁，即中国特色社会

---

① 《瞿秋白文集》（文学编），人民文学出版社 1985 年版，第 213 页。
② 《毛泽东年谱（1893—1949）（修订本）》上卷，中央文献出版社 2013 年版，第 28 页。

主义文明的生成。中国特色社会主义文明是中华文明的现代形态。中国式现代化道路是社会主义现代化道路，又是根植于中华文明沃土之中的发展道路。社会主义文明规定了中国式现代化道路的时代性，中华文明规定了中国式现代化道路的民族性，二者共同标注了中国式现代化道路在世界历史坐标系中的位置。从时代性坐标衡量，文明有先进和落后之分，从民族性坐标衡量，文明无价值高低、好坏优劣之分。社会主义文明赋予中国式现代化道路以时代先进性，是中国式现代化道路的发展方向；中华文明赋予中国式现代化道路以独特精神标识和文化底蕴，是中国式现代化道路得以绵延发展的"根"和"魂"。

中华文明是中国式现代化道路的根基。现代化作为从传统社会向现代社会转变的过程，是人类社会的发展趋势。各民族国家都将融入现代化潮流之中，但是如何实现现代化，其道路选择是多样的。习近平总书记指出："世界上没有放之四海而皆准的具体发展模式，也没有一成不变的发展道路。历史条件的多样性，决定了各国选择发展道路的多样性。"[①] 中国式现代化道路是具有中国特色的发展道路。这种特色是中华文明赋予的。习近平总书记表示："如果没有中华五千年文明，哪里有什么中国特色？如果不是中国特色，哪有我们今天这么成功的中国特色社会主义道路？"[②] 中华文明是中国式现代化道路的文化之根、精神之魂，是涵养这条道路的深厚土壤。习近平总书记强调，"要深入了解中华文明五千多年发展史，把中国文明历史研究引向深入，推动全党全社会增强历史自觉、坚定文化自信，坚定不

---

① 《习近平谈治国理政》第一卷，外文出版社 2018 年版，第 29 页。

② 《习近平谈治国理政》第四卷，外文出版社 2022 年版，第 315 页。

移走中国特色社会主义道路",要"研究阐释中华文明讲仁爱、重民本、守诚信、崇正义、尚和合、求大同的精神特质和发展形态,阐明中国道路的深厚文化底蕴"。① 中国道路自信的本质就是建立在5000多年文明传承基础上的文化自信,文化自信是"更基础、更广泛、更深厚的自信"②。只有从文明的高度梳理中国道路的历史必然性和内容规定性,中国道路自信才能更加坚定。

社会主义文明与中华文明内在相契。习近平总书记指出:"数千年来,中华民族走着一条不同于其他国家和民族的文明发展道路。我们开辟了中国特色社会主义道路不是偶然的,是我国历史传承和文化传统决定的。"③中国式现代化道路根植于中华文明之中。中国人民创造的悠久绵长、璀璨夺目的中华文明,对中国式现代化道路的选择产生了深远影响。习近平总书记在比利时布鲁日欧洲学院发表重要演讲时指出:"中国是有着悠久文明的国家。中华文明是没有中断、延续发展至今的文明,已经有5000多年历史了。2000多年前诸子百家的许多理念,至今仍然深深影响着中国人的生活。中国人看待世界、社会、人生,有自己独特的价值体系。"④中华文明具有的独特精神价值体系使得中国选择了社会主义文明。社会主义文明与中华文明具有内在亲缘性,在选择和融合的过程中,两种文明显现出诸多内在相契之

---

① 《习近平在中共中央政治局第三十九次集体学习时强调　把中国文明历史研究引向深入　推动增强历史自觉坚定文化自信》,《人民日报》2022年5月29日。
② 《习近平关于社会主义文化建设论述摘编》,中央文献出版社2017年版,第13页。
③ 《习近平关于协调推进"四个全面"战略布局论述摘编》,中央文献出版社2015年版,第84页。
④ 《习近平在欧洲学院发表重要演讲　在亚欧大陆架起友谊和合作之桥》,《人民日报》2014年4月2日。

处。例如，作为中华文明智慧结晶的中华优秀传统文化，其中蕴含的"天下为公、民为邦本、为政以德、革故鼎新、任人唯贤、天人合一、自强不息、厚德载物、讲信修睦、亲仁善邻等，是中国人民在长期生产生活中积累的宇宙观、天下观、社会观、道德观的重要体现，同科学社会主义价值观主张具有高度契合性"①。

社会主义文明对中华文明的激活。社会主义文明与中华文明的结合，一方面，使社会主义文明在中国获得了新形态，即中国特色社会主义文明形态。这是中国的历史经验、民族智慧、文化精髓与社会主义有机融合的过程，社会主义文明在这一过程中具有了民族性、本土性；另一方面，中华文明在社会主义文明的引领下，获得了新的生机活力，具有了现代性和世界性。这是用社会主义文明激活中华文明，推进中华文明创造性转化、创新性发展的过程。习近平总书记指出："在近代中国最危急的时刻，中国共产党人找到了马克思列宁主义，并坚持把马克思列宁主义同中国实际相结合，用马克思主义真理的力量激活了中华民族历经几千年创造的伟大文明，使中华文明再次迸发出强大精神力量。"②社会主义文明激活中华文明的过程，以两种文明的"结合"为前提，没有两种文明的结合，社会主义文明不会获得中国形态，中华文明也缺乏创新创造的活力。用社会主义文明激活中华文明的过程，以推进中华文明的创造性转化和创新性发展为根本途径

---

① 习近平：《高举中国特色社会主义伟大旗帜　为全面建设社会主义现代化国家而团结奋斗——在中国共产党第二十次全国代表大会上的报告》，人民出版社 2022 年版，第 18 页。

② 习近平：《在党史学习教育动员大会上的讲话》，人民出版社 2021 年版，第 11 页。

与方法。在这个过程中，要正确把握文明传承与文明创新的辩证关系，坚持守正创新和固本开新，以社会主义文明的时代性内涵激活中华文明的生命活力，使中华文明历久弥新、发扬光大。

中国式现代化道路对资本主义现代文明的超越

党的二十大报告指出："中国式现代化，是中国共产党领导的社会主义现代化，既有各国现代化的共同特征，更有基于自己国情的中国特色。"①中国式现代化是人口规模巨大的现代化，是全体人民共同富裕的现代化，是物质文明和精神文明相协调的现代化，是人与自然和谐共生的现代化，是走和平发展道路的现代化。这是对中国式现代化本质特征的科学概括与总结。

中国式现代化道路摒弃资本逻辑，坚持以人民为中心。资本主义现代化围绕资本逻辑展开，从生产经济领域一直蔓延到政治、文化、生态、社会领域。资本逻辑的泛化和僭越是资本主义现代化的特征，同时也是导致资本主义固有缺陷的根源。资本主义现代化追求资本的无限增殖，而不是为了实现人的现代化。这从根本上颠倒了物的增长与人的发展之间的关系。在生产经济领域，不断追求剩余价值和资本增殖的资本逻辑，与之前的所有制形式相比更有利于解放和发展生产

---

① 习近平：《高举中国特色社会主义伟大旗帜　为全面建设社会主义现代化国家而团结奋斗——在中国共产党第二十次全国代表大会上的报告》，人民出版社 2022 年版，第 22 页。

力，并且使社会积累了一些财富，为历史进步提供了物质前提。这种进步性就是马克思肯定的"资本的文明面"，然而这种历史进步付出了巨大代价，包括"毁灭式"的经济发展，资本逻辑自身必然导致贫富两极分化和阶级对立，对生态环境不可修复式的破坏和掠夺，人的无知、受奴役、粗野、道德堕落和单向度发展，绝大多数劳动者的贫困、苦难和异化等。

坚持以人民为中心，是中国式现代化道路的价值立场和基本逻辑，以此逻辑进行经济、政治、文化、生态、社会各领域的建设，实现了对资本逻辑的超越。中国式现代化坚持人民主体地位，坚持人民创造历史，一切依靠人民群众，一切为了人民群众，发挥人民首创精神。以人民为中心，决定了"要发挥资本作为生产要素的积极作用，同时有效控制其消极作用。要为资本设置'红绿灯'，依法加强对资本的有效监管，防止资本野蛮生长"①；决定了中国特色社会主义大力发展生产力、不断解放生产力的目的是为了更好地解决人民急难愁盼的问题，更好地满足人民对美好生活的需要，更好地提升人民的获得感、幸福感和安全感，最终实现人的自由全面发展。

中国式现代化道路摒弃两极分化，以实现全体人民共同富裕为重要目标和特征。贫富两极分化是资本主义社会发展的必然结果。追求效率是市场经济的天然属性，这种天然属性往往对社会产生双重效应：一是市场经济通过竞争、价格等市场机制实现社会资源的优化配置与使用，为社会高效率地创造了财富，极大地满足了人们的物质文

① 《中央经济工作会议在北京举行》，《人民日报》2021 年 12 月 11 日。

化需求；二是市场经济排斥收益平等是一种自发行为，如果不对它产生的后果进行自觉的调节和控制，那么，必将导致严重的社会两极分化，引起社会动荡，进而影响效率的提高。因此，资本主义社会必然会出现贫富两极分化，市场经济的逻辑必然导致贫富两极分化。

共同富裕是社会主义现代化的本质要求，是人民主体地位在发展成果、财富分配上的体现。关于社会主义与共同富裕之间的关系，习近平总书记有重要论断："共同富裕是中国特色社会主义的根本原则""共同富裕是社会主义的本质要求，是中国式现代化的重要特征""共同富裕本身就是社会主义现代化的一个重要目标"。作为社会主义的本质要求和根本原则，共同富裕体现了社会主义现代化发展的目的和价值。社会制度的性质内在决定着社会财富的去向。在社会主义制度下，社会财富由全体人民共享是社会主义的题中应有之义，也是社会主义对人们产生强大吸引力、激励人们为之奋斗不息的根本原因。社会主义要解放生产力、发展生产力，追求高效率和社会财富的极大涌流，目的不是为了仅让社会少数人过上富裕美好生活，而是为了满足占社会绝大多数的人民群众的物质精神生活需要，让全体人民过上富裕美好生活。

中国式现代化道路摒弃物质主义膨胀的片面发展，坚持五大文明全面协调发展。资本主义现代化遵循资本逻辑，是片面的和异化的。如果从物质文明、政治文明、精神文明、社会文明、生态文明五大文明的角度而言，资本主义现代化既不全面、也不协调，这突出体现在发展内涵、发展布局、发展目标的设定上。在发展内涵的设定上，资本主义现代化最初把发展等同于经济增长，用单一的经济增长涵盖社会系统的发展跃迁，虽然后来也有调整和改善，但是由于资本逻辑的泛化和僭越，重物质文明轻精神文明的固有缺陷无法从根本上得到克服。在发展布局的设定上，资本主义现代化没有一个全面、整体、系统的顶层设计，这种各领域各自为政、各自发展的局面不可能实现五大文明全面、协调、系统地发展。资本逻辑决定了资本主义现代化的发展目标就是为了追逐利益，实现最大量的财富积累和最大限度的资本增殖。随着资本主义的不断发展进步，其文明程度也在提高，虽然也会注重改善和解决生态环境、人的发展、社会分配和保障等问题，也会制定相应的制度和政策措施来缓和资本主义社会的各种矛盾，但这些改善总体上却不是资本主义现代化主动追求的内生发展目标，而是作为外在的、附加性的，工具性而非目的性的措施存在的。

中国式现代化道路坚持五大文明协调发展。从发展内涵的设定上来看，中国式现代化道路与资本主义现代化道路共时并存，因此能够以批判的立场吸收借鉴资本主义现代化发展过程中的经验教训。习近平总书记指出："我国现代化同西方发达国家有很大不同。西方发达国家是一个'串联式'的发展过程，工业化、城镇化、农业现代化、信息化顺序发展，发展到目前水平用了二百多年时间。我们要后来居上，把'失去的二百年'找回来，决定了我国发展必然是一个'并联式'的过程，工业化、信息化、城镇化、农业现代化是叠加发展的。"①中国式现代化发展是一个包括社会经济、政治、

---

① 《习近平关于社会主义经济建设论述摘编》，中央文献出版社2017年版，第159页。

文化各种子系统相互促进的过程，人们的生活方式、心理层面和价值系统的转变也是现代化发展的题中应有之义。即使仅从经济发展方面而言，发展也不再仅指数量指标的增大，而转向注重经济发展质量、可持续增长能力和自我创生能力的提高与培养。从发展布局的设定上来看，中国式现代化注重社会主义"总体布局"的全面推进，并注重社会主义经济建设、政治建设、文化建设、社会建设、生态文明建设之间的相互协调发展。从发展目标的设定上来看，中国式现代化经历了从经济现代化到全面现代化的转变。实现中华民族伟大复兴，全面建成社会主义现代化强国是中国共产党和中国人民的"夙愿"。虽然实现现代化的发展目标一以贯之，但是对现代化的理解经历了一个变化过程。从最早的实现工业现代化、"四个现代化"、"社会主义现代化"到全面建成社会主义现代化强国，现代化发展目标的演进过程深刻诠释了中国式现代化发展在目标任务上的连续性与阶段性。

中国式现代化道路摒弃对外扩张掠夺的西方现代化老路，坚持和平发展。资本主义出于本性，必须不断奔走于世界各地，获取生产资料和扩大市场，所以剥削掠夺、殖民移民是资本主义发展道路的显著特征。西方早期现代化的过程是殖民扩张和剥削掠夺的过程，可以说，西方实现现代化的过程与广大欠发达国家地区的落后和不发达是同一个历史过程的两个方面。资本主义在创造现代文明的同时，又造成了劳资对立、社会分化、贫富悬殊的深刻矛盾。在世界历史条件下，资本主义国家内部的劳资矛盾进一步放大为发达国家与发展中国家之间的矛盾。马克思在《关于自由贸易问题的演说》中指出："自由竞争在一个国家内部所引起的一切破坏现象，都会在世界市场上以更大的规模再现出来。"① 在《政治经济学批判（1857—1858 年手稿）》中，马克思再次强调："资产阶级社会越出国家的界限。"② 这种先进与落后、中心与边缘、剥削与被剥削、压迫与被压迫的关系造成了东西方长期的敌对与仇视，造成世界的对立和分裂。

中国式现代化道路是和平发展道路，顺应了和平发展的世界大势、世界多极化趋势和中国全面建设社会主义现代化国家的客观需要，同时也是中国政府和中国人民扎根中国悠久深厚的和平主义文化传统，根据社会主义内在追求和平、反对侵略扩张的和平性质，为了实现中华民族伟大复兴的梦想，为了达至"既通过世界和平发展自己，又通过自身发展维护世界和平"的双赢目标而作出的主动选择。可以说，中国坚持走和平发展道路，是历史的必然，因为变化了的世界格局和国际形势不再容许任何大国通过侵略扩张的老路实现国家崛起；同时，中国坚持走和平发展道路，也是中国政府和中国人民的主动选择，因为近代饱受战争和侵略之苦的中国人民，格外渴望和平的发展环境。走在中国式现代化发展道路上的现代中国，更希望通过科学发展、自主发展、开放发展、和平发展、合作发展和共同发展实现中国综合国力的大幅跃升，成为维护世界和平的主要力量，为全人类的发展进步作出贡献。

---

① 《马克思恩格斯文集》第 1 卷，人民出版社 2009 年版，第 757 页。
② 《马克思恩格斯全集》第 30 卷，人民出版社 1995 年版，第 221 页。

中国式现代化道路引领人类文明未来发展

中国式现代化道路植根于中华文明沃土之中，广泛吸收借鉴世界文明成果，在借鉴和超越资本主义现代文明的基础上创造了人类文明新形态。这种人类文明新形态，升华和拓展了原有的世界文明，赋予世界文明以新的内涵，并以新的文明理念重塑人类文明格局、引领人类文明发展方向、创新人类文明共存方式。

重塑人类文明格局。长期以来，人类文明格局呈现为"东方从属于西方"的样态。这种"从属性"的人类文明格局本质上是由于西方资本主义现代化所谓的"先驱"地位造成的。随着资本的全球拓展，资产阶级奔走于世界各地，在不断输出剥削压迫、扩大殖民移民的同时，也将西方的文明和价值观移植于世界。人类文明打上了资本的烙印，西方文明构成了人类文明的基色。法国学者埃德加·莫寒指出，自 16 世纪开始的全球化一直体现为双重的全球化：一是猎取、奴役和殖民的全球化；二是西方的人道主义、自由、平等、民主、人权、博爱等价值观在全球的发展与弘扬，"现今世界已拥有一个世界文明，它源于西方文明，是其科学、技术、工业、资本主义互动的产物，其中包含了一些普遍价值"①。可以说，在民族历史向世界历史转变的过程中，西方占据了构建人类文明的主导地位，并企图把非西方国家纳入西方主导的文明谱系中，人类文明格局呈现为"西强东弱"的样态。

---

① ［法］埃德加·莫寒：《超越全球化与发展：社会世界还是帝国世界？》，载哈佛燕京学社编：《全球化与文明对话》，江苏教育出版社 2004 年版，第 127 页。

"东方从属于西方"的人类文明格局本质上是非正义的。重塑人类文明格局是文明进步的趋势，是历史发展的大势。一方面，西方文明自身正处于危机之中，"西方文明的福祉刚好包藏了它的祸根，它的个人主义包含了自我中心的闭锁与孤独，它在城市的技术与工业的兴旺给人们带来了紧张与危害，而'发展'所产生的力量将把人们引向核灭亡与生态死亡"①；另一方面，新兴市场国家和发展中国家群体性崛起，使得国际力量对比正在发生深刻变化，世界各国构建国际政治经济新秩序的努力已见成效，相应地，"西强东弱"的文明格局也在发生改变。

中国现代化发展取得的成就和发生的"现象级"变化，使得中国成为重塑人类文明格局的重要力量。重塑人类文明格局不仅需要美好的意愿，还需要国家实力支撑。随着中华民族伟大复兴进入不可逆转的历史进程，中国正在日益走近世界舞台中央，作为世界和平的建设者、全球发展的贡献者、国际秩序的维护者、公共产品的提供者、热点问题的斡旋者，发挥着越来越重要的作用。中国式现代化道路的成功以现实的力量驳斥了"现代化就是西化"的观念，打破了长期以来"西方中心主义"禁锢发展中国家发展思路的困境，破除了西方文明优越的神话。中华民族伟大复兴必定是中华文明的复兴。近代以来遭遇蒙尘的中华文明正在重放光芒。由西方文明主导和推动的"从属性"文明格局已经难以为继，尽管"西强东弱"的文明格局没有得到根本扭转，但是"东升西降"的文明发展趋势日益凸显，重塑人类文明格

---

① ［法］埃德加·莫寒：《超越全球化与发展：社会世界还是帝国世界?》，载哈佛燕京学社编：《全球化与文明对话》，江苏教育出版社 2004 年版，第 134 页。

局的时代机遇已经到来。

引领人类文明发展方向。当前，世界百年未有之大变局加速演进，纷繁复杂、叠加出现的矛盾问题和风险挑战折射出人类文明自身的问题。人类文明朝向哪个方向发展，是继续在西方文明之光的普照下发展，还是各种文明共同为化解人类问题提供理念、方案和原则、规范，成为各种文明必须面对的"文明之问"。正是从这个意义上说，人类处于"文明的十字路口"。

以西方文明为主导的人类文明正在遭遇挑战。就发展问题而言，西方文明孕育了现代化，但同时制造了"现代化的意识形态"，构建了一个"西方中心主义"的神话，企图让发展中国家按照西方模式发展，在世界范围内制造了发达与发展的二元对立，使许多发展中国家深陷发展陷阱之中；就治理问题而言，世界范围内出现的治理赤字，暴露出西方奉行的"大国主导、几方共治"的治理逻辑已经严重背离了时代潮流；就信任问题而言，个别大国奉行本国优先、利益至上，无原则、无底线地将单边主义延伸到所有国际关系领域，各种退群、毁约，各种背信弃义，严重破坏了全球信任体系；就和平问题而言，大量非传统安全问题的出现，意味着奉行自我至上的排他性安全观已经不合时宜。全球化时代，安全问题早已超越国界，没有国家能像孤岛一样独善其身。西方奉行的"霸权稳定论"恰恰是制造和平赤字的根源。发展赤字、治理赤字、信任赤字、和平赤字的出现，警示各大文明重新思考人类文明的发展方向，为化解人类生存发展面临的危机和问题提供新的文明智慧和交往规则。

中国提出构建人类命运共同体的理念，并以实际行动积极践行，拓展出人类命运共同体的多样形式，包括全球治理层面、地区层面、双边层面的多种共同体形式，为回答"文明之问"贡献了中国智慧和中国方案。人类命运共同体倡扬"和平、发展、公平、正义、民主、自由"的全人类共同价值，坚持共商共建共享的全球治理原则，致力于构建相互尊重、公平正义、合作共赢的新型国际关系，主张建设持久和平、普遍安全、共同繁荣、开放包容、清洁美丽的世界。中国倡导和践行的人类命运共同体理念，既是对中华文明的继承发展，又是对未来文明的开拓创新，为人类文明发展指引了方向。

创新人类文明共存理念。文明由来已久，在民族历史转变为世界历史之前，文明表现为各民族地域性的文明。各民族地域性文明之间也有交流融汇，但这种交流融汇是偶然的、有限的。人类文明是随着人类交往活动的普遍扩大而形成的。人类社会的发展逐渐打破了民族国家的地域界限，封闭或半封闭的民族隔绝状态代之以各民族国家间的普遍交往，真正意义上的人类文明得以形成。人类文明以世界性的交流、普遍性的交往为内在规定。世界历史条件下，人类文明应该秉持何种交往理念共处，是主张"文明进化""文明冲突""文明隔绝"，还是坚持"文明平等""文明包容""文明互鉴"，这是两种截然不同的文明共存理念。

从事实维度而言，文明多样性存在是一种客观事实。习近平总书记指出："文明具有多样性，就如同自然界物种的多样性一样。"① 各民族在应对不同历史环境和发展条件的实践中形成了差异多样的文

---

① 《习近平谈治国理政》第二卷，外文出版社 2017 年版，第 464 页。

明形态。从价值维度而言，文明"没有优劣之分，只有特色之别"①。习近平总书记指出："每种文明都有其独特魅力和深厚底蕴，都是人类的精神瑰宝。"②文明交流互鉴以文明多元并存为前提。只有文明之间存在差异，各种文明才有交流互鉴的可能和必要。在文明交流互鉴的过程中，不能片面强调"求同"，这不符合文明多样性的客观现实与要求，也不利于世界文明的整体繁荣与发展。习近平总书记指出："中华文明自古就以开放包容闻名于世，在同其他文明的交流互鉴中不断焕发新的生命力。要坚持弘扬平等、互鉴、对话、包容的文明观，以宽广胸怀理解不同文明对价值内涵的认识，尊重不同国家人民对自身发展道路的探索，以文明交流超越文明隔阂，以文明互鉴超越文明冲突，以文明共存超越文明优越，弘扬中华文明蕴含的全人类共同价值，推动构建人类命运共同体。"③

总之，中国共产党领导人民走出了中国式现代化道路，创造了人类文明新形态，"这是对中国实践、中国创造的历史意义和世界意义的高度概括，标注了中国现代化道路的新定位、中华文明发展的新高度"④。我们要讲好中国式现代化道路的故事，从文明高度讲清楚这条道路的选择、确立、发展逻辑和文明意蕴，"展现中华文明的悠久历史和人文底蕴，促使世界读懂中国、读懂中国人民、读懂中国共产

---

① 习近平：《弘扬和平共处五项原则　建设合作共赢美好世界——在和平共处五项原则发表 60 周年纪念大会上的讲话》，人民出版社 2014 年版，第 10 页。
② 《习近平谈治国理政》第二卷，外文出版社 2017 年版，第 544 页。
③ 《习近平在中共中央政治局第三十九次集体学习时强调　把中国文明历史研究引向深入　推动增强历史自觉坚定文化自信》，《人民日报》2022 年 5 月 29 日。
④ 黄坤明：《坚定不移走中国式现代化新道路》，《中国社会科学报》2021 年 10 月 15 日。

党、读懂中华民族"①，让世界了解真实、立体、全面的中国，向世界展现可信、可爱、可敬的中国形象。

■ **参考文献**

习近平：《高举中国特色社会主义伟大旗帜　为全面建设社会主义现代化国家而团结奋斗——在中国共产党第二十次全国代表大会上的报告》，人民出版社 2022 年版。

习近平：《在党史学习教育动员大会上的讲话》，人民出版社 2021 年版。

习近平：《弘扬和平共处五项原则　建设合作共赢美好世界——在和平共处五项原则发表 60 周年纪念大会上的讲话》，人民出版社 2014 年版。

《习近平谈治国理政》第一卷，外文出版社 2018 年版。

《习近平谈治国理政》第二卷，外文出版社 2017 年版。

《习近平谈治国理政》第四卷，外文出版社 2022 年版。

《习近平关于社会主义文化建设论述摘编》，中央文献出版社 2017 年版。

《习近平关于社会主义经济建设论述摘编》，中央文献出版社 2017 年版。

《习近平关于协调推进"四个全面"战略布局论述摘编》，中央文献出版社 2015 年版。

《毛泽东选集》第 4 卷，人民出版社 1991 年版。

《毛泽东年谱（1893—1949）（修订本）》上卷，中央文献出版社 2013 年版。

《孙中山全集》第 6 卷，中华书局 1985 年版。

《李大钊全集》第 1 卷，人民出版社 2006 年版。

《瞿秋白文集》（文学编），人民文学出版社 1985 年版。

《马克思恩格斯文集》第 1 卷，人民出版社 2009 年版。

《马克思恩格斯全集》第 30 卷，人民出版社 1995 年版。

罗荣渠：《现代化新论——世界与中国的现代化进程》，商务印书馆 2004 年版。

哈佛燕京学社编：《全球化与文明对话》，江苏教育出版社 2004 年版。

［英］罗素：《中国问题》，秦悦译，上海学林出版社 1996 年版。

---

① 《习近平在中共中央政治局第三十九次集体学习时强调　把中国文明历史研究引向深入推动增强历史自觉坚定文化自信》，《人民日报》2022 年 5 月 29 日。

张立文等主编:《传统文化与现代化》,中国人民大学出版社 1987 年版。

《习近平在中共中央政治局第三十九次集体学习时强调　把中国文明历史研究引向深入　推动增强历史自觉坚定文化自信》,《人民日报》2022 年 5 月 29 日。

《习近平在欧洲学院发表重要演讲　在亚欧大陆架起友谊和合作之桥》,《人民日报》2014 年 4 月 2 日。

《中央经济工作会议在北京举行》,《人民日报》2021 年 12 月 11 日。

侯惠勤:《人类现代化历史过程的道路之辨》,《哈尔滨工业大学学报(社会科学版)》2022 年第 2 期。

黄坤明:《坚定不移走中国式现代化新道路》,《中国社会科学报》2021 年 10 月 15 日。

民 主 观

中国式现代化是坚持人民主体地位、坚持发展全过程人民民主的现代化。以人民为中心的"民主主体观"、以全链条为载体的"民主制度观"、以全方位为特色的"民主参与观"和以全覆盖为价值的"民主治理观"共同构成了中国式现代化蕴含的民主观。坚持人民当家作主的根本立场和三个"从来不代表"的政治实践，赋予了中国式民主强大生命力，确保了现代化建设正确方向和鲜明特质。

中国式现代化蕴含的独特民主观
及其成功实践

包心鉴[*]

  人民民主是社会主义的生命，是中国共产党始终高举的光辉旗帜。一百多年来，我们党团结带领人民坚定不移为实现人民民主而不懈奋斗，相继创造了夺取新民主主义革命胜利"争得人民民主"、完成社会主义革命和推进社会主义建设"建构人民民主"、进行改革开放和社会主义现代化建设"发展人民民主"、开创中国特色社会主义新时代"升华人民民主"的伟大奇迹，人民民主有机地融入探索中国现代化道路的伟大实践，成为建设社会主义现代化国家、实现中华民族伟大复兴的重要政治基础和鲜明政治特色，形成了中国共产党人所特有的马克思主义民主观。

  在中国式民主厚重的历史逻辑、理论逻辑和实践逻辑基础上，习近平总书记创造性地提出发展全过程

扫码听全文

---

 * 包心鉴，山东大学马克思主义学院特聘教授，中国政治学会学术委员会副主任，山东省习近平新时代中国特色社会主义思想研究中心学术委员会委员、特邀研究员。

人民民主的重大理念，深刻凝练了中国特色社会主义民主的本质特征、科学内涵和基本规律，进一步丰富发展了马克思主义民主建设学说。党的二十大报告进一步强调："人民民主是社会主义的生命，是全面建设社会主义现代化国家的应有之义"；"全过程人民民主是社会主义民主政治的本质属性，是最广泛、最真实、最管用的民主"；"发展全过程人民民主"是"中国式现代化的本质要求"，在全面建设社会主义现代化国家新征程上，必须不断提升"全过程人民民主制度化、规范化、程序化水平"，"健全人民当家作主制度体系，扩大人民有序政治参与，保证人民依法实行民主选举、民主协商、民主决策、民主管理、民主监督"，"充分体现人民意志、保障人民权益、激发人民创造活力"。[①] 这些精辟论述，为深入凝练中国式现代化的独特民主观，把人民民主转化为全面建设社会主义现代化国家的强大动力，指明了前进方向，提供了根本遵循。

坚持以人民为中心的"民主主体观"

民主是人类政治文明的重大成果，是全人类的共同价值。然而，世界上没有一个固定的民主模式，没有一种放之四海而皆准的民主制度。不同的经济基础、不同的文化传统、不同的国情条件，决定着不

---

① 习近平：《高举中国特色社会主义伟大旗帜　为全面建设社会主义现代化国家而团结奋斗——在中国共产党第二十次全国代表大会上的报告》，人民出版社 2022 年版，第 23、25、37 页。

同的国家在吸收和借鉴人类政治文明共同价值的基础上，必须选择不同的民主发展道路，建立不同的民主政治制度。决定一种民主是否合理和进步的根本因素，首先要看"谁是民主的主体"。

"资产阶级在历史上曾经起过非常革命的作用"。"它无情地斩断了把人们束缚于天然尊长的形形色色的封建羁绊"，"起而代之的是自由竞争以及与自由竞争相适应的社会制度和政治制度、资产阶级的经济统治和政治统治"，即"资本主义民主共和制"。① 然而，在资本主义民主理念和制度设计中，存在着天然的缺陷，这就是模糊甚至否定人民在国家政治架构和政治生活中的主体地位。无论是英国的君主立宪制，还是美国的总统共和制，抑或是法国兼具议会制和总统制特征的混合制，其本质都是相同的，都是以民主共和的形式维护和巩固资产阶级的专制统治，把广大劳动群众即人民排除在民主之外。对此，马克思主义经典作家早就作出深刻揭示："资产阶级通常十分喜欢分权制，特别是喜欢代议制，但资本在工厂法典中却通过私人立法独断地确立了对工人的专制。"②"资产阶级统治的彻底的形式正是民主共和国"，而这种民主共和制实质上是"单纯的资产阶级统治"；并且，"民主共和国毕竟是资产阶级统治的最后形式：资产阶级统治将在这种形式下走向灭亡"。③ 尤其是美国式民主，在标榜"自由和平等是天然人权"的口号下，民主实际上成为少数特权阶层控制的"寡头政治"。对美国民主制的固有缺陷和弊端，恩格斯进行了非常犀利

---

① 《马克思恩格斯文集》第 2 卷，人民出版社 2009 年版，第 33—37 页。
② 《马克思恩格斯文集》第 5 卷，人民出版社 2009 年版，第 488 页。
③ 《马克思恩格斯文集》第 10 卷，人民出版社 2009 年版，第 514—515 页。

的揭露和批判："这种人权的特殊资产阶级性质的典型表现是美国宪法，它最先承认了人权，同时确认了存在于美国的有色人种奴隶制：阶级特权不受法律保护，种族特权被神圣化。"① 由此可见，"自由主义的'原则'作为'一定的、历史地形成的'东西，实际上不过是一种不彻底的东西"②。在美国，"轮流执政的两大政党中的每一个政党，又是由这样一些人操纵的，这些人把政治变成一种生意，拿联邦国会和各州议会的议席来投机牟利，或是以替本党鼓动为生，在本党胜利后取得职位作为报酬"③。"美国人早就向欧洲世界证明，资产阶级共和国就是资本主义生意人的共和国；在那里，政治同其他任何事情一样，只不过是一种买卖。"④ 总之，以美国式民主为典型代表的资本主义国家民主制，在"谁是民主的主体"这一根本问题上，从一开始就存在着自身难以克服的弊端。迄今为止，美国民主制的种种弊端及其负面作用不仅没有得到根本性的改善，反而愈演愈烈。对内，在美国两党少数政客操纵下，美国的民主离劳动人民越来越远，已堕落成为少数特权阶层谋取私利、相互攻击、愚弄人民的工具，由此导致政治极化、社会撕裂、种族歧视加剧等一系列严重的政治和社会问题。对外，美国以"民主价值观输出"的名义所发动的干涉他国内政的行为和战争，更是严重破坏了世界政治秩序，给不少国家和地区带来了严重灾难。

---

① 《马克思恩格斯文集》第 9 卷，人民出版社 2009 年版，第 112 页。

② 《马克思恩格斯文集》第 10 卷，人民出版社 2009 年版，第 515 页。

③ 《马克思恩格斯文集》第 3 卷，人民出版社 2009 年版，第 110 页。

④ 《马克思恩格斯文集》第 10 卷，人民出版社 2009 年版，第 641 页。

民主的本意是"人民的权力"或"人民进行统治"。马克思深刻指出:"'民主的'这个词在德语里意思是'人民当权的'"①,"在君主制中是国家制度的人民;在民主制中则是人民的国家制度"②。人民在国家制度中居于何种位置,是居于主体地位还是附庸地位,是成为国家制度的中心还是被边缘化,这是判断民主的性质和质量的根本标准,是衡量真实民主还是虚假民主的根本标志。人民当家作主是社会主义民主的本质,社会主义民主区别于、优越于资本主义民主的最根本之处就是非常明确并始终坚持人民是民主的主体,这是中国共产党人的一贯立场,是中国式现代化蕴含的独特民主观的逻辑起点。

坚持以人民为中心发展社会主义民主,历来是中国共产党人的奋斗目标和核心政治价值追求。在中国这片东方大地上,民主从思想理论到伟大实践、从局部实践到全局实践、从价值理念到制度形态、从制度体系到治理机制,全方位地彰显人民当家作主的主体地位。人民当家作主贯穿党领导人民进行革命、建设、改革的全过程,覆盖治国理政的各环节,体现在经济社会发展的各方面,这不啻是近代以来中国发生的根本巨变,更是中国共产党对中国人民和中华民族的伟大贡献。在开辟中国特色社会主义新时代的伟大实践中,习近平总书记提出的"坚持以人民为中心的发展思想",把以人民为主体的民主政治建设提升到一个新的高度。坚持以人民为中心,是马克思主义唯物史观的时代彰显,是中国共产党人的根本立场,是党长期执政和治国理政的最大底气,是中国式现代化蕴含的独特民主观的最鲜明特色和最

---

① 《马克思恩格斯文集》第 3 卷,人民出版社 2009 年版,第 443 页。
② 《马克思恩格斯全集》第 1 卷,人民出版社 1956 年版,第 281 页。

核心内容。总结我们党百年的奋斗历程，习近平总书记对坚持以人民为中心的民主观作出进一步阐发："江山就是人民、人民就是江山，打江山、守江山，守的是人民的心。中国共产党根基在人民、血脉在人民、力量在人民。中国共产党始终代表最广大人民根本利益，与人民休戚与共、生死相依，没有任何自己特殊的利益，从来不代表任何利益集团、任何权势团体、任何特权阶层的利益。"①正是这种坚持以人民为中心的根本立场和"从来不代表"的政治宣示，赋予中国式民主以强大生命力，这是在中国式现代化新征程上进一步发展全过程人民民主、确保现代化建设正确方向和鲜明特质的根本前提。

中国式现代化，是中国共产党领导的社会主义现代化，是坚持以人民为中心、坚持人民主体地位的现代化。中国共产党对中国式现代化的领导，始终坚持以人民为中心发展全过程人民民主，把人民当家作主有机地融入现代化建设各领域和全过程，从而不断凝聚起全面建设社会主义现代化国家的磅礴力量，更好地造福全体中国人民。这正是中国式现代化蕴含的民主观的独特内涵和独到价值。坚持以人民为中心发展全过程人民民主，贯穿于党领导中国式现代化的全部过程。其一，人民是发展全过程人民民主的根本出发点。发展人民民主，保障人民主权，增进人民福祉，不断实现人民对美好生活的向往，是党领导中国式现代化、发展民主政治的出发点和落脚点。其二，人民是发展全过程人民民主的根本依靠力量。江山就是人民、人民就是江山，依靠人民主体力量推进各领域各层次的民主政治建设，赢得民

---

① 习近平：《在庆祝中国共产党成立 100 周年大会上的讲话》，人民出版社 2021 年版，第 11—12 页。

心、守住人心，是党领导中国式现代化的最大底气。其三，人民是发展全过程人民民主的根本目的。健全人民当家作主制度体系，不断扩大人民有序政治参与，使人民享有真实的选举权和广泛的参与权，不断增强更加充实、更有保障、更可持续的获得感、幸福感和安全感，是党领导中国式现代化的核心价值。总之，坚持以人民为中心发展全过程人民民主，是中国式现代化的本质要求，是中国共产党加强对中国式现代化全面领导的本质体现。

坚持以全链条为载体的"民主制度观"

在民主发展史上，民主既是一种价值理念，又是一种制度形态；而任何一种民主的价值理念，都无不是通过一定形式和内容的制度安排来体现和实现的。马克思深刻揭示："民主制是作为类概念的国家制度。"① 列宁明确指出："民主是国家形式，是国家形态的一种。"② 问题的关键在于，这种民主制为谁所掌握，谁是民主制的主体。"在君主制中是国家制度的人民；在民主制中则是人民的国家制度。""不是国家制度创造人民，而是人民创造国家制度。"③ 人民成为国家制度的主人和主体，通过发展民主不断巩固和完善人民当家作主的国家制度，这就是社会主义民主的本质和实质，这也是社会主义民主终将取

---

① 《马克思恩格斯全集》第 1 卷，人民出版社 1956 年版，第 280 页。
② 《列宁选集》第 3 卷，人民出版社 2012 年版，第 201 页。
③ 《马克思恩格斯全集》第 1 卷，人民出版社 1956 年版，第 281 页。

代资本主义民主的根本依据。正如马克思早就预言:"人民是否有权来为自己建立新的国家制度呢?对这个问题的回答应该是绝对肯定的,因为国家制度如果不再真正表现人民的意志,那它就变成有名无实的东西了。"①

建立并不断巩固人民民主的国家制度,用制度体系保障人民当家作主,历来是中国共产党民主观的核心内容和价值指向。新中国成立前夕,我们党就开始擘画革命胜利后如何在全国范围建构人民民主制度问题。毛泽东同志明确指出:"总结我们的经验,集中到一点,就是工人阶级(经过共产党)领导的以工农联盟为基础的人民民主专政。"他特别强调:"共产党领导的人民民主专政的政府,对于人民内部来说,不是专政或独裁的,而是民主的。这个政府是人民自己的政府。这个政府的工作人员对于人民必须是恭恭敬敬地听话的。"②在新中国成立初期百废待兴的繁忙日子里,毛泽东同志紧紧抓住人民民主制度建构的两件大事:一是亲自主持起草《中华人民共和国宪法草案》,以国家根本大法的形式确立人民当家作主的地位;二是筹备并胜利召开第一届全国人民代表大会,为建立并巩固共和国的民主制度体系打下了坚实基础。改革开放初期,在总结国际共产主义运动历史经验和"文化大革命"教训的基础上,邓小平同志反复强调,"领导制度、组织制度问题更带有根本性、全局性、稳定性和长期性"③;没有民主就没有社会主义,就没有社会主义现代化;"必须使民主制度

---

① 《马克思恩格斯全集》第1卷,人民出版社1956年版,第316页。
② 《毛泽东选集》第4卷,人民出版社1991年版,第1480、1503页。
③ 《邓小平文选》第2卷,人民出版社1994年版,第333页。

化、法律化"①。新时期政治体制改革和民主政治建设在建构人民民主制度体系和法律体系上迈出了坚实步伐，为建立和完善中国特色社会主义民主政治制度开辟了正确道路。

在深入总结我国社会主义民主制度建设历史经验的基础上，党的十八大以来，以习近平同志为核心的党中央把坚持和完善人民当家作主制度体系建设摆到更加突出的位置，以更大的政治勇气和智慧不失时机深化政治体制改革，在民主政治各项基础性制度建设上取得重大成就，国家治理体系和治理能力现代化取得重大进展，从而不断彰显了以人民为中心的社会主义民主政治制度的强大治理效能。习近平总书记深刻指出："当今世界正经历百年未有之大变局，制度竞争是综合国力竞争的重要方面，制度优势是一个国家赢得战略主动的重要优势。历史和现实都表明，制度稳则国家稳，制度强则国家强。"②中国式民主之所以具有旺盛的生命力和强大的竞争力，根本就在于形成了保障人民当家作主的制度体系。党的十九大报告明确指出："发展社会主义民主政治就是要体现人民意志、保障人民权益、激发人民创造活力，用制度体系保证人民当家作主。"③党的二十大报告进一步强调："我们要健全人民当家作主制度体系"，"坚持人民主体地位，充分体现人民意志、保障人民权益、激发人民创造活力"。④用制度体

---

① 《邓小平文选》第 2 卷，人民出版社 1994 年版，第 146 页。

② 习近平：《论坚持人民当家作主》，中央文献出版社 2021 年版，第 333 页。

③ 习近平：《决胜全面建成小康社会 夺取新时代中国特色社会主义伟大胜利——在中国共产党第十九次全国代表大会上的报告》，人民出版社 2017 年版，第 36 页。

④ 习近平：《高举中国特色社会主义伟大旗帜 为全面建设社会主义现代化国家而团结奋斗——在中国共产党第二十次全国代表大会上的报告》，人民出版社 2022 年版，第 37 页。

系保障人民当家作主,是我们党为人民民主长期奋斗所取得的一条重要经验,是中国式民主的一大鲜明特质。我国社会主义民主之所以是一种全过程人民民主,根本依据就在于,这是一种全链条式的制度化民主。完整的"民主制度链"有效保障了人民当家作主权益,从而"实现了过程民主和成果民主、程序民主和实质民主、直接民主和间接民主、人民民主和国家意志相统一",使全过程人民民主成为"最广泛、最真实、最管用的社会主义民主"。①

以全链条为载体的制度化民主,一个突出优势是实现民主的全方位和全覆盖,通过根本政治制度、基本政治制度、重要政治制度等制度体系建设,将民主全方位地覆盖到政治和社会生活的各个方面和全部过程,从而有效实现了从国家治理到日常生活都能体现人民意志、保障人民权益,有力激发了人民的主体意识和创造活力。党的二十大报告明确指出,"未来五年是全面建设社会主义现代化国家开局起步的关键时期",这一时期的一个重要目标任务就是要全面加强全链条的民主制度建设,实现"全过程人民民主制度化、规范化、程序化水平进一步提高"。②

一是进一步加强人民代表大会制度建设,巩固人民当家作主的根本制度保障。人民代表大会制度是我国的根本政治制度,是适应和体现人民民主专政的国家性质、保证国家权力始终掌握在人民手中的根

---

① 习近平:《论坚持人民当家作主》,中央文献出版社 2021 年版,第 336 页。

② 习近平:《高举中国特色社会主义伟大旗帜　为全面建设社会主义现代化国家而团结奋斗——在中国共产党第二十次全国代表大会上的报告》,人民出版社 2022 年版,第 25 页。

本制度安排。在全过程人民民主的完整制度链条中，人民代表大会制度居于根本性重要地位、具有全局性重要功能，"是实现我国全过程人民民主的重要制度载体"①。与西方国家的议会制不同，我国的人民代表大会不是代表某个政党和某些利益集团的权益，而是代表全国各族人民的权益，深深植根于人民之中，深刻体现了人民是民主的主体这一社会主义民主的本质。我国政治发展的实践深刻表明，人民代表大会制度是完善民主选举、确保人民主权的重要制度载体；是坚持民主立法、实现良法善治的重要制度载体；是加强民主监督、规范权力运行的重要制度载体。在全面建设社会主义现代化国家新征程上，必须毫不动摇坚持、与时俱进完善人民代表大会制度，"支持和保证人民通过人民代表大会行使国家权力，保证各级人大都由民主选举产生、对人民负责、受人民监督"，从而"确保人民依法通过各种途径和形式管理国家事务，管理经济和文化事业，管理社会事务"。②

二是进一步加强中国共产党领导的多党合作和政治协商制度建设，完善人民当家作主的基本制度渠道。中国共产党领导的多党合作和政治协商制度是我国的一项基本的政治制度，是保障人民当家作主的重要制度，是中国式民主的独特体现。这一民主政治制度的鲜明特点和突出优势在于，通过政党协商、人大协商、政府协商、政协协商、人民团体协商、基层协商、社会组织协商等多种民主协商渠道，

---

① 《习近平谈治国理政》第四卷，外文出版社 2022 年版，第 261 页。

② 习近平：《高举中国特色社会主义伟大旗帜　为全面建设社会主义现代化国家而团结奋斗——在中国共产党第二十次全国代表大会上的报告》，人民出版社 2022 年版，第 37、38 页。

提高深度协商互动、意见充分表达、广泛凝聚共识水平，完善人民政协民主监督和委员联系界别群众制度机制。在中国式现代化新征程上，必须"全面发展协商民主"，"完善协商民主体系"，"健全各种制度化协商平台，推进协商民主广泛多层制度化发展"；必须"完善大统战工作格局"，"巩固和发展最广泛的爱国统一战线"，为全面建设社会主义现代化国家、实现中华民族伟大复兴凝聚起磅礴伟力。①

三是进一步加强基层群众自治制度建设，拓展人民当家作主的重要制度路径。我国社会主义民主是直接民主与间接民主的有机统一，基层群众自治是发展直接民主的根本渠道，是全过程人民民主的重要体现。这一民主政治制度的鲜明特点和突出优势在于，通过制度化的参与渠道和参与平台，确保人民群众广泛参与基层民主实践，激发运用民主权利促进经济社会发展的政治积极性和创造活力，建设人人有责、人人尽责、人人享有的社会治理共同体。在中国式现代化新征程上，必须进一步"健全基层党组织领导的基层群众自治机制，加强基层组织建设，完善基层直接民主制度体系和工作体系，增强城乡社区群众自我管理、自我服务、自我教育、自我监督的实效"②，在广泛的社会生活领域确保人民当家作主权利的真实实现。

---

① 习近平：《高举中国特色社会主义伟大旗帜　为全面建设社会主义现代化国家而团结奋斗——在中国共产党第二十次全国代表大会上的报告》，人民出版社 2022 年版，第 38、39 页。

② 习近平：《高举中国特色社会主义伟大旗帜　为全面建设社会主义现代化国家而团结奋斗——在中国共产党第二十次全国代表大会上的报告》，人民出版社 2022 年版，第 39 页。

坚持以全方位为特色的"民主参与观"

"民主意味着在形式上承认公民一律平等，承认大家都有决定国家制度和管理国家的平等权利。"[①]民主发展史表明，民主的价值能否真正实现，不仅取决于是否有完整的制度载体和制度秩序，而且取决于能否有广泛的参与渠道和参与实践；评价一个国家是不是民主的，不仅要看民主制度是否健全和完整，而且要看民主参与是否畅通和有效。中国式民主是全过程人民民主，一个根本性标志就是我们不仅有全链条的民主制度载体，而且有全方位的民主参与渠道。不断扩大政治参与的广度、拓展政治参与的深度、提高政治参与的质量，保障人民享有真实的知情权、参与权、表达权和监督权，是我国全过程人民民主的一个鲜明特色，是全面建设社会主义现代化国家的一项根本任务。

在我国民主政治的架构和实践中，形成了两种制度化的政治参与基本形式：一是选举式参与，即选举民主；二是协商式参与，即协商民主。人民通过公平竞争和依法选举，组建各级人民代表大会和各级人民政府，代表人民行使管理国家的权力，是直接民主和间接民主的有机统一、人民民主和国家意志的有机统一。实践表明，建立在公平竞争基础上的选举民主，是实现人民当家作主权利的根本制度安排，是发展全过程人民民主的重要制度载体。

---

① 《列宁选集》第 3 卷，人民出版社 2012 年版，第 201 页。

同时，我们也清醒地看到，选举民主不是万能的，仅仅依靠"票决"不可能完全解决国家治理中大量涉及人民群众切身利益的问题。把"票决"绝对化，简单地以"票决"结果代替民意，则很容易把民主推向极端，导致民粹主义思潮泛起和极端民主化倾向，给国家秩序和社会政治生活带来负面影响，这是近些年来西方民主制所不断暴露的弊端。对于绝大多数公民来说，假如只有投票的权利而没有广泛参与的权利，选民只有在投票时被唤醒，投票后即进入"休眠"状态，这样的民主显然是不彻底的，是形式主义的。我国的全过程人民民主，把选举民主和协商民主有机地结合起来，把民主选举、民主协商、民主决策、民主管理、民主监督有机地贯通起来，涵盖经济、政治、文化、社会、生态等各个方面，全方位地融入经济社会、生产生活的一切领域，既关注和解决国家发展大事和社会治理难事，又关注和解决人民群众具体需求和急难愁盼的日常琐事，具有时间上的连续性、内容上的整体性、运行上的协同性、人民参与上的广泛性和持续性，从而使国家政治运行和社会政治发展充分地体现人民意愿、回应人民呼声，有效防止了西方民主那种选举时漫天许诺、选举后无人过问的现象。这是中国式民主的最大优势，也是鲜明特色。正是从这个意义上说，选举民主和协商民主这两种基本的民主参与形式不可顾此失彼，更不可相互割裂；两者相辅相成、相得益彰，共同彰显以人民为主体的社会主义民主的核心价值，共同构成发展全过程人民民主的强大制度力量。

正是从发展参与式民主的政治价值高度，党的十八大以来，党中央把协商民主提到特别重要的位置，着力推动协商民主广泛多层制度化发展，构建并不断完善了包括政党协商、人大协商、政府协商、政协协商、人民团体协商、基层协商以及社会组织协商在内的协商民主制度体系。"有事好商量，众人的事情由众人商量，是人民民主的真谛。"① 以众人参与广泛商量为鲜明特质的协商民主，在完善和发展中国式民主中发挥了至关重要的作用。

新时代政治发展的实践有力表明，深深植根于人民之中、创造性传承中华优秀政治文化传统、具有鲜明中国特色的社会主义协商民主，是中国特色社会主义民主政治的特有形式和独特优势，是中国共产党的群众路线在政治领域的重要体现，是实现党的领导的重要方式，是凝聚各方资源共同治理国家和社会的有效制度安排，是实践和推进全过程人民民主的重要形式。党的二十大报告明确指出，推进中国式现代化，必须"全面发展协商民主"，进一步完善协商民主体系，"健全各种制度化协商平台，推进协商民主广泛多层制度化发展"。② 全面发展协商民主，不啻是中国式现代化蕴含的独特民主观的鲜明标志，更是在中国式现代化新征程上进一步彰显全过程人民民主核心价值的重要路径。

人民政协是具有鲜明中国特色的政治制度安排，是社会主义协商民主的重要渠道和专门协商机构，是发展全过程人民民主的重要制度平台。人民政协是中国共产党领导的爱国统一战线的制度化成果，在

---

① 习近平：《决胜全面建成小康社会　夺取新时代中国特色社会主义伟大胜利——在中国共产党第十九次全国代表大会上的报告》，人民出版社 2017 年版，第 37—38 页。

② 习近平：《高举中国特色社会主义伟大旗帜　为全面建设社会主义现代化国家而团结奋斗——在中国共产党第二十次全国代表大会上的报告》，人民出版社 2022 年版，第 38 页。

中国式民主发展历史进程中发挥了影响全局的重大作用。1949 年 9 月召开的中国人民政治协商会议第一届全体会议，中国共产党与各民主党派和各界爱国人士协商建国、共商国是，在中国式民主发展史上留下了佳话。新中国成立后，我们党在筹备和胜利召开第一届全国人民代表大会、确立国家根本政治制度的同时，明确指出人民政协制度作为国家的基本政治制度不仅没有过时，而且担负着新的历史使命。70 多年来，人民政协在巩固和发展爱国统一战线、完善人民当家作主制度体系中发挥了重大作用。

在中国式现代化新征程上，全面发展协商民主，进一步推进全过程人民民主，赋予人民政协更加重要、更加光荣的历史使命。党的二十大报告明确强调："坚持和完善中国共产党领导的多党合作和政治协商制度，坚持党的领导、统一战线、协商民主有机结合，坚持发扬民主和增进团结相互贯通、建言资政和凝聚共识双向发力，发挥人民政协作为专门协商机构作用，加强制度化、规范化、程序化等功能建设，提高深度协商互动、意见充分表达、广泛凝聚共识水平，完善人民政协民主监督和委员联系界别群众制度机制。"①在中国式现代化新征程上，进一步发挥人民政协专门协商机构的重要作用，充分释放人民政协在发展参与式民主、彰显人民民主核心价值中的独特优势，必须以发展全过程人民民主为神圣职责和重大使命，把协商民主贯穿履行职责全过程，扎实推进政治协商、民主监督、参政议政制度化建

---

① 习近平：《高举中国特色社会主义伟大旗帜　为全面建设社会主义现代化国家而团结奋斗——在中国共产党第二十次全国代表大会上的报告》，人民出版社 2022 年版，第 38—39 页。

设，不断提高人民政协协商民主制度化、规范化、程序化水平，更好协调关系、凝聚共识、建言资政、汇聚力量，在以中国式现代化全面推进中华民族伟大复兴中发挥更大作用。

坚持以全覆盖为价值的"民主治理观"

马克思、恩格斯指出："民主是什么呢？它必须具备一定的意义，否则它就不能存在。因此全部问题就在于确定民主的真正意义。"①民主的真正意义即民主的价值实现。一种民主是否有价值、有意义，归根到底要看它是否对优化国家治理有用，是否对推进社会发展有用，是否对实现人民权益有用。习近平总书记深刻指出："民主不是装饰品，不是用来做摆设的，而是要用来解决人民需要解决的问题的。""评价一个国家政治制度是不是民主的、有效的，主要看国家领导层能否依法有序更替，全体人民能否依法管理国家事务和社会事务、管理经济和文化事业，人民群众能否畅通表达利益要求，社会各方面能否有效参与国家政治生活，国家决策能否实现科学化、民主化，各方面人才能否通过公平竞争进入国家领导和管理体系，执政党能否依照宪法法律规定实现对国家事务的领导，权力运用能否得到有效制约和监督。"②总之，一种民主制度要有用、有效，必须忠实代表全体人民的利益和意愿以推进国家和社会治理，不断把民主制度优势

① 《马克思恩格斯全集》第 10 卷，人民出版社 1998 年版，第 315 页。
② 习近平：《论坚持人民当家作主》，中央文献出版社 2021 年版，第 335 页。

转化为国家治理效能。

近些年来，美国民主制度之所以屡屡出现问题，一个根本性原因就是国家政治制度和政治运行离人民的需求愈来愈远，民主制度逐渐沦为少数政客相互攻击甚至愚弄人民的工具，成为美国干涉他国内政、侵犯他国利益的借口，与民主的真正意义渐行渐远甚至背道而驰。我国全过程人民民主之所以愈来愈彰显出巨大的生命力和影响力，在当今世界各种民主制度和价值理念比较中愈益彰显出鲜明特色和巨大优势，一个根本性原因就是中国共产党始终坚持以人民为中心，把坚持人民至上作为国家民主制度的核心价值理念和根本运行原则，把保障人民主权、尊重人民创造、集中人民智慧作为推进中国式现代化的内在逻辑，从而使民主的真正意义得到充分彰显，民主的核心价值得到充分实现，在推进国家和经济社会现代化中发挥了政治上层建筑的特殊作用。

中国式现代化是以人民为主体的全面现代化。中国式现代化的宏伟目标和艰巨任务，内在要求进一步强化全过程人民民主的全覆盖性，把民主选举、民主协商、民主决策、民主管理、民主监督有机贯通起来，把坚持人民当家作主落实到国家治理和社会发展的各领域，更好实现直接民主和间接民主的有机统一、过程民主和成果民主的有机统一、程序民主和实质民主的有机统一、人民民主和国家意志的有机统一。实现全过程人民民主的这一真正意义和核心价值，就要在推进中国式现代化中牢牢把握住人民民主的真谛，即有事好商量，众人的事情由众人商量。涉及国家整体治理的事情，涉及全国各族人民利益的事情，在全体人民和全社会中广泛商量；涉及国家局部治理的事情，涉及某个地域人民群众利益的事情，在这个局部和地域的群众中广泛商量；涉及某些具体国家事务治理的事情，涉及一部分群众利益和特定群众利益的事情，在这部分群众中广泛商量；涉及基层社会治理的事情，涉及基层群众利益的事情，在相应基层范围群众中广泛商量。总之，"在人民内部各方面广泛商量的过程，就是发扬民主、集思广益的过程，就是统一思想、凝聚共识的过程，就是科学决策、民主决策的过程，就是实现人民当家作主的过程"①。

民心是最大的政治，民心所向是人民民主最深邃的内涵。中国共产党领导人民打江山、守江山，守的是人民的心。广泛凝聚民心，形成最大公约数，汇聚起全面建设社会主义现代化国家、实现中华民族伟大复兴的磅礴力量，是中国式现代化蕴含的独特民主观的最核心价值。以全覆盖为价值充分发挥人民民主的治理功能、彰显人民民主的治理优势，是在中国式现代化新征程上进一步发展全过程人民民主的核心任务。守住民心、凝聚力量，建立在平等和包容基础之上，这正是我国全过程人民民主的特有品格和突出优势。恩格斯曾指出："民主这个概念中包含着社会平等的要求。"②民主意味着人人享有平等的地位和平等的权利，在国家治理、社会事务、法律地位面前人人平等。人民平等的地位、权利和价值诉求，必然要求发展包容性民主。我国全过程人民民主的全覆盖性，突出体现了平等性和包容性的巨大优势。

---

① 习近平：《在庆祝中国人民政治协商会议成立 65 周年大会上的讲话》，人民出版社 2014 年版，第 14 页。

② 《马克思恩格斯全集》第 2 卷，人民出版社 1957 年版，第 664 页。

在人民当家作主这一共同政治价值下，充分尊重人民群众的平等价值诉求，最广泛地包容各方面意见和建议，凝聚一切政治团体和社会力量，形成最广泛的爱国统一战线，促进政党关系、民族关系、宗教关系、阶层关系、海内外同胞关系的和谐，在平等关系基础上实现大团结大联合，不断巩固和发展"又有集中又有民主，又有纪律又有自由，又有统一意志、又有个人心情舒畅、生动活泼的政治局面"①，这是发展全过程人民民主的核心价值和突出任务。实现和巩固这样一种生动活泼的政治局面，就要正确处理一致性和多样性的关系，充分释放社会主义民主的包容性功能。

我国全过程人民民主尤其是协商民主，涵盖各党派、各团体、各民族、各阶层、各界别和各方面人士，覆盖国家治理和经济社会发展各领域，具有极大的政治包容性。通过广泛多层制度化的民主协商，围绕治国理政、国计民生重大问题和涉及人民群众切身利益的热点难点堵点痛点问题进行广泛充分协商，构建全覆盖、包容性的协商平台，有事多商量，做事常商量，众人的事情由众人商量，重大的事情反复商量，最大程度兼顾各方面利益，最大限度包容各方面诉求，最大深度融汇各方面智慧，无疑可以形成各方面均可接受和采纳的公共政策和公共措施，找到符合最大多数人利益和意愿的最大公约数，共同推进国家治理体系和治理能力现代化。中国式现代化蕴含的独特民主观及其成功实践，正是在依靠人民民主力量推进国家治理体系和治理能力现代化上彰显出巨大的政治价值和广阔的发展前景。

---

① 《邓小平文选》第 2 卷，人民出版社 1994 年版，第 145 页。

■ 参考文献

习近平:《高举中国特色社会主义伟大旗帜　为全面建设社会主义现代化国家而团结奋斗——在中国共产党第二十次全国代表大会上的报告》,人民出版社 2022 年版。

习近平:《在庆祝中国共产党成立 100 周年大会上的讲话》,人民出版社 2021 年版。

习近平:《在庆祝中国人民政治协商会议成立 65 周年大会上的讲话》,人民出版社 2014 年版。

习近平:《决胜全面建成小康社会　夺取新时代中国特色社会主义伟大胜利——在中国共产党第十九次全国代表大会上的报告》,人民出版社 2017 年版。

《习近平谈治国理政》第四卷,外文出版社 2022 年版。

习近平:《论坚持人民当家作主》,中央文献出版社 2021 年版。

《马克思恩格斯文集》第 2 卷,人民出版社 2009 年版。

《马克思恩格斯文集》第 3 卷,人民出版社 2009 年版。

《马克思恩格斯文集》第 5 卷,人民出版社 2009 年版。

《马克思恩格斯文集》第 9 卷,人民出版社 2009 年版。

《马克思恩格斯文集》第 10 卷,人民出版社 2009 年版。

《马克思恩格斯全集》第 1 卷,人民出版社 1956 年版。

《马克思恩格斯全集》第 2 卷,人民出版社 1957 年版。

《马克思恩格斯全集》第 10 卷,人民出版社 1998 年版。

《列宁选集》第 3 卷,人民出版社 2012 年版。

《毛泽东选集》第 4 卷,人民出版社 1991 年版。

《邓小平文选》第 2 卷,人民出版社 1994 年版。

生　态　观 ◀

　　中国式现代化蕴含着以人与自然和谐共生为本质内核的生态观。中国在现代化进程中科学统筹自然系统和人类社会各方面要素，同步推进物质文明建设和生态文明建设，用实践证明了保护生态环境就是保护生产力、改善生态环境就是发展生产力，指明了实现发展和保护协同共生的新路径，为全球生态环境治理作出了独特贡献。

"中国式现代化的生态观"析论

郇庆治[*]

从普通术语学的角度来说，"中国式现代化的生态观"这一复合词汇包含了两个构成性元素或概念，即"中国式现代化"和"生态观"。鉴于其偏正式组合结构，"生态观"无疑是更为主体性的或更需要揭示阐发的构词元素，但"中国式现代化"也扮演着十分重要的修饰限定作用。可以说，"中国式现代化的生态观"或"人与自然和谐共生的中国式现代化"之所以受到（值得）当前中国学界的关注与研讨，①不仅在于其所依托嵌入的新时代以来全面建设人与自然和谐共生现代化国家的当代中国背景和语境，还在于"中国式现代化"和"生态（人与自然和谐共生）"之间的密切关联性以及这二者连接所带来的巨大的理

扫码听全文

---

* 郇庆治，北京大学马克思主义学院教授、北京大学习近平生态文明思想研究中心主任，教育部长江学者特聘教授。

① 截至 2023 年 2 月 28 日，中国知网上以"中国式现代化"和"人与自然和谐共生的中国式现代化"为主题的论文，分别为 22106 篇和 108 篇。但总的来说，对于如何开展这一议题讨论的方法论探讨仍显不足。

论创新潜能——就像现代化还并不是已然走向终结的人类文明实践一样，现代化理论也远未成为属于过去的"落日余晖"。在本文中，笔者将在解析与阐释"中国式现代化"的方法论问题的基础上，尝试概括出"中国式现代化的生态观"的理论意涵和时代意义，并希望有助于学界深化与拓展对于这一议题的讨论。

理解与阐释"中国式现代化"的两个方法论进路

就其方法论进路而言，人文社会科学研究的理论（概念）化有两个基本取向或选择：分析性的和规范性的。①"分析性研究"致力于回答研究对象是什么样的以及为什么会是这样的，即对研究对象的现状及其发展变化过程作出客观性叙述并对其中包含的规律或因果关系作出系统科学的理论阐释；"规范性研究"侧重于回答研究对象应该成为什么样的以及如何成为所期望的样态图景，即对研究对象趋向（践行）先进理念或理想目标的现实推进与逐步实现作出合理有效的理论阐释。

这种研究方法论差异导致的学科认知或追求上有所区别的典型实例，是政治学界经常论及的政治科学与政治哲学之间的显著不同。②

---

① 扬·图罗夫斯基：《转型话语与作为话语的转型》，载郇庆治主编：《马克思主义生态学论丛》第五卷，中国环境出版集团 2021 年版，第 61—62 页。
② 王炳权：《论政治哲学与政治科学的关系》，《学术月刊》2022 年第 12 期；姚尚建：《政治学的双重分野——政治科学与政治哲学的概念辨析》，《理论导刊》2009 年第 8 期。

政治科学主要是分析性的，即着力于在提供对政治现象（活动）的客观准确描述的同时，对结果（事实）的成因作出科学合理的阐明，尤其是因果规律意义上的阐释论证，因而有着相当程度的过往追溯质性特征。相形之下，政治哲学更多是规范性的，即聚焦于某种信奉的政治理念或目标的实践推动，尤其是如何实现期望变革所需要的大众性社会政治动员，因而有着较为明显的瞻望参与质性特征。

严格说来，一方面，上述划分并不能完全对应我们通常所指的规范与实证研究、定性与量化研究意义上的技术方法区分。也就是说，分析性研究或政治科学研究离不开自己的规范性认知或基础，而规范性研究或政治哲学研究也可以采用实证或量化的技术方法与手段。另一方面，对于任何议题的完整性研究其实都应该包括这两个侧面，即同时是分析性的和规范性的，或者说应呈现为这二者之间的建设性互动或相互支撑。比如，对于当今世界所聚焦关注的全球气候变化应对问题，至少同样重要的是，我们不仅需要综合考虑如何动员世界各国、社会各界积极参与行动，还必须做到将这些行动置于系统科学的、逻辑严密的理论分析及其成果的基础之上。

当然，现实中人们往往会侧重于或偏爱某一方法论进路下的思考研究，并且难免会或多或少影响到其研究结论相对于整体而言的或更大观察视域内的科学性与合理性。笔者认为，这里的要点不在于放弃这种研究方法论进路的偏重或选择本身，而是要守持一种更具反思性的方法论理解或心态。比如，分别侧重于或偏好"政策议题（话语）性研究"或"理论话语（议题）性研究"的研究者，需要特别留意所倚重的分析性方法或规范性方法的内源性弱点，尤其不能偏执到对于对方所提出或坚持的一些常识性观点的无视或拒斥。

在笔者看来,"中国式现代化"的概念化或理论化研究,同样要特别注意观察与讨论时的分析性和规范性视角差异,以及由此带来的对于其理论意涵认知理解上的显著不同。具体地说,党的二十大报告关于"中国式现代化"论题的系统性论述,同时包含着其分析性和规范性维度,因而,我们也需要遵循这两个不同的方法论视角对其阐述内容作出更精准的概括诠释。

就分析性方法论而言,党的二十大报告关于"中国式现代化"论题的系统性论述主要是围绕着"中国式现代化"现实实践所塑造或凸显的关键特征展开论述的。对此,党的二十大报告明确指出,"在新中国成立特别是改革开放以来长期探索和实践基础上,经过十八大以来在理论和实践上的创新突破,我们党成功推进和拓展了中国式现代化"[①]。不难看出,这里强调的重点是,"中国式现代化"是中国共产党领导下经过百年长期实践探索,尤其是进入新时代以来取得的重要创新突破所创造或成就的,也就是说,它首先是一个鲜活生动的历史事实,然后才是一种建基于历史事实的理论概括。相应地,也就很容易理解,这种中国式现代化既呈现为世界各国现代化实践的共同性表征,也有着基于自己国情的中国特色——同时在成就成效和困难挑战的意义上。

因而,可以认为,党的二十大报告关于"中国式现代化"五大特征的论述,更多是一种事实归纳性或理论阐释性的分析。也就是说,

[①] 习近平:《高举中国特色社会主义伟大旗帜　为全面建设社会主义现代化国家而团结奋斗——在中国共产党第二十次全国代表大会上的报告》,人民出版社 2022 年版,第 22 页。

尽管这几个方面都还依然呈现出强烈的处于不断完善或形塑过程之中的质性，"人口规模巨大的现代化""全体人民共同富裕的现代化""物质文明和精神文明相协调的现代化""人与自然和谐共生的现代化""走和平发展道路的现代化"都是现实实践中"中国式现代化"的理念原则、制度框架和政策举措的主流与本质体现，而绝非仅是某些价值观表达或政治意识形态话语修饰。比如，"全体人民共同富裕的现代化"，就同时体现为我国社会主义基本经济制度所决定的按劳分配主体架构与进入新时代以来党和政府对于从生产关系、分配关系到社会福利政策的与时俱进意义上的较大幅度调整，其目的则是不断制度化展现与巩固中国式现代化的"全体人民共同富裕"质性。需要指出的是，我们既要防止任何意义上的"中国式现代化"主要特征的价值观或意识形态话语的扁平化诠释，也要充分估计我国长期处于社会主义初级阶段将会带来的"中国式现代化"主要特征的渐进生成性质。

就规范性方法论来说，党的二十大报告关于"中国式现代化"论题的系统性论述主要是围绕着"中国式现代化"目标追求所提出或蕴含的系列本质要求展开的。党的二十大报告并未作出更具体的说明阐释，而是直接列举了如下九个方面的规范性要求："坚持中国共产党领导""坚持中国特色社会主义""实现高质量发展""发展全过程人民民主""丰富人民精神世界""实现全体人民共同富裕""促进人与自然和谐共生""推动构建人类命运共同体""创造人类文明新形态"①。

---

① 习近平：《高举中国特色社会主义伟大旗帜　为全面建设社会主义现代化国家而团结奋斗——在中国共产党第二十次全国代表大会上的报告》，人民出版社 2022 年版，第 23—24 页。

笔者认为，一方面，我们可以把这些本质要求理解为对"中国式现代化"主要特征的规范性意涵的进一步归纳凝练。也就是说，这九个方面要求是"中国式现代化"具有的主要特征在社会整体和未来实践中得以进一步展现巩固的规约引领。比如，"丰富人民精神世界""实现全体人民共同富裕""促进人与自然和谐共生"，就明显是三大对应特征的另一种形式表述。

另一方面，这些本质要求还可以被理解为一种更加整体性的规范性系统阐述的"承上启下"节点。本质要求的"上"是作为新时代中国共产党中心任务而提出的"全面建成富强民主文明和谐美丽的社会主义现代化强国"。这一表述的规范性意涵，同时包括了"社会主义"和"富强民主文明和谐美丽"两个侧面，前者强调的是"中国式现代化"的社会主义政治性质——中国共产党领导之下的社会主义制度自我完善，而后者是对"中国式现代化"的"五位一体"总体布局目标的凝练提升——其中"美丽"所对应的是作为五位之一的"生态文明建设"。本质要求的"下"是紧接着展开阐述的"分两步走的总的战略安排"：从 2020 年到 2035 年，基本实现社会主义现代化、从 2035 年到本世纪中叶，全面建成社会主义现代化强国，也即是最终让"中国式现代化"形神兼备。当然，正如党的二十大报告所强调的，战略构想或安排绝不意味着未来发展图景将会自动吻合或顺遂我们的愿景想象，而是需要现实生活中的奋发努力与卓绝斗争，包括对于系列方针原则或规范性要求的恪守遵循。

因而，分析与规范双重方法论视角的引入或并重，有助于我们明确"中国式现代化"概念或理论的既成性和建构性、现实性和未来性、国内立场和国际视野。① 简言之，所谓"中国式现代化"，既是我国一个多世纪的现代化发展尤其是改革开放以来现代化历史性成就的经验归纳与理论总结，也体现了我们处在新的历史起点所拥有的全面建设社会主义现代化强国的愿景想象与理想追求。相应地，"中国式现代化"既意指一个相当程度上已然存在的经验性事实，也意味着或指向一种依然具有巨大想象与形塑空间的未来潜能；它将既是当代中国持续推进现代化进程中的自主性实践与理论创造，也是世界各国人民丰富多彩的现代化发展及其可持续转型智慧的自觉吸纳聚合。

"中国式现代化的生态观"的理论意涵

如上所述，进一步彰显或阐明"中国式现代化"概念与理论所包含的规范性维度，是深化和拓展这一议题领域研究的一个亟待强化的侧面。2023 年 2 月 7 日，习近平总书记在学习贯彻党的二十大精神研讨班开班式上的重要讲话中明确指出："中国式现代化蕴含的独特世界观、价值观、历史观、文明观、民主观、生态观等及其伟大实践，是对世界现代化理论和实践的重大创新。"② 很显然，这独特"六观"既是对中国式现代化既往成就经验的科学总结，更是对中国式现

---

① 刘东：《中国式现代化研究综述与展望——深入学习领会党的二十大精神》，《理论建设》2023 年第 1 期；武豹、吴学琴：《论中国式现代化话语体系的建构》，《中国矿业大学学报（社会科学版）》2023 年第 1 期。

② 《习近平在学习贯彻党的二十大精神研讨班开班式上发表重要讲话强调　正确理解和大力推进中国式现代化》，《人民日报》2023 年 2 月 8 日。

代化面向未来实践规范性要求的精辟概括。不仅如此，在笔者看来，这六个方面之间其实存在着内在而深刻的联系。接下来，笔者将围绕其他五个方面来概要阐述"中国式现代化的生态观"的理论意涵。

生态世界观。广义的生态世界观，可以理解为生态学科学知识以及生态思维在世界观层面的映现、拓展与统摄。① 尽管古代（远古）人类社会大都信奉人与自然内在统一的有机自然观或世界观——人类存在与活动被理解为身处其中的自然世界的一部分或衍生物（比如中国传统文化中的"天人合一"或"天人感应"），但现代社会的形成与发展却显然建基于人类主体性乃至主导性观念的逐步确立，即自然界及其万物苍生不过是人类社会不断得以发展的依赖（外部）条件。相应地，无论是现代社会（作为结果）还是现代化（作为过程）视野中的自然界，都日渐成为一个物质资源的世界或作为人类认知实践活动对象的世界，而近代自然科学及其技术体系正是在这一理念之下建立起来的，并在不断强化着这一理念本身。只不过，随着生态学的兴起以及生态思维向整个科学认识与社会实践领域的散播、渗透和占领，这种旧唯物主义的机械论世界观和人类自我中心主义的世界观才开始走向分崩离析。

可以说，"中国式现代化"所基于或蕴含着的生态世界观，正是这样一个发生中的世界性认知变革进程的结果和呈现，当然，它还深深植根于近代中国以来的经济社会现代化实践和悠久博大的中华历史文化。笔者认为，这一生态世界观的明确表达或精髓要义就是"三个

---

① 胡友峰：《生态世界观的演进与生态美学的建构》，《社会科学辑刊》2021 年第 2 期。

共同体"的本体论核心理念,以及由此衍生出的敬畏自然、尊重自然、保护自然、顺应自然的哲学伦理观念态度。①"人与自然是生命共同体","山水林田湖草(沙)是生命共同体","人类(生态)命运共同体"或"地球生命共同体"②,一方面,从不同尺度上重新界定概括了人与自然之间的关系或人类在整个自然世界中的位置,即人类社会、将包含人类物种在内的自然界、地球自然生态整体意义上的大自然,进而是恢复或重建了自然生态系统及其稳定性、多样性、持续性相对于人类社会而言的本体论重要性;另一方面,诉诸"共同体"概念而不是"本原归属"追溯,认可甚或强调了人类存在及其活动在这样一种共存共生整体中的物种或社会文化重要性,从而规避了生态(生物、生命)中心主义思考与认知的极端化取向以及相应的理论(实践)缺憾。

因而,这种生态世界观与"中国式现代化"的契合性在于,它承认承诺了我们理应表现出 21 世纪人类文明高度之上的、基于丰富生态学知识与思维实践能力的自然生态世界感知与行动,即努力做到"敬畏自然、尊重自然、顺应自然、保护自然"③。但与此同时,它也明确坚持不应抛弃或无谓贬低人类社会可以追求实现的美好生活需要及其满足,而这意味着不断构建人与自然之间和谐共处(发展)的新形式或路径。这种理解对于当今世界包括中国在内的广大发展中国家来说,是尤为适当的。也就是说,作为"中国式现代化"根本理据

---

① 郇庆治:《习近平生态文明思想的体系样态、核心概念和基本命题》,《学术月刊》2021 年第 9 期。

② 习近平:《论坚持人与自然和谐共生》,中央文献出版社 2022 年版,第 9、12、267、291 页。

③ 习近平:《在纪念马克思诞辰200周年大会上的讲话》,人民出版社2018年版,第21页。

的生态世界观认知与愿景，是持续努力推进的人与自然和谐共生的现代化发展，而绝不是浪漫化或庸俗化理解的"去现代化"或"回归伊甸园"。

生态价值观。当代生态价值观的宗旨要义，是指自然生态系统及其构成元素对于人类社会（文明）存在及其发展的多维度价值（功用）的再次彰显或重新确认。① 因而，我们可以从如下两个方面来认识这一价值观上的重大变化。其一，它是由现代工业文明经历其自身数个世纪的全球性扩张所带来的严重自然生态困境或危机所催生激发的。无数事实表明，近代社会以来逐渐被建构或贬称为"改造对象"或"物质资源"的自然，其实有着不容忽视的基础性、多元价值，否认这一点，就会导致危及人类社会生存延续意义上的消极后果。其二，它是对生态价值丰富性或多维性的重新认知与形塑，要求现代人类社会的经济社会文化架构尤其是生产生活方式必须进行围绕体现与实现这种价值认可与尊重的深刻调整，也就是实施一种关涉整个社会的全面绿色转型或社会生态转型。

很明显，"中国式现代化"所依托或蕴含的生态价值观，是当今世界广泛萌生成长中的这种新型生态价值认知态度的中国化版本。在笔者看来，这种生态价值观的最具权威性表述形式，就是意涵丰富并且充满辩证精神的"两山"理念② 。"绿水青山就是金山银山"，"环

---

① 刘雪：《生态价值观确立的合理性及其意义》，《汉字文化》2019 年第 10 期；刘宇楠、高欢欢：《生态价值观的理论嬗变与实践演进》，《创新》2016 年第 2 期。

② 郇庆治：《社会主义生态文明观与"绿水青山就是金山银山"》，《学习论坛》2016 年第 5 期。

境就是民生，青山就是美丽，蓝天也是幸福"，"绿水青山既是自然财富、生态财富，又是社会财富、经济财富"，① 一方面，明确承认自然生态所拥有的多方面功用或价值，因而在人类社会活动尤其是整个发展过程中，必须坚持节约优先、保护优先、自然恢复为主的方针，把经济活动、人的行为限制在自然资源和生态环境能够承受的限度之内，给自然生态留下休养生息的时间和空间，也就是努力做到像保护眼睛一样保护生态环境，像对待生命一样对待生态环境；另一方面，重视强调实现不断创造自然生态经济价值的合理形式与新路径，尤其是要充分利用现代经济体制所提供的、运行较为顺畅合理的关涉资源、资产、资本、生产力、产业（品）、经济等诸多要素及其整合的制度政策，从而使生态环境保护治理逐渐从一种价值守持性活动转向一种价值创造性活动。

因而，这种生态价值观与"中国式现代化"的契合性在于，它明确接纳了作为现代化进程或结果伴生物的生态环境问题，以及将生态环境保护治理纳入现代国家治理体系与治理能力框架的必要性，以便确保现代生产生活条件下的人们仍然可以享受良好的自然生态环境质量，而这对于像中国这样的仍处在现代化进程中后期的发展中大国来说尤为重要。但与此同时，它并没有拒斥而是更加关注与强调自然生态多维价值的实现，特别是其经济价值实现的多种形式和多元路径。这其中，"关键是要处理好绿水青山和金山银山的关系"，"积极探索推广绿水青山转化为金山银山的路径"，"深入

---

① 习近平：《论坚持人与自然和谐共生》，中央文献出版社 2022 年版，第 10、11 页。

实施乡村振兴战略"。^①当然，这种生态价值观的充分践行与实现，绝非仅是经济政策问题或个人生活风格选择问题，更同时是政治经济学问题或政治问题。

生态历史观。生态历史观的核心意旨，是将自然界的生态环境因素考量纳入人类社会历史的观察与思考之中，也就是从生态环境及其要素的视角来看待人类历史，或实现自然史与人类史研究的有机统一。^②这一视角之下的主要理论认知进展，是近年来迅速兴起的(生态)环境史学。按照这种新历史观，人类社会或文明的发展史，离不开其所处的周围自然生态环境或整个地球生境，甚至可以说，在很大程度上就是一部随着自然生态环境演变而演进的历史，而这在以农牧业为主的古代社会或文明中尤其如此^③——气候气象条件的突发性或长期性改变都可能成为严重的社会、国家或区域冲突的直接起因，比如，中国明末清初时期即是灾害频发与人祸横行并存。生态历史观给予当代人类社会的最主要教益或醒示是理解应对生态环境问题的历史视野或尺度，同时深刻改变着我们既存的或现代的历史观和生态观——即便在人类中心主义霸权的现代历史中，自然生态世界其实也从未"缺席"，包括现代社会版本在内的人与自然关系构型都是暂时的和特殊的或历史性的，而历史尤其是全球历史的经验和智慧也许更有助于人类走出现今时代的生态环境困境。

---

① 习近平：《论坚持人与自然和谐共生》，中央文献出版社 2022 年版，第 213、215 页。
② 李勇强：《马克思主义生态历史观与"美丽中国"的理论基石》，《重庆邮电大学学报(社会科学版)》2014 年第 5 期。
③ 王利华：《中国环境史概略》，载龚维斌、乔清举主编：《生态文明与生态文化建设》，国家行政学院出版社 2023 年版，第 267—281 页。

　　不难理解，"中国式现代化"所秉持或蕴含的生态历史观，与上述这种进展中的世界性历史观变革有着天然的一致或"耦合"，而历史悠久的中华优秀传统生态文化无疑在其中扮演一种发挥着基因传承与催化融通促动作用的角色。笔者认为，这种生态历史观的深层意涵和最清晰表述就是既有浓郁历史韵味，又有强烈时代气息的坚持与促进"人与自然和谐共生"①。"生态环境没有替代品，用之不觉，失之难存"，"当人类合理利用、友好保护自然时，自然的回报常常是慷慨的；当人类无序开发、粗暴掠夺自然时，自然的惩罚必然是无情的"，"人不负青山，青山定不负人"，② 一方面，充分认识到社会政治变革的历史同时也是生态环境演进的历史，这当然不是在古人所理解或信奉的天人合一或天地人交互感应的意义上，而是说，任何自然灾变或社会事件都是一个复合型社会生态关系架构之下的综合性动力机制所导致的结果；另一方面，表明强调人类历史上始终发挥作用的生态规律及其客观要求也是十分重要的历史规律和社会规律。"人类对大自然的伤害最终会伤及人类自身，这是无法抗拒的规律。"③更进一步说，不仅人类社会或文明对大自然的肆意掠夺、无节制索取等非理性行为是违反生态历史规律的，而且对于各种具体性自然生态规律、经济价值规律、人类社会发展规律的无视或背离，也是违反生态历史规

---

① 可以说，这是贯穿习近平总书记关于生态文明建设和绿色发展系列重要论述的哲学统领性主题。比如，他早在 1998 年 1 月调研邵武市龙斗村时就已提到"人和自然要和谐共生"，2016 年 1 月在省部级主要领导干部学习贯彻党的十八届五中全会精神专题研讨班上的讲话中首次明确提出，绿色发展就是要解决好"人与自然和谐共生"问题。

② 习近平：《论坚持人与自然和谐共生》，中央文献出版社 2022 年版，第 9、139 页。

③ 习近平：《论坚持人与自然和谐共生》，中央文献出版社 2022 年版，第 9 页。

律的。

因而，这种生态历史观与"中国式现代化"的契合性在于，它同时要求从历史的角度来看待和应对生态环境问题，以及站在对历史负责的高度、以历史自觉性和主动精神来回应化解生态环境挑战。就前者而言，基于马克思主义的世界观方法论立场，既要科学全面认识生态环境问题产生存在的社会历史性和多元复杂成因，又要充分发挥经济制度变革与重构在消除生态环境问题的社会历史根源中的基础性作用，还必须看到，当代中国所面临的生态环境问题与挑战同样是历史性的，既与欧美发达工业化国家所经历过的情形有着历史的相似性，也具有我国自身和现今时代的特点，不能一概而论或简单化；就后者来说，要在把"大自然是人类赖以生存发展的基本条件"这一生态历史观内化于心、外化于形的基础上，努力"站在人与自然和谐共生的高度谋划发展"①。这就意味着，我们不仅需要下定决心、花大力气彻底解决现实生活中存在的突出生态环境问题，持续深入打好污染防治攻坚战及其主要战役，还要主动出击、未雨绸缪地预判应对全面建设社会主义现代化强国阶段将会凸显或新出现的生态环境风险挑战。比如，正如党的二十大报告所阐明的，"双碳"目标及其战略实施就是一个同时具有现实重要性和未来决定性影响的经济社会系统性变革，必须积极稳妥推进，急不得、但更缓（等）不得。

---

① 习近平：《高举中国特色社会主义伟大旗帜　为全面建设社会主义现代化国家而团结奋斗——在中国共产党第二十次全国代表大会上的报告》，人民出版社2022年版，第49—50页。

生态文明观。需要指出的是，这里所强调的并不是生态文明及其建设话语体系之下对"生态文明"作为一个复合术语或概念的理解，而是当代人类社会对于文明与生态之间相互关系的一种更深刻认知，①尤其是日益认可强调生态对于文明的根本性、表征性和促动性意义。具体地说，所谓"文明的根本性意义"，是指没有良好的生态环境就不会有文明的自主生成与持续繁荣，或者说，随着其生态环境破坏而来的将是某一文明的衰败或消亡，迄今为止的人类文明都发端并昌盛于世界大江大河流域和自然生态禀赋优越地区就是明证；所谓"文明的表征性意义"，是指良好的生态环境质量也往往是经济社会和文化发达繁荣国家或地区的伴生性表现，联合国人类发展报告所认定的高发展指数国家，也都是生态环境舒适度较高的国家，尽管这一关系的反面结论未必成立（比如对于许多发展中国家而言）；所谓"文明的促动性意义"，是指一个国家或地区自觉改进生态环境保护治理的制度与政策努力可以促进其整个社会文明程度的提高，换言之，持续改善生态环境质量是社会文明整体进步的正向推动性元素和动力。当然，"生态文明"这一概念的提出以及在世界范围内的广泛接受使用，也印证表征了"生态"与"文明"关系的新认知或新文明观的历史性生成。

毫无疑问，"中国式现代化"所主张或蕴含的生态文明观，是这种正在世界范围内逐渐得到传播、认同并付诸实践的新文明观的最主

---

① 于冰：《生态文明观变革的逻辑演进和实践意义》，《马克思主义研究》2022 年第 5 期；马桂新：《生态文明观解析》，《沈阳师范大学学报（社会科学版）》2013 年第 4 期。

要倡导者、引领者和贡献者。依据国内外学界的考证分析，①"生态文明"这一复合学术概念尽管在世界各国已有或长或短的历史——比如英语世界是罗伊·莫里森在他1995年出版的《生态民主》一书中最早使用，而德语世界是伊林·费切尔在他1978年发表的《人类生存的条件：论进步的辩证法》一文中最早使用，都强调一种新型的生态文明应该成为当前陷入严重生态环境困境的工业文明的历史性替代，但生态文明及其建设理论作为系统性学术话语体系、作为执政党及其领导政府全面主导之下的制度与政策创新实践，无疑首先（主要）是发生在进入新时代的中国。"生态兴则文明兴，生态衰则文明衰"，"生态文明建设是关系中华民族永续发展的根本大计"，"生态文明是人类文明发展的历史趋势"，"保护环境就是保护生产力，改善环境就是发展生产力"，②一方面，明确指出生态环境保护治理对于人类文明发展及其未来的现实性、历史性和全球性的重要性，"更加自觉地珍爱自然，更加积极地保护生态"，理应成为新时代文明认知与文明创造的核心组成部分，成为新时代中国特色社会主义的一个重要特征；另一方面，重视强调生态文明重在"建设"，也就是要"把生态文明建设放在突出地位，融入经济建设、政治建设、文化建设、社会建设各方面和全过程"，"推动形成人与自然和谐发展现代化建设新格局"，"站

---

① 卢风、王远哲：《生态文明与生态哲学》，中国社会科学出版社2022年版，第179—205页。

② 习近平：《论坚持人与自然和谐共生》，中央文献出版社2022年版，第2、1、294、10页。

在人与自然和谐共生的高度谋划发展"。①

因而，这种生态文明观与"中国式现代化"的契合性在于，它在更高、更深刻的意义上肯定了"生态"与"文明"的互证互成、彼此镜鉴。就此而言，人类社会的工业化进程和工业文明形态可以被视为一个长周期的"否定之否定"历史过程中的必要的"否定"阶段，或者说走向生态文明更高阶段（形态）的必要的"准备"——同时在物质与精神的意义上。与此同时，它也指认了这种关系的历史性生成或构建特征，尤其是一种不同于"后现代"背景语境之下实施"绿色转型"的、在继续推进现代化进程中逐步走上"生产发展、生活富裕、生态良好的文明发展道路"的现实可能性。也正因为如此，必须明确，"中国式现代化"视域下的生态文明观，既不简单等同于生态（环境保护）观，更不等同于"后现代化"或"去现代化"，而是一种基于时代文明认知的新文明形态或道路追求，也就是努力实现生态优先前提下或基础上的绿色发展。

生态民主观。生态民主的本意，同样不是谈论自然生态系统内部及其构成要素之间关系的质性，而是一个环境（生态）政治学术语，聚焦于生态环境保护治理议题的政治化以及由此导致的现代政治民主

---

① 胡锦涛：《坚定不移沿着中国特色社会主义道路前进　为全面建成小康社会而奋斗——在中国共产党第十八次全国代表大会上的报告》，人民出版社 2012 年版，第 39 页；习近平：《决胜全面建成小康社会　夺取新时代中国特色社会主义伟大胜利——在中国共产党第十九次全国代表大会上的报告》，人民出版社 2017 年版，第 52 页；习近平：《高举中国特色社会主义伟大旗帜　为全面建设社会主义现代化国家而团结奋斗——在中国共产党第二十次全国代表大会上的报告》，人民出版社 2022 年版，第 50 页。

体制的生态化转型或重构。① 概括地说，20世纪70年代以来逐渐形成与发展的生态民主观，包括如下两个主要议题领域或观点。一是现实需要的或更为有效的生态环境保护治理，要求现代政治民主制架构及其运作方式作出关涉诸多方面的和深刻的系统性变革，二是建基于生态学科学知识或生态理性原则的新民主形式及其运作方式，应该成为当代（未来）政治民主体制的有机组成部分，并在生态环境问题防范与有效治理中发挥积极作用。当然，至少从理论上说，生态威权甚或生态专制也是应对解决生态环境难题的一个"工具选项"，② 但在现代政治学的认知基线内，威权体制或专制需要首先作出更为复杂的政治合法性辩护。因而，被广泛接受的共识是现代政治民主制的绿化或转向生态民主，这也同时是真正可靠的生态环境问题解决之道，并代表着民主政治的未来。

很显然，"中国式现代化"所信奉或蕴含着的生态民主观，是与这种生态民主的世界性主流，而不是与更多作为反面参照的生态威权或生态专制相一致的，而且在许多方面作出了重要的补充、丰富与拓展。在笔者看来，这种生态民主观的核心意涵和最明确表述形式，就是生态文明是人民群众"共同参与共同建设共同享有"的事业。"坚持生态惠民、生态利民、生态为民"，"要把建设美丽中国转化为全体人民自觉行动"，"抓生态文明建设，既要靠物质，也要靠精神"，③ 一

---

① 郭瑞雁：《当代西方生态民主探析》，《国际政治研究》2020年第5期。
② [美] 罗伊·莫里森：《威权主义：生态民主的对立面》，《当代世界与社会主义》2016年第1期。
③ 习近平：《论坚持人与自然和谐共生》，中央文献出版社2022年版，第11、12、69页。

方面，明确坚持生态民本、民生和民主的理念原则，良好的生态环境质量既是最广大人民群众的基本民生需求和民主权利，也是对党和政府履行其新时代治国理政职责、促进实现社会公平正义的基本民主要求，换言之，更高水平的生态环境保护治理或生态民生与民主权益保障，是当代国家与社会之间的一种"绿色契约"，当然也是人类社会（文明）不断走向发展进步的重要表现；另一方面，关注肯定大众民主参与或创建生态审议民主的重要性，在建设人与自然和谐共生现代化的进程中，不仅要让每个人都成为自然生态环境的保护者、建设者和受益者，还要努力使其在生态文明建设的各方面和全过程中表现出主体意识、主人翁责任感和自主创造精神，从而实现生态文明建设与政治现代化建设的有机统一和辩证互动。

因而，这种生态民主观与"中国式现代化"的契合性在于，它不仅高度认可并致力于制度化推进生态环境议题及其应对所带来的政治民主绿化效应，尤其是努力实现执政党及其领导政府的更加职业化、完善和高效的生态环境保护治理，从而更好地保障最广大人民群众的生态民生与民主权益，而且十分重视社会主义基本制度框架和全面建设人与自然和谐共生现代化国家所提供的巨大政治民主化发展空间和潜能，而科学理论引领和先进政党带领之下的最广泛大众民主参与和最深刻民主推动，将会最终促成一种影响深远的经济生态与社会政治重塑。换言之，这种生态民主观的独特之处就在于，它倡导或指向的同时是真正的生态审议民主和新型的社会主义民主，[①] 而追求与践行

---

① 郇庆治：《生态文明建设政治学：政治哲学视角》，《江海学刊》2022 年第 4 期。

这种生态民主观也将是"中国式现代化"不断推向前进的重要政治表征或前提。

"中国式现代化的生态观"的时代意义

"中国式现代化的生态观"的理论意涵当然不局限于上述五个方面，比如，还应包括其生态经济观、生态政治观、生态社会观、生态文化观等构成性要素，而且可以作出不同方法论与逻辑架构下的系统性阐述。[①] 但对于五个主要层面即世界观、价值观、历史观、文明观、民主观的简要分析已足以表明，中国式现代化的生态观不仅有着极其宽广丰富的理论意涵，而且具有重要的理论与实践规范性价值。

"中国式现代化"的绿色规约与形塑。"中国式现代化的生态观"的直接规范价值，是对新时代全面建设人与自然和谐共生的中国式现代化实践发挥规约与形塑作用。一方面，它连接畅通"美丽"的社会主义现代化强国目标和新"两步走"的生态文明建设阶段性任务举措，对于前者主要是一种细化展开，而对于后者则更多是一种参照约束；另一方面，它还在现实践行过程中不断促进"中国式现代化"的生态维度尤其是人与自然和谐共生表征的经验性呈现和历史性生成，相应地，人与自然和谐共生的中国式现代化，将同时是一个持续性的中国特色形塑和与时俱进革新过程。具体而言，笔者认为要理解和把握好

---

① 马德帅：《人与自然和谐共生"中国式现代化"生态意涵》，《湖南工业大学学报（社会科学版）》2022 年第 6 期。

如下三点。

一是整体统筹推进"人与自然和谐共生的中国式现代化"和"中国式现代化的人与自然和谐共生"。上述生态观五个主要层面的世界观方法论价值在于，必须整体推进新时代中国特色社会主义事业"五位一体"总体布局和"四个全面"战略布局，协调推进广义的生态环境保护治理或生态文明建设的四个层面（自然生态一体化保护治理、生态环境一体化保护治理、统筹推进生态环境与经济发展、整体推进生态优先绿色发展），努力实现"中国式现代化"总体目标与"人与自然和谐共生"具体目标的协同互动、相得益彰。

二是明确坚持弘扬社会主义国家与政党领导作用的社会主义生态学。事实一再证明，社会主义国家与执政党不仅可以确保更公正社会基本价值（制度）的政治选择，还能够带来更高水平的公共政策管理成效。因而，必须明确，中国共产党对于生态文明建设的全面领导作用，是推进建设人与自然和谐共生中国式现代化不可或缺的重要主体力量和动力机制元素。这既是中国式现代化的最突出特征和第一本质要求，也是我们必须坚持并不断丰富发展的社会主义生态学的核心论点。

三是以开放进取的全球视野建设美丽中国和清洁美丽世界。必须看到，美丽中国建设和清洁美丽世界建设，不仅都是"美丽"的社会主义现代化强国目标的内在构成部分，还是一个彼此间相互依赖、相互促进的辩证统一过程。随着我国经济社会现代化水平的不断提高和整体实力的逐步增强，我们理应承担影响日益增大的国际生态环境保护治理或全球生态文明建设的大国责任与引领者角色。

世界现代化理论与模式的内源性绿化。应该承认，世界的现代化进程始于欧美地区的少数工业发达国家，并由此扩展形成了全球范围内的现代化实践及其理念模式，而同样不容回避的是，正是这种先行性或霸权式理念模式造成了当今世界严重的生态环境困境或危机。[①]因而，摆脱这种困境的根本性出路有两条：一是彻底弃置现代化本身，二是实现现代化理论与模式的内源性绿化。鉴于前者缺乏现实可能性的实际，后者就显得尤为迫切和重要，而"中国式现代化的生态观"的规范性价值恰好在于此。具体地说，笔者认为可以概括为如下三点。

一是超越"生态主义"抑或"人本主义"二元对立的、"坚持（促进）人与自然和谐共生"的价值立场。共同体构建而不是本源追溯的本体论立场和彼此间和谐共生（共处）的价值追求，构成了人类当代社会（文明）条件下对于人与自然关系的一种新型认知方式和哲学价值伦理理解。换言之，真正重要的已不再是古代（典）唯物主义所关注或探寻的自然世界的唯一性源头，或者是人类主体与自然物质客体之间的认识实践辩证关系，而是已经借助现代经济技术体系实现一体化的两者成为一种社会生态意义的有机统一体（"共同体"）。

二是推进"人与自然和谐共生的现代化"而不是简单诉诸"后现代"或"去现代化"的方法论革新。毋庸置疑，作为一种社会文化和政治思潮，现代性批判或后现代主义在欧美国家的兴起及其世界性扩散有着历史合理性和内在逻辑，而且对于这一地区乃至全球的生态意识觉

---

① 杨宏雨：《现代化与西化关系辩证》，《复旦学报（社会科学版）》2006 年第 6 期。

醒或重建也确实发挥了一种新启蒙的作用，但对于处在以欧美为中心世界体系的外围或边缘国家（"发展中国家"）来说，"后现代"或"去现代化"的话语政策则有着严重误导性的后果——比如对于非洲撒哈拉以南地区成千上万的饥民来说。更为严重的是，现代化的生态批评或生态环境保护的不容置疑的政治正确性，已成为欧美少数发达国家维护其既存竞争优势或垄断性权力的托词借口，同时却又把广大发展中国家置于一种维持经济落后抑或破坏全球生态的两难地位。因而，"人与自然和谐共生的中国式现代化"是对有意无意制造的"现代化"抑或"后现代（去现代化）"方法论困境的突破。对于像中国这样的发展中国家来说，致力于实现二者的统合才是"人间正道"。

三是摆脱"欧美中心论"地域偏见的全球生态文明建设倡议。就像必须承认资本主义社会制度条件下也有其生态环境重要性认知与实践一样，欧美国家的许多生态环境保护治理经验值得世界各国参考借鉴。但问题在于，近代社会以来的经济政治霸权优势，以及根深蒂固的欧洲中心论文化（种族）偏见，使得欧美国家日渐走向了一种以自我为中心乃至自以为是的发展趋向。按理说，作为世界现代化区域性理念模式的发源地，欧美各国尤其需要参考借鉴世界其他国家地区的现代化或绿色现代化的做法与经验，但现实中却往往相反，欧美国家更惯常于用自己的标准和尺度来衡量广大发展中国家的现代化程度或生态化努力。因而，我国主张呼吁建设清洁美丽世界、构筑尊崇自然绿色发展生态体系的"全球生态文明建设"倡议，是对欧美国家长期霸（欺）占的"绿色高地"的重大挑战，其中包含的核心信息是，广大发展中国家也（才）是地球生命共同体构建的中坚或主体力量。

环境人文社会科学的创新发展。"中国式现代化的生态观"的另一个规范性价值，是促进环境人文社会科学的创新发展。应该说，与（生态）环境自然科学、（生态）环境工程技术相对应意义上的（生态）环境人文社会科学，自 20 世纪 80 年代以来在国内外都已有了突飞猛进的发展，但整体上还依然处于新兴边缘交叉学科群的地位。"生态观"理论意涵的世界观、价值观、历史观、文明观、民主观阐释理解就像"中国式现代化"讨论本身一样，可以进一步激活我们对于现代化理论与实践的人文社科维度的深入思考，从而推动环境人文社会科学的创新发展。① 具体来说，笔者认为其包括如下三点。

一是人文社会科学学科主体孕育功能的凸显为其提供的重大发展机遇。与传统自然科学和工程技术通常理解的"中国式现代化"所提供的巨大的经济社会发展机会不同，生态观五个主要层面理论意涵所展示的是我们在"中国式现代化"这一伞形概念之下可以达到的人与自然和谐共生现代化的全新格局与实践境界——其根本性特点绝不在于理论上的激进或极端，而在于拥有或创造出实现这一目标所需要的复合性现实条件，而其中最为关键的则是足够数量的社会先驱性主体的生存生活观念变革以及大多数民众的不断响应追随。毫无疑问，环境人文社会科学在这一过程中将会扮演极其重要的"生态新人"创造角色并发挥培育作用，而它自身也可以获得更多的发展条件和机会。

二是从环境人文社会科学到生态文明建设人文社会科学所彰显的视角转换。就像环境政治学一样，大多数环境人文社会科学学科都是

---

① 郇庆治：《生态文明建设与环境人文社会科学》，《中国生态文明》2013 年第 1 期。

基于对生态环境问题的否定性认知与被动性回应而构建起来的，马克思主义"红绿"理论（比如生态马克思主义）可能是少数性的例外。结果是，大多数学科的主体性理论都是关于如何限制人类社会活动包括现代化实践的思考与政策。相比之下，"人与自然和谐共生的现代化"或"生态文明建设"，不仅赋予了这样一种进取性实践以正向性进程与结果的巨大政治想象空间，同时也提供了从更加重视分析性研究的环境人文社会科学转向更加强调规范性研究的生态文明人文社会科学的现实可能性。这某种程度上像环境政治学范式在 20 世纪 80 年代中后期所经历的由最初主导性的"生存危机论"转向"可持续发展"（"生态现代化"），而它们的共同点则是一种更积极的观察认知视角与心态。

三是从西方中心到聚焦东方所表明的中国自主知识体系形成与贡献。"中国式现代化"主张与实践的必然性结果，将是世界现代经济政治秩序、架构及其文化基础的根本性、历史性改变，也将是世界现代化理论体系尤其是长期被奉为圭臬的基本理念模式的根本性、历史性重构，而这同时是由"中国式现代化"的五大特征以及各个维度上的主要特点（比如生态观五个主要层面的基本意涵）所共同决定的。相应地，作为上述变化的理论成果或文本呈现，将是我们现今憧憬期盼的中国现代化（生态文明）自主知识体系的形成。需要特别指出的是，无论就其现实样态还是理论知识而言，这一新的体系都将是更加科学民主开放的，而不会是区域垄断性或霸权性的，自主性并不意味着必定走向故步自封或自以为是。

结　语

综上所述，"中国式现代化的生态观"或"人与自然和谐共生的中国式现代化"，同时包含着事实归纳性和理论规范性维度，因而至少可以从如下三重意义上理解：它是基于近代中国尤其是新中国成立以来经济社会现代化历史经验总结反思的生态现代化观，它是对我国进入新时代以来全面建设社会主义现代化强国宏伟蓝图的"美丽"目标任务的新构想愿景，它是我们面向当今世界正在发生着的现代化发展绿色转型或重塑大趋势的理念认知与自觉追求。因而，它既是"中国式现代化"独有特征在生态环境保护治理议题领域的理论呈现与概括，也是世界现代化理论中地位日益凸显的绿色化或生态表征的典型体现。相应地，在可以预见的未来，像其他独特"五观"一样，"中国式现代化的生态观"仍将是一个不断诉诸我国的社会主义生态文明建设实践并在这一伟大实践中逐步形塑自己的历史过程。

尤为重要的是，我们必须始终明确，最终造就与形塑这种"独特"生态观的"中国式现代化"，是处在人类文明现代（化）发展总体背景、进程与成就之中而非之外的。因而，它不仅蕴含着对于中国特定经济社会发展阶段和历史文化语境下的"中国式"生态环境议题及其应对或人（社会）与自然关系适当构型的认知和实践潜能，呈现为中国式现代化的各个具体特征，而且承载着基于中国经济社会发展积淀和文化认知特点的对于"当代世界的"生态环境议题及其应对或人（社会）与自然关系适当构型的认知与实践潜能，呈现为人类现代化发展的共同特征或经验智慧。也正因为如此，就像"中国式现代化"本身就是世界现代化发展的时代性、方向性体现一样，"中国式现代化的生态观"也将是面向和引领人类文明未来绿色新知的重要组成部分。

■ **参考文献**

习近平：《高举中国特色社会主义伟大旗帜　为全面建设社会主义现代化国家而团结奋斗——在中国共产党第二十次全国代表大会上的报告》，人民出版社 2022 年版。

习近平：《论坚持人与自然和谐共生》，中央文献出版社 2022 年版。

习近平：《在纪念马克思诞辰 200 周年大会上的讲话》，人民出版社 2018 年版。

习近平：《决胜全面建成小康社会　夺取新时代中国特色社会主义伟大胜利——在中国共产党第十九次全国代表大会上的报告》，人民出版社 2017 年版。

胡锦涛：《坚定不移沿着中国特色社会主义道路前进　为全面建成小康社会而奋斗——在中国共产党第十八次全国代表大会上的报告》，人民出版社 2012 年版。

龚维斌、乔清举主编：《生态文明与生态文化建设》，国家行政学院出版社 2023 年版。

卢风、王远哲：《生态文明与生态哲学》，中国社会科学出版社 2022 年版。

郇庆治主编：《马克思主义生态学论丛》第五卷，中国环境出版集团 2021 年版。

《习近平在学习贯彻党的二十大精神研讨班开班式上发表重要讲话强调　正确理解和大力推进中国式现代化》，《人民日报》2023 年 2 月 8 日。

郇庆治：《生态文明建设政治学：政治哲学视角》，《江海学刊》2022 年第 4 期。

郇庆治：《习近平生态文明思想的体系样态、核心概念和基本命题》，《学术月刊》2021 年第 9 期。

郇庆治：《社会主义生态文明观与"绿水青山就是金山银山"》，《学习论坛》2016 年第 5 期。

郇庆治：《生态文明建设与环境人文社会科学》，《中国生态文明》2013 年第 1 期。

刘东：《中国式现代化研究综述与展望——深入学习领会党的二十大精神》，《理论建设》2023 年第 1 期。

武豹、吴学琴：《论中国式现代化话语体系的建构》，《中国矿业大学学报（社会科学版)》2023 年第 1 期。

王炳权：《论政治哲学与政治科学的关系》，《学术月刊》2022 年第 12 期。

马德帅：《人与自然和谐共生"中国式现代化"生态意涵》，《湖南工业大学学报(社会科学版)》2022 年第 6 期。

于冰：《生态文明观变革的逻辑演进和实践意义》，《马克思主义研究》2022 年第 5 期。

胡友峰：《生态世界观的演进与生态美学的建构》，《社会科学辑刊》2021 年第 2 期。

郭瑞雁：《当代西方生态民主探析》，《国际政治研究》2020 年第 5 期。

刘雪：《生态价值观确立的合理性及其意义》，《汉字文化》2019 年第 10 期。

[美] 罗伊·莫里森：《威权主义：生态民主的对立面》，《当代世界与社会主义》2016 年第 1 期。

刘宇楠、高欢欢：《生态价值观的理论嬗变与实践演进》，《创新》2016 年第 2 期。

李勇强：《马克思主义生态历史观与"美丽中国"的理论基石》，《重庆邮电大学学报 (社会科学版)》2014 年第 5 期。

马桂新：《生态文明观解析》，《沈阳师范大学学报 (社会科学版)》2013 年第 4 期。

姚尚建：《政治学的双重分野——政治科学与政治哲学的概念辨析》，《理论导刊》2009 年第 8 期。

杨宏雨：《现代化与西化关系辩证》，《复旦学报 (社会科学版)》2006 年第 6 期。

总 策 划：王　彤
策划编辑：陈　登　徐媛君
责任编辑：徐媛君
特邀编校：赵　妍
封面设计：石笑梦

图书在版编目（CIP）数据

中国式现代化蕴含的独特"六观"/ 人民日报社人民论坛杂志社 主编 . — 北京：
人民出版社，2023.11
ISBN 978 - 7 - 01 - 026046 - 4

I. ①中…　II. ①人…　III. ①现代化建设 - 研究 - 中国　IV. ① D61

中国国家版本馆 CIP 数据核字（2023）第 201870 号

中国式现代化蕴含的独特"六观"
ZHONGGUOSHI XIANDAIHUA YUNHAN DE DUTE LIUGUAN

人民日报社人民论坛杂志社　　主编

人民出版社 出版发行
（100706　北京市东城区隆福寺街 99 号）

北京中科印刷有限公司印刷　新华书店经销

2023 年 11 月第 1 版　2023 年 11 月北京第 1 次印刷
开本：710 毫米 × 1000 毫米 1/16　印张：17.75
字数：195 千字

ISBN 978 - 7 - 01 - 026046 - 4　定价：58.00 元

邮购地址 100706　北京市东城区隆福寺街 99 号
人民东方图书销售中心　电话（010）65250042　65289539